中国法院2023年度案例

国家法官学院　最高人民法院司法案例研究院　/　编

物权纠纷

中国法制出版社
CHINA LEGAL PUBLISHING HOUSE

《中国法院2023年度案例》通讯编辑名单

序

法治是治国理政的基本方式，司法是法治体系的重要基石。党的二十大报告指出，要坚持走中国特色社会主义法治道路，建设中国特色社会主义法治体系、建设社会主义法治国家。加快建设公正高效权威的社会主义司法制度，努力让人民群众在每一个司法案件中感受到公平正义。人民法院始终坚持以习近平新时代中国特色社会主义思想为指导，深入学习贯彻习近平法治思想，围绕“公正与效率”这一主题，践行新时代能动司法理念，把加强司法案例研究作为加快建设公正高效权威社会主义司法制度，坚持为大局服务、为人民司法的重要途径，通过发布具有普遍指导意义的典型案例，统一法律适用，提高审判质效，提升司法公信力，努力让人民群众在每一个司法案件中感受到公平正义。

“中国法院年度案例系列”丛书，是国家法官学院和最高人民法院司法案例研究院精选全国各高级人民法院每年选送的优秀案例，深入挖掘典型案例内在价值编辑的实用精品丛书，旨在总结提炼典型案例的裁判规则和裁判方法，发挥司法规范、指导、评价、引领的重要作用，大力弘扬社会主义核心价值观，增强全民法治意识和法治素养，展现新时代我国司法领域新发展、新成就。

本丛书自 2012 年编辑出版以来，已连续出版 12 年，每年年初出版，受到读者广泛好评。本丛书出版之初有 15 个分册。近年来，为顺应审判执行实践需要，更加全面反映我国司法审判执行工作的发展进程，响应读者需求，2014 年度新增金融纠纷、行政纠纷、刑事案例 3 个分册，2015 年度将刑事案例调整为刑法总则案例、刑法分则案例 2 个分册，2016 年度新增知识产权纠纷分册，2017 年度新增执行案例分册，2018 年度将刑事案例扩充为 4 个分册，2022 年度将土地纠纷（含林地纠纷）分册改为土地纠纷（含环境资源案例）分册。在全国各级人民法院的大力支持下，丛书编委会现编辑出版《中国法院 2023 年度案例系列》丛书，共 23 个分册。

“中国法院年度案例系列”丛书以开放务实的态度、简洁明快的风格，追求“好读有用”，主要体现出以下特色：一是选编案例来源广泛、时效性强。

国家法官学院和最高人民法院司法案例研究院每年通过各高级人民法院汇集全国范围内上一年度审结生效的典型案例近万件，使该丛书有广泛的精选基础，可及时、定期提供全国范围内新近发生的多种类型的新型、疑难案例。二是由法官释理说法，全方位深度挖掘案例价值。大多数案例由主审法官撰写“法官后语”，深入阐释案例的裁判思路和相关考量，充分发挥典型案例在司法裁判、类案参考、法学研究、行为指引、宣示教育等方面的价值，力求引发读者的共鸣与思考，为读者提供借鉴和启迪。三是编排依次以案由和法律适用问题为序，方便读者检索。丛书充分体现“以读者为中心”的理念，每册内容主要根据案由分类编排，每个案例主要围绕法律适用问题，用一句话精要概括裁判规则、裁判思路或争议焦点，以其作为主标题，让读者能一目了然，迅速找到所检索的目标案例。四是注重裁判文书再加工，高度提炼案例内容。案例编写突出争议焦点以控制篇幅，剔除无关信息，尽可能在有限的篇幅内为读者提供更多与争议焦点、所查类案相关的有效、有益信息。

中国法制出版社始终全力支持“中国法院年度案例系列”丛书的出版，给了作者和编辑们极大的鼓励。2023年，这套丛书将继续提供数据库增值服务。购买本书，扫描前勒口二维码，即可在本年度免费查阅往年同类案例数据库。我们在此谨表谢忱，并希望通过共同努力，逐步完善，做得更好，真正探索出一条编辑案例书籍、挖掘案例价值的新路径，更好地服务司法审判高质量发展、服务法治社会建设、服务学习研究法律的读者。

“中国法院年度案例系列”丛书既是法官、检察官、律师等法律工作者的办案参考和司法人员培训的实用教材，也是社会大众学法用法的经典案例读本，同时是教学科研机构与人员从事案例研究的良好系列素材。当然，案例作者和编辑在编写、编审过程中也难以一步到位实现最初的愿望，客观上会存在各种不足甚至错误，欢迎读者批评指正。我们愿听取各方建议，不断拓宽深化司法案例研究领域，立足新发展阶段，推动实现中国特色司法案例事业的高质量发展。

国家法官学院

最高人民法院司法案例研究院

2023年5月

目　录

Contents

一、物权保护纠纷

（一）物权确认纠纷

1. 小区公共停车位安装充电桩不构成对业主权益的侵害 …………………… 1

——雷某等诉甲科技公司、某管理顾问公司物权保护案

2. 物业公司剪断业主私搭电线属正当履职行为，业主无权要求损害赔偿……… 5

——梁某诉某物业公司物权保护案

3. 房屋份额占比对按份共有人物权保护的影响 …………………………… 9

——师某、齐某梅诉郑某兰、师某生物权保护案

4. 修缮翻建后的房屋所有权归属于原房屋所有权人，建设人有权依据不当得利主张建设费用 …………………………………………… 13

——黄某星诉陈某花等物权确认案

5. 离婚协议书中载明“无夫妻共同财产”与实际情况不符时，不能认定在离婚时对夫妻共同财产进行了分割 ………………………… 19

——刘某红诉杨某考物权确认案

6. 对未经合法审批建造的房屋要求确权应驳回起诉 …………………… 22

——林某剧诉林某森所有权确认案

7. 离婚协议中约定赠与后，赠与人穷困抗辩权行使的认定 ………………… 25
——王某某诉王某峰所有权确认案

（二）返还原物纠纷

8. 微信小程序作为虚拟财产不属于物权保护的范畴 ………………………… 30
——甲文化传播公司诉乙文化传播公司、曹某财返还原物案

9. "带租约拍卖"的买受人能否要求对租约进行实质审查 ………………… 33
——于某诉甲商贸公司等返还原物案

10. 开发商将自有房产移交物业公司用作物业服务用房后无权要求返还 …… 45
——某投资公司诉某物业公司、黄某隆返还原物案

11. 民法典施行前企业间债权人在到期债权已过时效时行使留置抗辩权，可对抗债务人对被留置动产的返还原物请求权 ………………… 50
——某工程技术公司诉某科技发展公司返还原物案

（三）排除妨害纠纷

12. 业主可以要求共享单车运营方在建筑区划共有部分设置禁停区 ………… 54
——黄某华诉某科技公司排除妨害案

13. 抵押物带租拍卖情形下买受人能否对抗承租人的认定规则 …………… 60
——亢某诉刘某排除妨害案

14. 物权登记所有人行使排除妨害请求权应当对占有人无权占有承担举证责任 ……………………………………………………………… 64
——卢某兰诉高某芳排除妨害案

（四）恢复原状纠纷

15. 商品房买卖"连环错误"情形下订约真意的解释认定 ……………… 68
——某房地产公司诉闫某清恢复原状案

（五）财产损害赔偿纠纷

16. 擅自损害违法修建的坟墓应承担侵权责任 …………………………… 72
——刘某平、刘某琼诉廖某普、毛某珍财产损害赔偿案

17. 高层住宅卫生间返水造成的财产损失如何赔偿 ………………………… 76
——王某、马某诉某物业公司等财产损害赔偿案

18. 下水道堵塞，无法查清具体侵权人的，应由受害房屋住户及其以上楼层住户平均分担管道维修费用 …………………………… 80
——谭某娥诉邱某芝等财产损害赔偿案

19. 因转移占有引发的赔偿责任如何认定 …………………………… 84
——某能源公司诉某物产公司财产损害赔偿案

二、所有权纠纷

（一）侵害集体经济组织成员权益纠纷

20. 迁入同一农村集体经济组织家庭成员各自权益的区分标准与认定范围 …………………………… 89
——陈某良、陈甲诉某社区第××居民小组侵害集体经济组织成员权益案

21. “外嫁女”能否享有原集体经济组织利益 …………………………… 94
——孙某诉某居民委员会侵害集体经济组织成员权益案

22. 因婚迁入农村集体经济组织成员资格的认定 …………………………… 98
——何某刚等诉某村第××村民小组侵害集体组织成员权益案

23. 农村集体经济组织成员因未实际取得股权证而提起民事诉讼的，不属于人民法院受案范围 …………………………… 101
——李某炬诉某村委会、某村经济合作社侵害集体经济组织成员权益案

（二）建筑物区分所有权纠纷

24. 事前反对事后反悔，补交费用后可以使用加装的电梯 …………………… 104
——郭某山诉谢某蓉等建筑物区分所有权案

25. 小区业主改变住宅用途须经有利害关系的业主一致同意 ………………… 108
——黎某红、邱某芳诉某通信公司建筑物区分所有权案

26. “住改商”侵权的认定处理 …………………………………………………… 114
——徐某华诉某通信公司上饶市分公司、某通信公司广信区分公司建筑物区分所有权案

27. 确定编号停车位的法律性质判定 ……………………………………………… 118
——彭某云诉某房地产开发公司车位案

28. 认定交付规划共有停车位的数量应以工程规划验收合格和物业移交依据为准 …………………………………………………………………… 122
——某业委会诉某房屋建设开发公司、某实业公司建筑物区分所有权案

29. 收集个人信息应以合法合理为限度 …………………………………………… 126
——许某华诉某业委会等业主共有权案

30. 业主的知情权依法受保护 ……………………………………………………… 130
——朱某金诉某物业管理公司建筑物区分所有权案

31. 业主委员会有权要求开发商交付物业服务用房、政务管理用房，但无权对开发商擅自更改规划的行为提起诉讼 ……………………… 133
——某小区业主委员会诉某置业公司业主专有权案

（三）业主撤销权纠纷

32. 业主行使撤销权的条件 ………………………………………………………… 138
——樊某诉某小区第二届业主委员会业主撤销权案

33. 表决票未向全体业主送达的业主大会决议应被撤销 ……………………… 142
——罗某媚等诉某小区业委会业主撤销权案

34. 程序违反法律强制性规定的业委会决定应予以撤销 …… 146
——林某维、叶某超诉某小区业委会业主撤销权案

35. 民法典时代业主撤销权司法审查“两步走” …… 151
——曾某敏诉某小区第一届业主委员会业主撤销权案

36. 业主自治权的合法边界在业主撤销权案件中的运用 …… 154
——邹某文等诉某小区业主委员会业主撤销权案

(四) 相邻关系纠纷

37. 对于违法建筑物可否主张相邻权 …… 159
——杨某国诉李某兰相邻关系案

38. 既有住宅加装电梯应把握遵从众意与私益保护间的平衡 …… 164
——吴某诉王甲等相邻权案

39. 居民楼饲养信鸽侵犯相邻权的认定与处理 …… 167
——傅某1、傅某2诉徐某相邻关系案

40. 相邻关系中的个人或集体权利应容忍基于社会公益的合理行为 …… 173
——某房地产开发公司诉某医院、某医院有限公司相邻关系案

41. 相邻通行权的行使限度的判定标准 …… 176
——吴某玉、龙某凤诉廖某全相邻通行权案

(五) 共有纠纷

42. 当事人请求对未取得产权证的农村拆迁安置房屋确认居住、使用权的，法院应当支持 …… 181
——赵某森等诉王某林等共有案

43. 当事人共有物分割请求权的限制 …… 185
——黄某红等诉余某祥共有物分割案

44. 宅基地使用权人认定的“三维度”标准 …… 190
——张某骞诉赵某录等共有物分割案

45. 婚前加名赠与为共同共有的房产，离婚后分割的认定标准 …………… 195
——梅某诉莫某某共有物分割案

46. 不具有独立性的按份共有不动产不能实物分割 ………………… 198
——芮甲涛诉芮乙涛共有物分割案

47. 共有物分割纠纷中死亡赔偿金的性质认定及分配 ………………… 202
——李某某、刘某某诉朱某某共有物分割案

48. 离婚后夫妻财产份额如何认定 ………………………………… 206
——朱某青诉宣某英债权人代位析产案

三、用益物权纠纷

（一）土地承包经营权纠纷

49. 土地补偿费分配应遵循“主要用于被征地农户”原则 ………………… 210
——周某验诉某村村民委员会、某村 1 组承包地征收补偿费用分配案

50. 承包户内的成年人全部死亡的情况下，以该经济组织承包地作为基本生活保障的未成年人集体经济组织成员资格的认定 ……………… 214
——马某涵诉甲村村民委员会承包地征收补偿费用分配案

51. 不同类型外嫁女集体经济权益的判定 ……………………………… 218
——郭某香诉某村民小组承包地征收补偿费用分配案

（二）居住权纠纷

52. 对居住权的认定及居住权益的保护 ………………………………… 222
——王某诉陆某 1、施某居住权案

53. 以合同方式设立的居住权应自登记时成立 ………………………… 228
——卢某碧诉王甲、刘某琴居住权案

54. 因遗嘱取得的居住权自遗嘱生效时设立 …………………………… 232
——柯某粒诉李某亮居住权案

55. 居住权人对住宅的占有、使用不能超出居住范畴 ………………………… 237
——许某敏诉许某韬、许甲居住权案

56. 房屋受赠人要求对被强制执行房屋确认居住权的司法审查 ……………… 241
——董某震诉刘某兰、董某军居住权案

57. 未进行登记的居住权能否对抗第三人 …………………………………… 246
——王某生、娄某诉熊某、赵某英居住权案

四、担保物权纠纷

58. 非法吸收公众存款罪被告人之抵押权效力认定 ……………………………… 251
——郭某忠诉某装潢公司抵押权案

59. 抵押权人在诉讼程序中未主张抵押权，并不一定丧失抵押权 …………… 256
——某置业公司诉汤某兴抵押权案

60. 基于无权占有的占有使用费不属于法定孳息 …………………………… 262
——陈某江诉沈某丰抵押权案

61. 预告登记在不动产抵押中的运用与审查 ………………………………… 266
——某银行与罗某、贺某朋申请实现担保物权案

62. 所有人破产情况下，亦应赋予善意抵押预告登记权利人在特定
条件下享有优先受偿权 ………………………………………………… 270
——某银行诉某置业公司担保物权确认案

63. 房地产开发企业破产案件中购房者物权期待权优先于抵押权 …………… 274
——刘某臻、朱某燕诉某集团破产债权确认案

64. 基于所有权和担保物权实现程序而获得的债权，优先于金钱债权受偿 …… 278
——某房地产公司诉刘某辰等执行分配方案异议之诉案

五、占有保护纠纷

65. 出租人有权向导致其无法占有房屋的相关主体主张占有使用费 …… 283
——北京甲公司诉北京乙公司、北京丙公司占有保护案

66. 未占有的小产权房抵债协议无法排除强制执行 …… 287
——黄某、刘某诉宋某占有物返还案

67. 无权占有人有权依据其占有状态合理请求司法保护 …… 291
——某仓储公司诉甲实业公司等占有排除妨害案

68. 小区游泳池、网球场的所有权归属认定 …… 295
——某投资管理公司诉某小区第一届业主委员会占有排除妨害案

六、其他纠纷

69. 父母对其出资购买并登记在子女名下的不动产不享有足以排除强制执行的民事权益 …… 300
——覃某芳、黄某秋诉苏某富案外人执行异议之诉案

70. 离婚调解书对不动产权属约定能产生物权变动的法律效力 …… 304
——覃某春诉易某、罗某全案外人执行异议之诉案

一、物权保护纠纷

（一）物权确认纠纷

1

小区公共停车位安装充电桩不构成对业主权益的侵害

——雷某等诉甲科技公司、某管理顾问公司物权保护案

【案件基本信息】

1. 裁判书字号

重庆市第五中级人民法院（2021）渝05民终6940号民事判决书

2. 案由：物权保护纠纷

3. 当事人

原告（上诉人）：雷某、费某精、杨某云、周某宇、胡某琴、包某寿、李某玉

被告（被上诉人）：甲科技公司、某管理顾问公司

第三人（被上诉人）：乙科技公司

【基本案情】

雷某等系南岸区福民路××号附2-9号门市的产权人，某管理顾问公司系该

小区的物业管理公司。《前期物业服务合同》第九条约定，在业主大会成立前，甲方即某置业公司委托乙方即某管理顾问公司对物业共有部分统一实施经营，业主共有部分、共有设施经营收入及特约服务收入按下列约定分配：地面公共停车位出租，50%作为物业公司的管理佣金，50%进入全体业主的专项维修资金。涉案小区至今未成立业主委员会。

2019年10月29日，某管理顾问公司和乙科技公司签订《场地使用合同》，约定乙科技公司租用南岸区某项目的商铺外围机动车停放和充电桩安装场地，面积360平方米，用于经营停车场。2019年10月，乙科技公司与甲科技公司签订《电动汽车智能充电设备安装和运营合作合同》，约定乙科技公司向甲科技公司提供22个地面充电专用停车位，每一个车位每月租金480元/月，月租金10560元/月。2019年10月31日，某管理顾问公司出具《关于重庆市南岸区某项目场地合同转租的确认函》，同意乙科技公司将场地转租给充电运营公司建站。

上述合同签订后，甲科技公司办理了相关用电审批和政府备案手续后即进场施工。审理中，双方确认案涉场地系业主共有，规划为公共停车位。案涉充电桩位置，距离雷某等人的门面大约10米左右的距离。因地下停车位与居民楼共用电路，冬夏季大功率电器使用率极高，原电路无法满足增荷要求，致这些新能源车业主充电极不方便，在案涉小区建设充电桩需求极大。本案充电桩的建设已经过相关部门审批，其配套设施变压器位置修在了案涉小区较为角落的位置，也为维修案涉小区的化粪池预留了口子。本案仅将30个公共车位中的22个车位安装充电桩，其余8个车位仍供油车业主停靠使用，另外22个充电车位新能源车业主仍可以使用。

雷某等人与某管理顾问公司还签订《临时管理规约》，其第三十三条约定“本区域全体业主一致同意建设单位委托物业服务企业进行公共物业经营”。

【案件焦点】

1. 某管理顾问公司是否有权出租案涉小区公共停车场；2. 某管理顾问公司、甲科技公司、乙科技公司安装充电桩的行为是否合法。

【法院裁判要旨】[①]

重庆市南岸区人民法院经审理认为：根据《前期物业服务合同》第九条之约定，某管理顾问公司有权对共有部分统一实施经营。涉案场地规划为共同车位，现某管理顾问公司将涉案场地出租给乙科技公司，乙科技公司又将场地转租给甲科技公司用于经营地面充电专用停车位，并未改变该场地的用途，即便配备的配电房部分占用了小区公共区域，但该配电房是基于充电专用停车位的必备设备。《最高人民法院关于审理物业服务纠纷案件具体应用法律若干问题的解释》（法释〔2009〕8号）第一条规定，建设单位依法与物业服务企业签订的前期物业服务合同，以及业主委员会与业主大会依法选聘的物业服务企业签订的物业服务合同，对业主具有约束力。另雷某等人作为小区业主，对侵犯业主共同利益的行为有权寻求救济，但是否符合小区业主的共同利益行为属多数决，雷某等人并未对被告修建充电专用停车位的行为是否多数业主均不同意进行举证证明。据此，雷某等人要求某管理顾问公司、甲科技公司、乙科技公司停止修建充电桩和配电房并将场地恢复原状的诉讼请求，缺乏依据，法院不予支持。

重庆市南岸区人民法院依照《最高人民法院关于审理物业服务纠纷案件具体应用法律若干问题的解释》（法释〔2009〕8号）第一条、《中华人民共和国民事诉讼法》第六十四条之规定，判决如下：

驳回雷某、费某精、杨某云、周某宇、胡某琴、包某寿、李某玉的诉讼请求。

雷某等人不服一审判决，提起上诉。

重庆市第五中级人民法院经审理同意一审法院的裁判意见，依照《中华人民共和国民事诉讼法》第一百七十条第一款第一项规定，判决如下：

驳回上诉，维持原判。

---

① 本书【法院裁判要旨】适用的法律法规等条文均为案件裁判当时有效，下文不再对此进行提示。

【法官后语】[①]

《中华人民共和国民法典》第九条规定“民事主体从事民事活动，应当有利于节约资源、保护生态环境”，大力发展电动汽车，对保障能源安全、促进节能减排、防治大气污染等具有重要意义。在居民小区安装和建设充电桩基础设施，是推广电动汽车应用的重要举措。国家有关部门亦出台了相关意见和文件，要求物业服务企业等在居民充电设施安装建设过程中予以配合、提供便利。根据国务院办公厅印发的《关于加快电动汽车充电基础设施建设的指导意见》（国办发〔2015〕73号）第二条第五项规定，鼓励充电服务、物业服务等企业参与居民区充电设施建设运营管理，统一开展停车位改造，直接办理报装接电手续，在符合有关法律法规的前提下向用户适当收取费用。对有固定停车位的用户，优先在停车位配建充电设施；对没有固定停车位的用户，鼓励通过在居民区配建公共充电车位，建立充电车位分时共享机制，为用户充电创造条件。

《中华人民共和国民法典》第二百八十八条规定：“不动产的相邻权利人应当按照有利生产、方便生活、团结互助、公平合理的原则，正确处理相邻关系。”原被告双方应本着睦邻友好、和谐生活、相互理解的原则，合理合法地处理相邻关系纠纷，以免发生不必要的诉累。某管理顾问公司等更应合理关注雷某等人的诉求，积极采取措施为使用油车的业主提供停车便利，尽量减少对雷某等人门面经营产生的不利影响。雷某等人亦应为小区广大使用新能源车的业主考虑，增进对某管理顾问公司、甲科技公司、乙科技公司经营充电桩行为的理解和包容，促进相关关系的和谐稳定，共同维护和弘扬和谐友善的社会主义核心价值观。

对于业主共有的小区公共停车位，物业公司及承租车位的其他主体建设充电站，不仅方便了小区新能源车主，也增加了小区的配套和服务种类，整体提升了楼盘价值；安装充电桩的举措不会占用小区公共资源，损害其他业主的利

---

① 本书【法官后语】对此类法律问题涉及的法律法规等内容进行了时效性更新，下文不再对此进行提示。

益。充电专用停车位配备的配电房系必备设备，虽占用了部分小区公共区域，但并未因充电桩建设变更为非停车位，没有改变停车场地的使用性质和用途，也未排除业主行使物权的权利，不属无效的事由。部分业主主张物业公司等主体安装充电桩侵犯其权益，要求排除妨害的，人民法院不予支持。本案属于一般侵权案件，需由被侵权人承担侵权人存在过错、侵权事实、损害结果、侵权事实与损害结果存在因果关系的证明责任。本案充电桩的建设经过合法审批，其配套设施变压器位置经过了街道和居委会的同意，修在了最角落的位置，也为维修案涉小区的化粪池预留了口子。同时，案涉充电桩距离雷某等人的门面也有较为合理距离。至于阻挡视线、影响收益问题，雷某等人未提供充分证据证明，应由负有举证责任的当事人承担不利后果。

编写人：重庆市南岸区人民法院　羊芳程　李明刚

2

物业公司剪断业主私搭电线属正当履职行为，业主无权要求损害赔偿

——梁某诉某物业公司物权保护案

【案件基本信息】

1. 裁判书字号

北京市第三中级人民法院（2021）京 03 民终 130 号民事判决书

2. 案由：物权保护纠纷

3. 当事人

原告（上诉人）：梁某

被告（被上诉人）：某物业公司

【基本案情】

自2016年起，梁某因家中电表损坏，曾多次通过自行搭接电线、从邻居家接电入户等方式用电，后均被物业公司制止并剪断。梁某主张因其家中无法正常用电，无法使用也无法出租，给生活和工作带来巨大不便，并造成维修电器、租房等巨大损失。

【案件焦点】

物业公司是否有权剪断梁某私自搭接的入户电线，是否需要就该行为承担赔偿责任。

【法院裁判要旨】

北京市通州区人民法院经审理认为：依法成立的合同，对当事人具有法律约束力。当事人应当按照约定全面履行自己的义务。当事人一方不履行合同义务或者履行合同义务不符合约定的，应当承担继续履行、采取补救措施或者赔偿损失等违约责任。本案中，梁某所拥有的涉案房屋系由物业公司提供物业服务，双方虽未签订物业服务合同，但已实际构成物业服务关系，当事人需根据物业服务的一般习惯履行自身的义务。梁某称其电表损坏后报修，物业公司并未及时修理，但其并未提供证据予以证明。结合梁某在起诉状中的描述及物业公司的答辩意见，在无法使用电表的情况下，梁某进行了私自搭接电线的行为。私自搭接电线的行为存在极大的安全隐患，物业公司作为为整个园区提供物业的服务方，其有责任保证园区的用电安全，且剪断梁某私自搭接电线的行为在合理行使物业管理服务的范围内，故对于梁某要求维修损坏电线的诉讼请求，法院不予支持。关于梁某诉求赔偿损失（包括电器购买花费、租房费用），因梁某并未提交证据证明物业公司的行为导致其根本无法使用房屋，即使在电表损坏的情况下，梁某亦完全可以通过聘请其他专业电工进行修理。故梁某称因电表损坏而无法使用房屋导致损失而要求物业公司予以赔偿的诉求，法院不予支持。

北京市通州区人民法院依据《中华人民共和国合同法》第八条，作出如下判决：

驳回梁某的全部诉讼请求。

梁某不服一审判决，提起上诉。

二审审理过程中，物业公司已将梁某要求其维修的电线修好。北京市第三中级人民法院依照《中华人民共和国民事诉讼法》第一百七十条第一款第一项规定，判决如下：

驳回上诉，维持原判。

【法官后语】

物业服务与居民日常生活联系十分紧密，从近年司法实践来看，相关纠纷中主要的争议焦点实质上多涉及物业公司的履职边界问题。

一、物业公司合法履职行为和侵权行为的界限

《中华人民共和国民法典》第九百四十二条规定："物业服务人应当按照约定和物业的使用性质，妥善维修、养护、清洁、绿化和经营管理物业服务区域内的业主共有部分，维护物业服务区域内的基本秩序，采取合理措施保护业主的人身、财产安全。对物业服务区域内违反有关治安、环保、消防等法律法规的行为，物业服务人应当及时采取合理措施制止、向有关行政主管部门报告并协助处理。"故物业公司维护物业服务区内的公共秩序，兼具职权与义务的双重属性，但物业公司作为从事经营活动的民事主体，维护公共秩序应当遵循适度原则，否则可能构成侵权。具体而言，适度是指物业公司在履职过程中，应严格注意正当程序和方式方法，如仅强调履职，不注重程序与方法，则可能构成侵权，具体而言，履职需要做到以下几个方面：

一是依法履行告知义务。通过物业公示栏、张贴通知、悬挂标语等形式对社区内的治安、环保、消防等方面进行广泛宣传，或对本社区发生比较集中、较为突出、安全隐患较大的问题进行汇总梳理，针对性地作出提示。告知居民若出现相关违法行为物业公司将会采取的措施，使业主产生一定心理预期，尽量预防违法事件发生，避免物业公司在履职时面对过多不满情绪及对抗行为。

二是履行制止义务。对于物业服务区域内发生的违法行为应当通过耐心劝

告、阻拦等方式制止，既要有理有据有力，也要讲求方式方法，不能采取直接、僵化、容易激化矛盾的手段。

三是履行报告及协助义务。物业公司对于无法有效制止甚至有可能进一步激化的违法行为，如私搭乱建、自行拆除承重墙体、从事违法犯罪活动的，应当及时向有关行政机关报告，并履行必要的协助义务。但对于情况比较紧急的、安全隐患较大的、不即时采取措施可能导致较大的人身财产损失的，应当由专业人员采取果断措施予以处理，避免发生危及社区安全的重大事故。

本案中，梁某因其房屋内的电表损坏，数年间多次采取私搭电线、向邻居接线等方式用电，从诉讼中物业公司对梁某的用电线路进行维修得以恢复使用可以看出，物业公司能够采取更加积极主动的方式解决上述问题，故其在前期解决这一问题的方式方法存在一些短板。而梁某在与物业公司的僵持下未积极解决房屋内电表维修的问题，转而不顾自身安全及邻居安全，多次私自接电用电，也存在不妥之处，双方共同推动矛盾愈演愈烈，引起本案诉讼。但就剪断梁某私自搭接的入户电线而言，物业公司作为整个社区的物业服务方，需确保全体居民用电安全、消除安全隐患，虽履职方式上还有一定改进的空间，但其剪断梁某私自搭接的电线的履职行为并未超过必要的限度，不应承担相应的赔偿责任。

二、司法裁判应弘扬社会主义核心价值观

近年来，最高人民法院积极践行和弘扬社会主义核心价值观，先后印发了《关于深入推进社会主义核心价值观融入裁判文书释法说理的指导意见》（法〔2021〕21号）等规范性文件及“弘扬社会主义核心价值观典型案例”，充分发挥司法裁判在国家治理、社会治理中的规范、评价、教育、引领等功能，让广大群众知道法治社会提倡什么、反对什么、禁止什么，营造和谐健康、积极向上的社会风气。

本案中，一审、二审法院对不动产的所有权人依法对物享有的使用、收益和处分权利予以保护，但也亮明态度，所有权人行使物权不能损害其他人合法权益，对梁某私拉电线的行为作出否定性评价。同时本案的裁判结果也明确了物业公司的管理职责，鼓励物业管理者通过合理正当方式对不文明行为采取必要措施，维护小区居民生活安全。这一裁判结果有效发挥了司法裁判对社会治理的引导作用，对于引导小区居民文明用电、营造安全和谐的小区环境具有积极作用，同时彰显了人民法院保护人民群众居住安全的决心和态度。

编写人：北京市通州区人民法院　王薇

3

房屋份额占比对按份共有人物权保护的影响

——师某、齐某梅诉郑某兰、师某生物权保护案

【案件基本信息】

1. 裁判书字号

北京市密云区人民法院（2021）京0118民初1921号民事判决书

2. 案由：物权保护纠纷

3. 当事人

原告：师某、齐某梅

被告：郑某兰、师某生

【基本案情】

郑某兰、师某生系夫妻关系，师某光系二人之子。齐某梅、师某光系夫妻关系，师某系二人之子。2016年3月8日，师某光去世。2016年3月12日郑某兰入住涉案房屋至今，2016年8月齐某梅从该房屋中搬离，入住密云区某房屋。2020年9月21日，经北京市密云区人民法院判决：涉案房屋由郑某兰、师某生、师某各享有12.5%的份额，齐某梅享有62.5%的房屋份额；北京市密云区某房屋由郑某兰、师某生、师某各享有12.5%的份额，齐某梅享有62.5%

的房屋份额。至今，关于涉案房屋由郑某兰、师某生居住，师某、齐某梅在密云区某房屋居住。

对于师某生的入住时间：师某生主张其是在郑某兰入住后只在白天过去夜里并不在此居住，2018年春节时正式入住并居住至今，而齐某梅认为师某生是于2016年8月入住在涉案房屋里的。

【案件焦点】

师某、齐某梅是否有权向郑某兰、师某生主张房屋使用费、利息，以及郑某兰、师某生居住期间的物业费和天然气费用。

【法院裁判要旨】

北京市密云区人民法院经审理认为：依据2020年作出的民事判决书，判决涉案房屋由郑某兰、师某生、师某各享有12.5%的份额，齐某梅享有62.5%的房屋份额，也就是说该房屋系原被告双方按份共有。既然是按份共有，各共有人对共有物的全部均有使用权，即无论其应有部分在共有物所占比例的多寡，各共有人均可对整个共有物行使权利，按份共有并不是分别所有，各个共有人的权利不是局限于共有财产某一具体部分上，或就某一具体部分单独享有所有权，而是及于财产的全部，份额为价值上的份额，而不是实物上的份额。具体到本案中，师某、齐某梅、郑某兰、师某生在涉案房产中形成了按份共有关系，均有占有、使用涉案房屋的权利。也就是说，郑某兰、师某生虽然在此房屋中所占的份额较少，但仍有权在此居住。故师某、齐某梅要求郑某兰、师某生支付独占期间房屋使用费和利息的请求，缺乏法律依据，法院不予支持。

按照规定，物业服务人已经按照约定和有关规定提供服务的，业主应当按照约定向物业服务人支付物业费。一般来说，物业服务人是物业费的收取人。在本案中，显然师某、齐某梅并不是物业费收取人，同时师某、齐某梅也未向物业公司交纳2016年8月至2021年4月16日的物业费，因此师某、齐某梅要求郑某兰、师某生向其支付上述期间物业费的请求不能成立。鉴于郑某兰、师某生实际居住在涉案房屋，法院建议郑某兰、师某生尽快向物业公司交纳其居住期间的相关物业费用。

当事人对自己提出的主张，有责任提供证据，没有证据或者提供的证据不足以证明自己主张的，应承担举证不能的法律后果。本案中，师某、齐某梅要求郑某兰、师某生支付购气费 1812 元，但其未提供证明郑某兰、师某生居住时燃气剩余总量的证据，郑某兰、师某生对其诉讼请求亦不予认可，师某、齐某梅提交的证据只能证明其曾经购买燃气的数量，不能证明郑某兰、师某生居住时燃气剩余的数量，应承担举证不能的不利后果。对于师某、齐某梅要求郑某兰、师某生支付天然气费的诉讼请求，法院不予支持。

北京市密云区人民法院依照《中华人民共和国民法典》第二百四十条、第二百九十八条、第九百四十四条，《最高人民法院关于适用〈中华人民共和国民事诉讼法〉的解释》第九十条之规定，判决如下：

驳回师某、齐某梅的全部诉讼请求。

判决后，双方当事人均未上诉，本判决现已生效。

【法官后语】

实践中，因为房产价值比较高，房产按份共有的形式比较普遍。当按份共有人之间关系出现裂痕时，特别是按份共有人之间所占房产份额明显不对等的情形下，很难保证全体共有人能够继续保持良好的共有关系。而房屋份额占比对按份共有人物权保护是否有差异，则是亟须要明确的问题，本案就涉及此种情形。

《中华人民共和国民法典》第二百四十条规定，所有权人对自己的不动产或者动产，依法享有占有、使用、收益和处分的权利。第二百九十七条规定，不动产或者动产可以由两个以上组织、个人共有。共有包括按份共有和共同共有。第二百九十八条规定，按份共有人对共有的不动产或者动产按照其份额享有所有权。据此，房屋按份共有是房屋共有的一种形式，其指的是各所有权人按照所有权份额享有权利和承担义务。房屋按份共有，并不是把共有房屋整体分割成若干份，各享有一份所有权，而是各所有权人按照所有权份额享有权利和承担义务。房屋按份共有人享有的权利包括占有权、使用权、收益权和处分权。占有权既是指有实际占有、支配房屋的权利，还包括以所有权人的名义进行房屋所有权登记权利。而使用权是指房屋共有人有权按自己应占份额、依房屋用途实际使用房屋。本案中，依据 2020 年作出的民事判决书，师某、齐某梅、郑某兰、师某生在涉案房产中形成了按份共有关系，均有占有、使用涉案房屋的权利，也就是说郑某兰、师某生虽然在此房屋中所占的份额较少，但仍有权在此居住。当然，通过案情我们也能够得知，师某、齐某梅、郑某兰、师某生的按份共有关系是基于师某光去世后因继承事实产生的，况且师某与齐某梅仍然占有着另一套房产。

需要明确的是，按份共有并不是分别所有，各个共有人的权利不是局限于共有财产某一具体部分上，或就某一具体部分单独享有所有权，而是及于财产的全部，份额为价值上的份额，而不是实物上的份额，也就是说不论郑某兰、师某生所占房屋份额有多少，只要涉案房屋有他们的份额，就有占有、使用房屋的权利，现师某、齐某梅以自己未在涉案房屋居住为由要求郑某兰、师某生支付房屋使用费及利息的诉讼请求缺乏法律依据。当然，师某、齐某梅也有权利在涉案房屋内居住，对涉案房屋有占有、使用权，如果其有证据证明自己无法在涉案房屋内居住是由于郑某兰、师某生的阻拦，致使居住权无法实现的话，其可以申请对其物权进行保护请求排除妨害，造成损失的亦可以主张赔偿。双方的物权都应得到尊重，而无论自己在涉案房屋所占份额的多少。因此，法院判决驳回师某、齐某梅诉讼请求并无不当。同时，笔者认为，按份共有人的物权保护并不排除按份共有人之间也可以商定对共有物的使用方法以保证共有物的使用状态，法律应当保护按份共有人之间通过内部协商实现对共有物的管理。例如，全体共有人可以约定以下几种对共有物的使用方法：一是各共有人对共有物分部分或者分时间使用；二是将共有物交个别共有人使用，由使用的共有人对不使用的共有人给予补偿；三是将共有物出租，租金在共有人中按各自的份额分配。在司法实践中，法官在处理共有物分割、离婚、继承等纠纷中，应秉持中立、不制造新的矛盾、尊重客观实际的原则，优先考虑将共有物归属一方，另一方按照市场价值得到相应对价，以避免后续产生物权保护的争议。

编写人：北京市密云区人民法院　沈滨

4

修缮翻建后的房屋所有权归属于原房屋所有权人，建设人有权依据不当得利主张建设费用

——黄某星诉陈某花等物权确认案

【案件基本信息】

1. 裁判书字号

福建省厦门市中级人民法院（2021）闽02民终2760号民事判决书

2. 案由：物权确认纠纷

3. 当事人

原告（上诉人）：黄某星

被告（上诉人）：陈某花、何某书、何某金

第三人：何某赐、何甲花、何乙花、何某英

【基本案情】

何甲（2013年死亡）与陈甲（1988年死亡）共生育六个子女：何某赐、何某央（2015年死亡）、何某生、何甲花、何乙花、何某英。何某生1993年结婚入赘后改名黄某星。何某央与陈某花系夫妻关系，何某书、何某金系二人之子。

1979年何甲经批准在汪前村石莲修建房屋一座，因申请书遗失，于1985年5月7日提交《乡村建房用地申请书》，申请换证并获相关政府部门批准。1997年4月30日，何某央就上述土地使用权取得《集体土地建设用地使用证》。《土地使用权转移情况具结书》载明，具结人拥有的坐落于汀溪镇汪前村石莲自然村的土地使用权，系1996年11月5日因房屋处分转移所获。原权属

证件持有者何甲与具结人为父子关系。该书具结人（签章）处有四字私章，证明人（签章）处有吴某来签名。2007年6月，何某央以房屋老化为由提交《福建省农村村民住宅用地与建设申请表》申请改建，并于2007年7月获批取得《福建省村镇个人住宅建设许可证》。

黄某星自行委托厦门某测绘公司的测绘结果显示：何甲申请所建一层石头结构房（B1）现存建筑面积为96.04平方米，该房前相连建有一用地面积为8.38平方米的简易建筑（简2）；东北侧为一简易搭盖附属（简1），用地面积为42.85平方米；西南侧为何某央申请所建一幢两层混合结构房（B2），建筑面积为231.53平方米。各方当事人确认，老房屋占地面积262平方米，有拆除一部分，拆除部分重建成二层建筑物B2；未拆除的是B1，由何甲一直居住至其去世，何甲去世后无人居住；简2是老房屋门廊。黄某星放弃对简1的权利主张。

【案件焦点】

1. 在原房屋基础上修缮翻建房屋，新房屋的所有权如何认定；2. 建设人的建设费用如何处理。

【法院裁判要旨】

福建省厦门市同安区人民法院经审理认为：何甲、陈甲已死亡，其遗留的个人合法财产依法应列入遗产范围。何甲于1979年修建案涉石头结构房（即测绘图中的B1），并取得许可证。该房系何甲、陈甲两人夫妻共同财产。何某央于1997年就上述房产所涉土地使用权取得《集体土地建设用地使用证》，虽然黄某星所举示《土地使用权转移情况具结书》具结人处未见签名，但是据黄某星原审代理人所作说明，该处可见四字私章，且根据该具结书内容，在具结人处签名之人应为何某央，即该具结书系何某央本人自行承诺该集体土地使用权系承受于其父亲，而非何甲承诺将该集体土地使用权转让或赠与何某央。故认定何某央虽取得《集体土地建设用地使用证》，但根据黄某星原审所申请调取证据，并无证据证实何某央取得来源系何甲生前让与，陈某花、何某书、何某金亦未进一步举示相关证据予以证实，故该石头结构房依法应为何甲与陈甲两人遗产，因两人生前均未立有遗嘱，故该石头结构房应由其法定继承人继承。因其他法定继承人何某赐与何乙花、何甲花、何某英均表示放弃继承，且何某央已死亡，故上述石头结构房应由黄某星及何某央法定继承人即陈某花、何某书、何某金继承。何甲所建石头结构房原本较为简陋，陈某花、何某书、何某金辩称其对石头结构房进行了装修及修缮，虽陈某花、何某书、何某金未提供相关证据予以证实何某央所为装修及修缮价值，但鉴于何某央一家与何甲曾长期居住于此，故对陈某花、何某书、何某金相关意见予以采信，在遗产份额分配时可对此酌情予以考虑。黄某星早于1993年结婚入赘他乡，何甲则与何某央一家共同生活，故在考虑分配份额时，对何某央可予以多分。

综上，酌情确认黄某星继承石头结构房四分之一份额，陈某花、何某书、何某金继承份额为四分之三。关于现存石头结构房面积，陈某花、何某书、何某金虽对黄某星提供的测绘结果不予认可，但并未举示相关证据予以反驳测绘报告上的具体测量数值，故对测绘报告上所载面积予以确认，即案涉石头结构房现存面积为96.04平方米。关于石头结构房前相连而建的二层简易建筑，黄某星自述此系机砖房，明显与石头结构房用料不同，且机砖并非建房当时农村所普遍使用材料，黄某星亦无相关证据证实此系何甲所建，故对黄某星此部分权利主张不予支持。关于石头结构房东北侧的简易搭盖，从在案证据足以判断此不在何甲所申请建房审批范围内，黄某星主张此系何甲所建，亦明显缺乏依据。关于何某央申请所建三层楼房，黄某星据何甲系何某央申请建房手续中所列明同户人员故主张何甲系共同建设人、权利人，明显缺乏事实和法律依据，亦不予支持。

福建省厦门市同安区人民法院依照《中华人民共和国继承法》第三条、第十条、第十四条，以及《中华人民共和国民事诉讼法》第六十四条第一款规定，作出如下判决：

一、黄某星对坐落于厦门市同安区汀溪镇汪前村石莲××号的现存石头结构房（层数一层，面积96.04平方米）所有权享有四分之一的份额；

二、驳回黄某星的其他诉讼请求。

黄某星与陈某花、何某书、何某金不服一审判决，分别提起上诉。

福建省厦门市中级人民法院经审理认为：本案争议焦点为黄某星对石头结构房（B1）、二层建筑物（B2）、老房屋门廊（简2）是否享有所有权及享有的所有权份额。

石头结构房属于原老房屋的一部分，未被拆除。陈某花、何某书、何某金主张何甲修建的老房屋1996年11月5日因房屋处分转移至何某央名下，但老房屋自修建至今并未办理产权登记手续。《集体土地建设用地使用证》的档案材料中，何某央出具的《土地使用权转移情况具结书》虽然载明该土地使用权系1996年11月5日因房屋处分转移所获，但除何某央该单方承诺外，本案无其他证据佐证房屋处分转移一事。陈某花、何某书、何某金主张的石头结构房维修情况亦不影响权属的认定。故一审判决认定石头结构房系何甲、陈甲的遗产并无不当，陈某花、何某书、何某金主张石头结构房系何某央的个人财产缺乏充分依据，法院不予采纳。各方当事人确认二层建筑物是在拆除老房屋一部分的基础上重建的，可见二层建筑物系老房屋财产形态的转化。各方当事人对老房屋门廊的倒塌修缮情况陈述不一，但对老房屋门廊对应简2均无异议。故二层建筑物、老房屋门廊属于老房屋或老房屋转化的财产，应认定为何甲与陈甲的遗产。一审判决以二层建筑物、老房屋门廊非何甲建造为由认定其不属于何甲、陈甲的遗产不当，法院予以纠正。因此，石头结构房、二层建筑物、老房屋门廊均为何甲与陈甲的遗产。

本案无证据表明何甲、陈甲立有遗嘱，石头结构房、二层建筑物、老房屋门廊应由其法定继承人继承。何某赐、何甲花、何乙花、何某英表示放弃房屋权利，故上述建筑物由黄某星、何某央各继承二分之一，黄某星对上述建筑物享有二分之一所有权，何某央的继承人陈某花、何某书、何某金对上述建筑物享有二分之一所有权。当事人未就何甲、陈甲的赡养情况进行充分举证，一审判决以黄某星入赘他乡、何某央一家与何甲共同生活为由认定何某央可多分得份额不当。房屋的装修、修缮情况不影响当事人享有份额的认定，一审判决将房屋的装修及修缮情况作为分配份额的考虑因素亦不当。当事人就装修及修缮费用可另行处理。

福建省厦门市中级人民法院依照《中华人民共和国民事诉讼法》第一百七十条第一款第二项规定，作出如下判决：

一、撤销一审民事判决第二项；

二、黄某星对坐落于厦门市同安区汀溪镇汪前村石莲××号的现存石头结构房（建筑面积96.04平方米）、二层建筑物（建筑面积231.53平方米）、老房屋门廊（用地面积8.38平方米）享有二分之一份额；

三、驳回黄某星其他上诉请求；

四、驳回陈某花、何某书、何某金上诉请求；

五、驳回黄某星其他诉讼请求。

【法官后语】

农村房屋一般建设年代久远，经过数十年，老房屋破旧不堪，在老房屋基础上翻建、推倒重建的比比皆是，而家庭众多子女尤其是年长的子女出资出力尤为常见，新增家庭成员亦有出现参与翻建的情况。在征地拆迁时，众多家庭成员往往会对翻建后房屋的产权归属、投入的翻建费用负担及补偿产生较大争议，统一上述问题的裁判尺度显得尤为重要。

1. 在原房屋基础上修缮翻建房屋，新房屋的所有权归属于原房屋所有权人，房屋的建设情况不影响所有权的认定。《中华人民共和国物权法》没有规定添附制度，《最高人民法院关于贯彻执行〈中华人民共和国民法通则〉若干问题的意见（试行）》第八十六条就非产权人经财产所有权人同意在使用所有权的财产上增添附属物如何处理进行规定，《中华人民共和国民法典》第三百二十二条设立了添附制度，在原房屋基础上修缮、翻建房屋，属于添附中的附合行为。在这种情况下，房屋的修缮、翻建是建立在原房屋基础之上，是为了发挥房屋的效用，修缮翻建行为形成的物已构成原房屋的组成部分，或从属于原房屋。因此，新房屋的所有权应归属于原房屋所有权人，房屋维修情况不影响房屋权属的认定。

本案石头结构房系何甲、陈甲的遗产，陈某花、何某书、何某金主张的其对石头结构房进行装修、修缮并不使其当然地成为石头结构房所有权人。二层建筑物是在拆除老房屋一部分的基础上建设，亦属于何甲、陈甲的遗产。因此，在老房屋基础上修缮、翻建的石头结构房、二层建筑物仍为何甲、陈甲的遗产，黄某星作为继承人，享有相应的份额。

2. 修缮翻建人有权依据不当得利主张建设费用。《中华人民共和国民法通则》第九十二条对不当得利进行规定，《中华人民共和国民法典》第九百八十五条至第九百八十八条亦规定了不当得利制度。经过修缮翻建的房屋的所有权归属于原房屋所有权人，原房屋所有权人获得了房屋建设产生的利益，而修缮翻建人投入对应的权利归于消灭，原房屋所有权人获得的利益无法律上的依据。为平衡双方利益，修缮翻建人有权依据不当得利制度，获得债的请求权，即向原房屋所有权人主张建设投入。因建设投入的材料等实物已成为原房屋的一部分或从属于原房屋，从添附物所有权归属的立法本意及物的利用效率的角度出发，该请求权对象转化为建设费用，即修缮翻建人有权向原房屋所有权人主张建设费用。

本案石头结构房、二层建筑物、老房屋门廊有经过装修、修缮、翻修或重建，原所有权人何甲、陈甲已去世，获得修缮、翻建利益的主体转为其继承人即本案当事人。陈某花、何某书、何某金可就其主张的修缮、翻建费用提出主张。因本案仅涉及房屋产权份额的确认，不涉及建设费用事宜，该费用可由陈某花、何某书、何某金根据不当得利制度另行处理。

编写人：福建省厦门市中级人民法院　陈璟

5

离婚协议书中载明“无夫妻共同财产”与实际情况不符时，不能认定在离婚时对夫妻共同财产进行了分割

——刘某红诉杨某考物权确认案

【案件基本信息】

1. 裁判书字号

湖南省湘西土家族苗族自治州中级人民法院（2021）湘31民终1424号民事判决书

2. 案由：物权确认纠纷

3. 当事人

原告（上诉人）：刘某红

被告（被上诉人）：杨某考

【基本案情】

刘某红与杨某考于1990年登记结婚。婚后，刘某红于2005年12月购买了位于古丈县古阳镇的一宗土地使用权，2009年在该土地内修建房屋，2010年4月取得该土地的国有土地使用证，2011年4月为其修建的房屋办理了房产证。房产证载明杨某考系上述房产的共有人。2011年6月，刘某红与杨某考在办理离婚登记手续、双方签订的离婚协议中记载“无夫妻共同财产、无夫妻共同债务”。离婚后，双方仍共同生活一段时间。2021年刘某红在银行办理抵押手续时，要求杨某考协助配合遭到拒绝，之后刘某红又要求杨某考配合其办理不动产转移登记手续亦被拒绝。

刘某红以双方在离婚协议中确认无共同财产可供分割，应视为对各自名下

的财产处理完毕，默认离婚时财产归属状态，即案涉房产系刘某红的个人财产而不是夫妻共同财产；该离婚协议合法有效至今没有被撤销，对双方当事人均具有约束力且已基本履行，案涉房屋应归刘某红所有等为由，于2021年6月诉至法院。

【案件焦点】

1. 如何认定案涉不动产（土地和房屋）的权属问题；2. 离婚协议书中载明的“无夫妻共同财产、无夫妻共同债务”，能否认定系双方当事人对夫妻共同财产进行分割的约定。

【法院裁判要旨】

湖南省古丈县人民法院经审理认为：案涉土地及房屋系刘某红与杨某考在夫妻关系存续期间获得的财产，且房屋作为夫妻共同财产依法登记在双方名下，已发生法律效力；根据房随地走、地随房走的原则，案涉土地及房屋应视为刘某红与杨某考的夫妻共同财产。双方在离婚时，达成的离婚协议书中仅载明“无夫妻共同财产、无夫妻共同债务”，不足以证明双方当事人在离婚时对案涉不动产进行了分割。刘某红也没有提供证据证明案涉不动产存在其他物权变动的情形。根据法律规定，当事人对自己提出的诉讼请求所依据的事实，应当提供证据加以证明，主张法律关系变更的当事人，应当对法律关系变更的基本事实承担举证证明责任，当事人未能提供证据或者证据不足以证明其事实主张，由负举证责任的当事人承担不利后果。刘某红以离婚时双方已经达成协议，案涉不动产归其个人所有为由，要求确认案涉不动产的权属归个人所有，没有事实和法律依据，不予支持。

湖南省古丈县人民法院依照《中华人民共和国民法典》第二百零九条，《中华人民共和国民事诉讼法》第六十四条第一款，《最高人民法院关于适用〈中华人民共和国民事诉讼法〉的解释》第九十条、第九十一条的规定，判决如下：

驳回刘某红的全部诉讼请求。

刘某红不服一审判决，提起上诉。

湖南省湘西土家族苗族自治州中级人民法院经审理认为：同意一审法院关于案涉土地及房屋应视为夫妻共同财产的裁判意见，强调指出案涉离婚协议书中虽载明“无夫妻共同财产、无夫妻共同债务”，但其与客观事实不符，且该协议并未真实地反映双方当事人对财产、债务的处理情况，不足以证明双方当事人对案涉不动产进行了分割和物权变动，一审法院以刘某红证据不足为由驳回其诉讼请求并无不当。

湖南省湘西土家族苗族自治州中级人民法院依照《中华人民共和国民事诉讼法》第一百七十条第一款第一项规定，判决如下：

驳回上诉，维持原判。

【法官后语】

本案双方当事人起初离婚应该被认为是虚假离婚，目的是在杨某考被列为失信人员情况下，便于刘某红申请贷款。双方当事人在民政局办理离婚手续时，为了简化办理手续，尽快取得离婚证，在离婚协议书中对涉及共同财产或者共同债务处理就并未约定或者约定不够清楚，仅载明“无夫妻共同财产、无夫妻共同债务”。因为案涉房屋及土地依法明显属于夫妻共同财产，离婚协议书的该约定内容与实际情况显然不符。后来因为种种原因，起初的“假离婚”变成了真离婚，导致就财产归属问题引发诉讼。对于该类案件，以下三个方面有必要明确：

1. 认定案涉房屋及土地属于夫妻共同财产是处理前提。本案中，刘某红要求确认案涉房屋及土地归其个人所有，其依据为双方签订的离婚协议中载明“无夫妻共同财产”，因此案涉房屋及土地是否属于夫妻共同财产系本案需要查明的事实，庭审中查明案涉土地是在夫妻关系存续期间购买，房屋亦是在夫妻关系存续期间修建，且该房屋已依法登记在双方名下，故应认定案涉房屋及土地属于夫妻共同财产。

2. “假离婚”背景下且内容过于原则的离婚协议书的约定不能认定为对案涉不动产进行了分割和物权变动。经审理查明，双方当事人在夫妻关系存续期间有夫妻共同财产，但是双方在签订离婚协议时，为了简化离婚手续，尽快取得离婚证，对夫妻共同财产的处理没有具体约定，仅载明“无夫妻共同财产”，其目的是尽快办理离婚手续，不能真实反映双方当事人对夫妻共同财产的处理意见，因此该约定不能认为系双方当事人对夫妻共同财产进行了分割。

3. 当事人主张原属于夫妻共同财产的案涉不动产属于自己，须依法举证证明在离婚协议书约定之外双方当事人对案涉不动产实际进行了分割和物权变动。当事人对自己提出的诉讼请求所依据的事实，依法应当提供证据加以证明；主张法律关系变更的当事人，依法应当对法律关系变更的基本事实承担举证证明责任。本案中，刘某红主张案涉房屋及土地归其个人所有，经审理查明该房屋及土地系夫妻共同财产，而离婚协议对案涉房屋及土地的分割没有明确的约定，刘某红亦没有提供证据证实双方对案涉房屋及土地的分割有其他约定，因此刘某红应当承担举证不能的法律后果。

综上，双方当事人在离婚协议书中对涉及共同财产或者共同债务处理并未约定或者约定不够清楚，仅载明“无夫妻共同财产、无夫妻共同债务”，不能以该离婚协议认定当事人对夫妻共同财产进行分割或者对共同债务进行了分担。在审理过程中，法院应当查明财产或债务的实际情况，依照相关法律规定进行裁判。

编写人：湖南省古丈县人民法院　毛亚琦

6

对未经合法审批建造的房屋要求确权应驳回起诉

——林某剧诉林某森所有权确认案

【案件基本信息】

1. 裁判书字号

福建省厦门市中级人民法院（2021）闽02民终2340号民事裁定书

2. 案由：所有权确认纠纷

3. 当事人

原告（上诉人）：林某剧

被告（被上诉人）：林某森

【基本案情】

林某剧和林某森系同胞兄妹，二人的父亲是林某面，母亲是吴某真。据县政府于1989年1月1日颁发的乡村房产契证，址于某土楼角面积115.5平方米的平屋所有权人为林某面、吴某真。据县政府于1996年12月颁发的集体土地建设用地使用证，上述平房所占土地的使用者登记为林某森。另据农村土地房屋权属登记卡、集体土地使用权证和农村房屋所有权证，上述平屋所有权于2008年4月转移登记至林某森名下。2013年年底，林某森将该平屋拆除，在未取得合法批建手续的情况下利用原宅基地，并扩大占地面积，自行翻建、改建成一栋五层房屋，且至今未取得新建房屋的产权证。林某剧认为上述房产的原始房产系其父母所有，其父亲已于1989年去世，其母亲已于2013年去世，故上述房产应为林某剧与林某森共同继承。故请求确认享有案涉五层房屋二分之一产权。

【案件焦点】

法院能否对案涉房产进行确权。

【法院裁判要旨】

福建省厦门市同安区人民法院经审理认为：林某剧要求确认的是林某森自行翻建、改建的案涉五层房屋的产权份额，但该房屋翻建、改建行为尚未取得行政机关审批，故林某剧要求对该房屋确权的诉讼请求，不属于人民法院受理民事案件的范围，应予驳回。当事人可待涉案房屋获得合法有效产权证明时，再行主张权利。

福建省厦门市同安区人民法院依照《中华人民共和国民事诉讼法》第一百一十九条、第一百二十四条第四项，《最高人民法院关于适用〈中华人民共和国民事诉讼法〉的解释》第二百零八条第三款，裁定如下：

驳回林某剧的起诉。

林某剧不服一审裁定，提起上诉。

福建省厦门市中级人民法院经审理认为：讼争房屋系林某森在未取得行政机关审批手续情形下自行翻建、改建，讼争房屋是否存在非法建设涉及行政机关确认和处理的问题，林某剧要求对讼争房屋确权的诉讼请求，不属于人民法院受理民事案件的范围，一审予以驳回并无不当。

福建省厦门市中级人民法院依照《中华人民共和国民事诉讼法》第一百七十条第一款第一项、第一百七十一条规定，裁定如下：

驳回上诉，维持原裁定。

【法官后语】

《中华人民共和国民事诉讼法》规定的"确认民事权利义务关系"以及平等民事主体之间的"财产关系"是"确认之诉"的基础法律规定。《中华人民共和国民法典》第二百三十四条规定"因物权的归属、内容发生争议的，利害关系人可以请求确认权利"不仅使实体法与民事诉讼法有机衔接起来，使"确权之诉"有了实体法上的权利根据，而且为物权的归属和内容可以在其他法定程序中进行确认提供了物权法上的依据。

但是，应当明确，物权的归属和内容并非仅由人民法院进行确认，行政机关同样是物权确认的确权主体。土地权属依法由行政机关进行确权登记，宅基地使用权的确认自然属于土地行政管理部门的职责范围。"农民房"[①] 的房屋确权，理论上也应包括行政确权和司法确权。行政确权包括经合法性审查后的初始确认登记和交易、继承、析产等导致的变更登记，如对行政机关宅基地确权及房屋产权登记的具体行政行为存在争议，属于行政审判的范畴。但客观上"农民房"的产权登记少之又少，房屋确权主要通过司法途径完成。必须明确的是，民事案件审理的重点是房屋的归属、权属份额的确定以及导致房屋权属

① 编者注："农民房"也叫"村民房"，一般指农村村民私自修建的房屋。

发生变动的基础法律关系争议。当事人房屋确权、分割诉请中若牵连宅基地使用权的确认、分割（如庭院、通道），也必须以具有集体土地使用证或者合法宅基地使用权的其他证明材料为前提。

在目前多数“农民房”仅有建房用地审批表而未领取集体土地使用证的状况下，法院不能代行行政职权，不应对宅基地权属进行确认，民事审判必须坚持合法性原则。在“农民房”普遍存在少批多建、合法违法面积混同的情形下，不能不加区分地直接判决房屋所有权的归属，否则就会造成通过司法公权力确认行政违法行为的合法性，是对违法利益的保护。案件经过审理，可以准确区分房屋合法、违法建造部分的，对涉及违法建造部分的确权、分割诉请，应予以驳回。未经合法审批，擅自建造的房屋、附属设施等，当事人请求确权分割的，应驳回其诉讼请求。理由是：此种情形属于违法建造。集体土地使用权未经行政机关审批而建造房屋、设施等，不仅违反行政管理秩序，而且有可能因违法占地而构成侵权，即使房屋、设施等具有使用价值，也会因行为本身不具有合法性而不能予以保护。司法审判“矛盾化解、定分止争”的前提，应是保护合法行为及合法权益。

编写人：福建省厦门市同安区人民法院　李昌明　覃娟

7

离婚协议中约定赠与后，赠与人穷困抗辩权行使的认定

——王某某诉王某峰所有权确认案

【案件基本信息】

1. 裁判书字号

北京市第一中级人民法院（2021）京01民终3848号民事判决书

2. 案由：所有权确认纠纷

3. 当事人

原告（被上诉人）：王某某

被告（上诉人）：王某峰

第三人：刘某

【基本案情】

王某峰与刘某结婚后育有一子王某某，婚后双方购买取得涉案房屋，该房屋于2016年3月31日取得产权登记证书，现登记于王某峰名下。2016年3月31日，王某峰与刘某办理离婚登记，同时双方签订离婚协议书，其中约定：1. 双方自愿离婚；2. 子女抚养：离婚后王某某归女方抚养，男方一次性支付46万元抚养费，男方每周探望孩子一次；3. 财产分割：涉案房屋离婚后产权人变更为王某某；女方支付男方125万元；4. 债权债务处理：房屋贷款110万元，离婚后由女方负责还贷。关于上述协议，王某峰主张离婚时与刘某感情并未破裂，系刘某迫使其签署的，目的是双方都同意将涉案房屋留给王某某，故以离婚协议的形式固定下来。但王某峰并未就其主张提供充分证据。现王某峰以其对外负担大额债务、经济状况显著恶化为由，不同意继续履行该赠与义务。涉案房屋所设贷款已由刘某清偿完毕，抵押权已于2019年10月30日注销。

另查，王某峰曾于2019年10月22日将刘某以赠与合同纠纷为由诉至北京市石景山区人民法院，要求撤销双方于2016年3月31日签订的离婚协议书中第三条的赠与条款，不再履行将涉案房屋赠与王某某的义务，理由是王某峰的经济状况显著恶化，严重影响其生产经营或家庭生活。2019年11月20日，一审法院就上述案件作出民事判决，驳回了王某峰的诉讼请求。王某峰不服该判决提出上诉，北京市第一中级人民法院于2020年9月16日作出二审民事判决，判决驳回上诉，维持原判。另，一审案件中基于当事人自愿负担原则，判决刘某于该判决生效后九十日内支付王某峰款项80万元。本案中，王某峰提出相同抗辩意见，并提交了其债务负担的相关证据及单位离职证明文件。

【案件焦点】

王某峰以经济状况显著恶化为由拒绝履行离婚协议约定的房屋赠与义务是否成立。

【法院裁判要旨】

北京市石景山区人民法院经审理认为：王某峰与刘某对涉案房产的处分，系基于双方解除婚姻关系的事实，并附有对房屋贷款负担、房款折价分配等条件，且双方一致同意将房屋过户至王某某名下，系基于特定身份关系，具有一定的道德义务性质。王某峰主张目前其经济状况显著恶化，但根据其陈述，王某峰作为体智健全、具有较高学历、知识水平及丰富工作经验的成年人，其经济的暂时性困境并非不可逆转和改善，且刘某同意按照双方离婚协议约定支付王某峰 125 万元款项。综合考量上述因素，离婚协议书中关于涉案房产处分的约定具有法律效力，王某峰应当依照约定，履行涉案房屋产权变更的义务和手续。

北京市石景山区人民法院依照《中华人民共和国合同法》第二条、《最高人民法院关于适用〈中华人民共和国婚姻法〉若干问题的解释（二）》第八条之规定，作出如下判决：

一、王某峰于本判决生效起十五日内协助王某某办理北京市石景山区鲁谷村涉案房产的过户手续；

二、刘某于本判决生效起十五日内协助王某某办理北京市石景山区鲁谷村涉案房产的过户手续；

三、刘某于本判决生效后十五日内支付王某峰离婚补偿款项 450000 元；

四、驳回王某某其他诉讼请求。

王某峰不服一审判决，提起上诉。

北京市第一中级人民法院同意一审法院的裁判意见，依照《中华人民共和国民事诉讼法》第一百七十条第一款第一项规定，作出如下判决：

驳回上诉，维持原判。

【法官后语】

《中华人民共和国民法典》第六百六十六条规定："赠与人的经济状况显著恶化，严重影响其生产经营或者家庭生活的，可以不再履行赠与义务。"本条在理论上通常称之为"赠与人穷困抗辩权"[①]。离婚协议中约定将夫妻共同财产赠与子女的条款属于特殊的赠与条款，作为赠与人的父母如果主张穷困抗辩权，能否得到支持？实务问题具体表现在两个方面：其一，穷困抗辩权的性质问题，是解除权还是抗辩权？抑或是免除权？其二，经济状况恶化的具体认定标准问题。针对以上问题，笔者将以本案为分析基础，考虑离婚协议中赠与条款特殊性，同时结合赠与合同基础理论，为司法实务中穷困抗辩权的具体认定提供思路。

一、离婚协议中赠与条款的特殊性

根据《中华人民共和国民法典》第四百六十四条第二款规定，离婚协议中将房屋赠与子女条款可以参照适用《中华人民共和国民法典》合同编的规定，故赠与人可以主张一般赠与合同项下的穷困抗辩权。但是由于离婚协议是带有身份关系变动、子女抚养并附有引起财产权变动的复合型身份协议，夫妻双方达成的约定内容往往正是能够离婚的条件，所以财产分割条款中约定将夫妻共有财产赠与子女不是单纯的赠与关系。这与《中华人民共和国民法典》合同编中赠与合同的性质截然不同。

二、穷困抗辩权的性质

《中华人民共和国民法典》第六百六十六条一般被称为"穷困抗辩权"，规定在赠与人经济状况陷入困难时在法律规定情形下"可以不再履行赠与义务"，因此对于"不再履行"的理解有多种观点。其一，撤销权说或解除权说。《中华人民共和国民法典》第六百六十六条没有规定赠与人有"撤销"或"解除"赠与合同的权利，意味着赠与人不能通过主动实施行为而使合同归于消灭，将这一权利定义为撤销权或者解除权并不恰当。其二，抗辩权说。有学者认为，

① 王利明：《合同法研究（第三卷）》，中国人民大学出版社2015年版，第227页。

“不再履行”指的是延缓/一时的不履行或永久的不履行，意图导致赠与条款中止的法律效果。其三，免除权说。有学者认为，“不再履行”意味着赠与义务本身的消灭。既可以避免赠与人财务状况好转时是否需要继续履行合同义务的难题，也可以避免解除权下的已履行部分的返还问题。[①] 笔者认为，就离婚协议下的赠与条款来说，穷困抗辩权应取抗辩权说为宜。无论从条文的文义解释看，还是从目的解释看，穷困抗辩权的属性，是一种一时抗辩权或称延缓性抗辩权，即赠与人穷困抗辩权的行使只是暂时具有对抗请求权的效力，其赠与义务并未归于消灭，如果赠与人日后经济状况有所好转，仍需继续履行赠与义务。如果认定穷困抗辩权属于免除权，那么，一旦赠与人出现穷困处境，则具有否决受赠人请求权的法律效果，如果赠与人处境好转，赠与人拒绝履行合同义务则违背了《中华人民共和国民法典》第六百六十六条的立法本意。

三、穷困抗辩权的构成要件

1. 协议成立后且未曾履行前。由于穷困抗辩权为一时抗辩权，仅当受赠人向赠与人提出请求履行赠与义务的主张时，赠与人方得提出穷困抗辩权。因此，当合同履行完毕后，请求权已随之不存在，附随的穷困抗辩权亦不存在。

2. 经济状况显著恶化的认定。从文义解释看，“经济状况显著恶化”应是与之前一段时期的经济状况比较得出，因此有必要考察赠与人在某段时期内稳定的经济状况，司法实务中，主要分两步走：一是审慎确定“某段时期”，赠与人行使穷困抗辩权时，一般的举证为近期经济状况，司法仍应要求赠与人举证穷困处境之前的一段时期内经济状况，以示对比；二是定量分析“经济状况恶化”，影响个人经济状况的主要因素包括财产收入的减少、生活支出的增加两个方面。此外，对于经济状况的恶化，应剔除由于年龄增加、住所改变等自然情况因素导致的经济条件改变情形。

3. 严重影响生产经营或家庭生活。该构成要件实际上是进一步对经济状况恶化程度的限定，即经济状况显著恶化的状况须达一定程度，也即若仅为财产状态呈现轻微不良，则不构成主张穷困抗辩权所需具备的要件。而对于“严重

① 匡爱民、李小华：《合同法学》，中央民族大学出版社2012年版，第395-396页。

影响”的判断，应以客观标准判定，并以赠与人原有生产经营状况或者原有家庭生活情形为参照标准。①

编写人：北京市第一中级人民法院 刘磊 李昊婷

（二）返还原物纠纷

8

微信小程序作为虚拟财产不属于物权保护的范畴

——甲文化传播公司诉乙文化传播公司、曹某财返还原物案

【案件基本信息】

1. 裁判书字号

北京市第二中级人民法院（2021）京02民终11726号民事判决书

2. 案由：返还原物纠纷

3. 当事人

原告（上诉人）：甲文化传播公司

被告（被上诉人）：乙文化传播公司、曹某财

【基本案情】

曹某财于2012年9月6日起担任甲文化传播公司法定代表人，2020年5月7日，甲文化传播公司法定代表人由曹某财变更为马某飞。乙文化传播公司于

---

① 张菲菲：《穷困抗辩权实务问题研究——论〈合同法〉第195条性质及构成要件分析》，载《广州广播电视大学学报》2020年第5期。

2016年6月22日成立，曹某财担任乙文化传播公司法定代表人。

甲文化传播公司诉至法院，主张乙文化传播公司与曹某财共同合谋，擅自将原属于甲文化传播公司的微信小程序变更为乙文化传播公司所有，曹某财仅持有甲文化传播公司10%的股权，无权擅自处置甲文化传播公司的资产，损害了甲文化传播公司享有的合法权益，并提交小程序基本资料、股权代持协议佐证其主张。曹某财及乙文化传播公司对于上述证据的真实性无异议，不认可证明目的，主张微信小程序系由曹某财委托丙公司进行开发，知识产权归丙公司所有，小程序免费提供使用，对于曹某财提供绑定小程序的公司由曹某财决定，甲文化传播公司并非小程序的所有者/开发者，且曹某财变更微信小程序中的开发者信息系履行职务行为，因为当时小程序出现了问题，需要重新制作其他的小程序，所以才变更了微信小程序基本信息中登记的开发者。曹某财及乙文化传播公司提供计算机软件著作权登记证书、证明佐证其主张。甲文化传播公司不认可证据的真实性和证明目的，主张计算机软件著作权登记证书针对的是该小程序开发过程中所形成的源代码，小程序的开发软件所形成的是静态的，甲文化传播公司所诉的是虚拟财产权，指的是运营这个小程序所产生的有经济价值的运营信息等所对应的虚拟财产权，也就是这个小程序软件本身源代码所对应的知识产权归属于谁与本案无关。经询问，甲文化传播公司明确其要求乙文化传播公司返还微信小程序诉讼请求的具体处理形式为到丁公司办理相应的变更登记信息手续，并将微信小程序的账号和密码返还给甲文化传播公司。

【案件焦点】

诉争微信小程序是否属于物权保护范畴。

【法院裁判要旨】

北京市丰台区人民法院经审理认为：当事人对自己提出的诉讼请求所依据的事实，有责任提供证据加以证明，没有证据或者证据不足以证明当事人的事实主张的，由负有举证责任的当事人承担不利后果。首先，无权占有不动产或者动产的，权利人可以请求返还原物。返还原物的标的应为物权，而微信小程序并非物权，不能成为返还原物的标的。即便如甲文化传播公司所述，微信小程序在使用运营过程当中所产生的经营性数据、信息属于虚拟财产权，那返还原物的标的应为经营性数据、信息，而非微信小程序本身。其次，就物的返还请求权而言，请求权人须为权利人且失去占有。甲文化传播公司主张对于微信小程序享有权利的基础为微信小程序的基本资料中的小程序迁移记录，此信息系丁公司登记的信息，丁公司仅为提供技术服务的公司，并不参与小程序的研发、运营，丁公司的登记信息并不产生确认权利归属的效果，故甲文化传播公司的主张依据不足，法院不予采信。综上，甲文化传播公司要求返还微信小程序及赔偿损失的诉讼请求缺乏事实及法律依据，法院不予支持。

北京市丰台区人民法院依据《中华人民共和国民法典》第二百三十五条、《中华人民共和国民事诉讼法》第六十四条之规定，判决如下：

驳回甲文化传播公司的全部诉讼请求。

甲文化传播公司不服一审判决，提起上诉。

北京市第二中级人民法院同意一审法院的裁判意见，依照《中华人民共和国民事诉讼法》第一百七十条第一款第一项规定，判决如下：

驳回上诉，维持原判。

【法官后语】

随着互联网网络和数据经济的发展，近年来涉及虚拟财产权权属争议及侵权类案件数量不断上升。立法回应时代和社会发展要求，《中华人民共和国民法总则》第一百二十七条规定："法律对数据、网络虚拟财产的保护有规定的，依照其规定。"《中华人民共和国民法典》第一百二十七条延用了该条规定，采取了概括式的处理方法。在理论研究及审判实践中对于虚拟财产的法律性质主要存在三种观点：一是"物权说"，网络虚拟财产具有物的特征，但是并未属于精神产物，其存在网络空间中，具有特定性，网络用户对其拥有支配权，具有排他的属性；二是"债权说"，认为网络虚拟财产的存在是用户与网络运营商之间的合同关系；三是"新型财产权说"，认为是具有复合型特征的新型财产权利。将虚拟财产归为何种权利类型，是解决对其规制问题的关键。笔者赞同第三种观点，虚拟财产中数据载体、电磁记录的特性具有物权的属性，其服务合同的本质具有债权的属性，其信息化特性又具有知识产权的属性，但虚拟财产与传统的物权、债权、知识产权并不完全等同，是依赖于网络服务商提供服务，以数据为载体的一种电磁记录，单一的财产权无法解决网络虚拟财产全部问题，故其为独立于物权、债权等现有权利类型的一种新型财产权利。

具体到本案中，微信小程序以数据形式存在于互联网空间的电子信息，基于服务合同的约定，能够为用户所支配，具有满足用户需求的使用价值，且根据现有度量方式能够进行价值衡量，故属于网络虚拟财产的一种，应当受到法律保护。其权利的内容包括两个方面：一是微信小程序的账号本身；二是经过实际使用者对小程序进行个性化设计、使用、经营所产生添附性的财产性内容，如流量、关注度、经营数据等所反映的财产性权益。因虚拟财产不属于物权保护的范畴，故微信小程序不应作为返还原物的标的。关于经营性数据、数据等添附价值的归属，应当综合考虑对添附的虚拟财产的价值形成所发挥的作用、对虚拟财产权利的对外宣示、当事人之间的意思自治，兼顾公平与效率原则进行判断。

编写人：北京市丰台区人民法院　卢文婷

9

“带租约拍卖”的买受人能否要求对租约进行实质审查

——于某诉甲商贸公司等返还原物案

【案件基本信息】

1. 裁判书字号

广东省广州市中级人民法院（2021）粤01民终8094号民事判决书

2. 案由：返还原物纠纷

3. 当事人

原告（被上诉人）：于某

被告（上诉人）：乙商贸公司

被告：甲商贸公司、某投资公司

【基本案情】

2012 年，工行向海珠法院起诉甲商贸公司等要求偿还借款。2012 年 10 月 30 日海珠法院查封涉案房屋。之后，海珠法院判决甲商贸公司偿还借款本金 2500 万元及相关利息等，债权人某资产公司申请法院强制执行生效判决。2015 年 3 月 26 日，海珠法院调查涉案房屋的使用情况，某投资公司表示涉案房屋现由其使用。2015 年 5 月 20 日，乙商贸公司向海珠法院提交《异议书》，提出甲商贸公司已将涉案房屋出租给乙商贸公司，乙商贸公司与甲商贸公司于 2012 年 8 月 1 日签订 20 年租赁合同，乙商贸公司已交纳了 20 年的租金；乙商贸公司还于 2012 年 9 月 1 日将涉案房屋转租给某投资公司，租期为 5 年；乙商贸公司不同意迁出涉案房屋。

2015 年 8 月 20 日，海珠法院告知申请执行人某资产公司拟将涉案房屋按现状不交吉拍卖，某资产公司表示同意。2016 年 12 月 8 日，海珠法院将拍卖结果公布，载明：涉案房屋成交价为 4433056 元；法院不负责移交场地，承租人乙商贸公司在同等条件下享有优先购买权；买受人一旦买受涉案房屋，即表明买受人接受涉案房屋的现状，并承担由此产生的一切后果。

2017 年 2 月 7 日，海珠法院裁定涉案房屋的所有权及相应的其他权利归买受人于某所有，涉案房屋的财产权自本裁定送达买受人于某时转移等。2017 年 2 月 22 日，执行裁定书送达于某。2019 年，于某以甲商贸公司、乙商贸公司与某投资公司串通签订租赁合同，且租赁合同实际是在房屋被查封之后签订等为由起诉，要求甲商贸公司、乙商贸公司与某投资公司交还涉案房屋并支付占用费。

在该案中，于某申请对乙商贸公司持有的显示 2012 年 8 月 1 日及 9 月 1 日签订的租赁合同的实际签订时间进行司法鉴定。乙商贸公司表示合同原件已遗失，其持有的合同原件是在2012年10月之后重新签订，但拒绝提供合同原件配合司法鉴定。

关于涉案房屋的使用情况，乙商贸公司提交甲商贸公司名下的银行账户的对账单（载明其在2012年12月12日向甲商贸公司支付1980000元，该款项被海珠法院于2015年3月12日在执行案中进行司法划扣），以及某物业管理公司出具的《证明》（载明2012年8月1日至今涉案房屋是由乙商贸公司以现金方式缴纳物业管理费和水电费）作为证据。乙商贸公司除上述证据外无法提交在2012年10月30日前支付涉案房屋相关费用的其他证据。

【案件焦点】

于某对涉案房屋享有的所有权是否应受甲商贸公司与乙商贸公司签订的《广州市房屋租赁合同》以及乙商贸公司与某投资公司签订的《广州市房屋租赁合同》所约束。

【法院裁判要旨】

广东省广州市天河区人民法院经审理认为：法院在拍卖公告中载明房屋带租约应为提示房屋状态，而并非限制买受人的所有权，更不是要求买受人必须受租赁合同约束。房屋在租赁期间发生所有权变动时以“买卖不破租赁”为原则，但如存在房屋出租前已被法院查封等例外情形则应适用“买卖不受租赁约束”。买受人如认为存在适用“买卖不受租赁约束”的例外情形有权对承租人提起返还原物之诉，法院应对租赁合同进行实质审查，而不是以买受人知悉房屋为带租约拍卖为由逃避审查义务，直接驳回买受人的诉请。在买受人已初步举证的情况下，承租人应就房屋是否在查封前出租进行说明与举证。本案中承租人无法确认其持有的合同原件是否为房屋被查封前签订，拒绝提供合同原件配合司法鉴定，未办理租赁备案及缴纳税费，在法院查封后才一次性支付20年租金且无法提交查封前使用房屋的凭证。综合本案证据，对买受人有关房屋出租前已被查封的陈述予以采信，因此买受人不受租赁合同约束，故对买受人要求承租人返还房屋的诉请，法院予以支持。

广东省广州市天河区人民法院依照《中华人民共和国物权法》第二十八条、第三十四条、第三十七条、第三十九条，《最高人民法院关于审理城镇房屋租赁合同纠纷案件具体应用法律若干问题的解释》第二十条以及《中华人民共和国民事诉讼法》第十三条第二款、第六十四条第一款、第一百四十四条的规定，判决如下：

一、甲商贸公司于本判决发生法律效力之日起三十日内，向于某交还广州市天河区黄埔大道中路××号 1601 房、1602 房；

二、乙商贸公司就交还上述房屋承担协助义务；

三、甲商贸公司于本判决发生法律效力之日起三十日内，向于某支付上述房屋自 2017 年 2 月 22 日起至交还上述房屋之日止的占用费；

四、驳回于某的其他诉讼请求。

乙商贸公司不服一审判决，提起上诉。

广东省广州市中级人民法院同意一审法院的裁判意见，依照《中华人民共和国民事诉讼法》第一百七十条第一款第一项的规定，判决如下：

驳回上诉，维持原判。

【法官后语】

法院在执行中对不动产进行拍卖，经常会出现异议人提出其对不动产享有承租权的情况。有执行人员反映 80%—90% 的拟拍卖房产至少带有 5 年租约。[①] 关于执行法官是否要对异议人提出的租赁关系进行实质审查争议较大，有观点认为在人民法院执行程序中不宜也无法审查租约的真实性问题，因此对带租约不动产应一律实行“现状拍卖”模式。[②] 基于上述观点，法院执行中经常出现房屋带租约拍卖的情况。在拍卖公告已经载明房屋为带租约拍卖的情况下，买受人能否起诉要求对租约的真实性进行实质审查并主张承租人交还房屋？

---

① 卢正敏：《执行程序中的虚假租赁及其法律应对》，载《中国法学》2013 年第 4 期。

② 厦门市中级人民法院与厦门市思明区人民法院联合课题组：《关于执行程序中长期租约问题的调研报告》，载齐树洁：《东南司法评论》（2016 年卷·总第 9 卷），厦门大学出版社 2016 年版。

一、形式审查抑或实质审查

带租约拍卖的买受人起诉要求法院对租约进行审查，主要是对租约进行形式审查还是实质审查。

（一）从形式审查到实质审查的裁判转变

广州法院对于带租约拍卖的买受人起诉要求对租约进行审查的案件，裁判思路经历了从形式审查到实质审查的转变过程。

首先，法院对租约进行形式审查，主要表现为如法院已查明房屋的拍卖公告载明房屋是带租约拍卖，即直接认可租约载明的内容都是真实的，法院不再对租约实际情况是否与载明内容不一致等进行实质审查，买受人应受该租约约束。如在广东省广州市中级人民法院（2016）粤01民终4042号上诉人李某珍与被上诉人李某华、某造纸公司房屋租赁合同纠纷一案中，法院认为“李某珍是参与竞拍而取得涉案房屋的所有权，其行使物权权利应受到拍卖公告的约束，对李某珍要求鉴定租赁合同形成时间的申请亦不予准许”。

其次，法院对租约进行实质审查，主要表现为法院认为拍卖公告只是说明房屋现状，并无确定租约是否真实的效力，因此法院仍须对租约的实际情况进行审查，并根据查明的实际情况认定买受人是否应受租约约束。如在广东省广州市中级人民法院（2021）粤01民终22306号上诉人周某与被上诉人陈某、原审被告某寿司店房屋租赁合同纠纷一案中，法院认为“拍卖公告对涉案商铺所附带合同的记载只是对该商铺现状的记录，并非是对所附带合同的效力进行确认，一审法院通过对两份合同的内容、租金支付情况、市场实际行情及出租人与承租人的权利义务等情况的分析，认定涉案商铺5年合同有效，陈某、周某按此合同履行，并无不当”。

（二）法院进行形式审查的理由梳理

经由中国裁判文书网，对全国法院的裁判情况进行梳理，可以发现法院对租约只进行形式审查，而不进行实质审查，主要理由有三个：

第一，法院认为买受人参与带租约拍卖是自甘风险的行为，因此应受拍卖公告披露的租约所约束。如在上海市第一中级人民法院（2021）沪01民终

2244号上诉人李某闻与被上诉人范某勤房屋租赁合同纠纷一案中，法院认为“系争房屋上的抵押权均登记在被上诉人与熊某签订租约之后，司法拍卖公告上详细载明了租约内容，足以对竞买人起到风险提示作用，上诉人亦自认知晓，在此情况下，上诉人仍自愿参与竞买，显属自甘风险”。

第二，法院认为买受人在认可房屋带租约拍卖的情况下，已经以较低价格拍得房屋取得收益，如另行起诉要求对租约进行实质审查有违诚信原则。如在福建省厦门市中级人民法院（2019）闽02民终5033号上诉人某工贸公司等与被上诉人某银行厦门分行返还原物纠纷一案中，法院认为“某兴业银行厦门分行在拍卖过程中未提起执行异议之诉，认可讼争房屋带租约，在最终以评估价的0.64取得讼争房屋的所有权之后，提起返还原物之诉，主张租约是虚假的，即其以低价取得某公司的讼争房屋，同时又让某公司负有退还租金的债务，该行为违反了民事活动应当遵循的诚实信用原则”。

第三，法院认为执行裁定、拍卖公告属于生效裁判文书，在生效裁判文书未被撤销的情况下，买受人不能否认租约的效力。如在广东省佛山市禅城区人民法院（2019）粤0604民初19679号原告梁某东、刘某容诉被告曾某返还原物纠纷一案中，法院认为“依据已生效的（2014）佛城法执字第××号-2执行裁定书及本院发出的《关于佛山市禅城区普君西路××B36号（带租约）的拍卖公告》，涉案B36号商铺系带租约拍卖，在生效裁判文书结果未被否定或撤销的情形下……两原告无权主张被告返还商铺及支付租金损失”。

二、审查形式选择：实质审查必要性的证成

本案认为即使在拍卖公告已经载明房屋为带租约拍卖的情况下，如买受人起诉要求对租约的真实性进行审查，法院应进行实质审查，而不能在仅仅查明拍卖公告载明房屋带租约的情况下就认定租赁情况以租约载明的为准。

（一）实质审查是维护合法权益的必然要求

《中华人民共和国民法典》第二百四十条规定：所有权人对自己的不动产或者动产，依法享有占有、使用、收益和处分的权利。买受人经参与司法拍卖取得房屋所有权，该所有权不应区别于通过其他方式取得的所有权，买受人作为所有权人对房屋依法享有占有、使用、收益和处分的全部权利。所有权人的合法权益通常只在三种情况下受到限制：一为基于法律规定的限制，二为基于法律文书的限制，三为基于意思自治的限制。具体到本案，虽然拍卖公告已经载明涉案房屋为带租约拍卖，但并不能以此认定买受人于某的所有权必然受到租约约束。

首先，虽然《中华人民共和国民法典》第七百二十五条规定“买卖不破租赁”的原则，但是《最高人民法院关于审理城镇房屋租赁合同纠纷案件具体应用法律若干问题的解释》第十四条也规定了“买卖不破租赁”的例外情形。在未查明房屋是否实际在法院查封前出租的情况下，不能认为根据“买卖不破租赁”的规定买受人的所有权应受限制。本案于某主张租约实际是在法院查封涉案房屋后订立，该争议事实直接关系到于某是否应受租约约束，因此本案有必要对租约的实际订立时间进行实质审查。

其次，根据《中华人民共和国民法典》第二百二十九条的规定，法律文书具有导致物权变动的效力。但拍卖公告并非设置或者限制买受人所有权的法律文书，仅为描述房屋的现状。在本案中，海珠法院出具的执行裁定是为于某设立房屋所有权的法律文书，而该执行裁定内容为“涉案房屋的所有权及相应的其他权利归买受人于某所有”，上述裁定明确于某享有涉案房屋的所有权及相应的其他权利，并未限制于某对涉案房屋享有的所有权。

最后，买受人基于意思自治限制自己的所有权，应当是在知悉真实情况的基础上作出明确表示。拍卖公告是法院单方作出的文书，拍卖公告并未经过也无须经过买受人的明确同意。竞买人在参加拍卖前也无法掌握租约的完整情况，根本无法基于真实意思认可租约的真实性，并自愿受租约约束。因此不能默认买受人参与拍卖就是认可涉案房屋带租约，更不能认为这是买受人“自甘风险”，而剥夺买受人要求法院对租约进行实质审查的权利。

（二）实质审查是履行审判职责的必然要求

执行程序主要是从外观方面对租约进行形式审查，而不应且无法对租约进行实质审查。首先，不应通过执行程序对租约进行实质审查。执行重效率，审判重公正，两者价值追求的分立决定着其审查重点各有侧重——执行应着重形式审查，审判应着重实质审查。[①] 如果要求在执行程序中对租约进行实质审查，必然会冲击执行应有的效率价值，不利于解决执行难。其次，难以通过执行程序对租约进行实质审查。执行机构适用的听证程序尚欠缺明确规定，听证程序的完善程度远远低于审判程序，因此适用听证这种略式程序难以确保实质审查的准确性。而且在执行中，债务人与承租人互相串通虚构租约，即使带租约拍卖的房屋低于市场价，但只要评估价足以清偿债务，债权人也不会对带租约拍卖提出异议。在各方均未提出异议的情况下，也无法通过执行程序对租约进行实质审查。

本案中海珠法院在拍卖房屋前也是对租约进行形式审查，如审查租约载明内容以及是否存在付款情况等，但关于租约是否倒签、支付款项的性质是否为租金等则不作实质审查。笔者认为对于并未通过审判程序对租约进行实质审查的“带租约拍卖”执行案件，如买受人拍得执行标的后起诉要求法院审查租约的，法院应当进行实质审查，而不能让实质审查在执行程序与审判程序中“双缺位”。但是如果法院已经在执行异议之诉中对租约进行了实质审查，那么法院应当尊重执行异议之诉裁判的既判力，不能作出相反认定。

（三）实质审查是打击“以租抗执”的必然要求

“以租抗执”的泛滥不仅严重损害债权人的权益，而且推高流拍比例，进一步加剧了法院执行难。如某地法院带租拍卖成交率近三年平均成交率只有14%左右，五年以上租约房产首次流拍率达 88%，二次降价流拍率仍达 65%，近三年涉执信访案件约 18%涉及附租约不动产拍卖。[②] 由于不应且无法通过执行程序对租约进行有效的实质审查，因此必须强化审判程序的实质审查功能有效打击“以租抗执”。部分判决认为买受人以较低价格拍得涉案房屋，又起诉

---

① 叶汉杰：《债务性质未定前提下执行夫妻财产的实践乱象与出路——基于对三种差异规定与四类判决思路的研究》，载《法律适用》2015 年第 1 期。

② 陈明灿：《从博弈到共存：执行程序中租赁权的保护范围及限度——以善意执行视角下利益衡量论为视角》，载《法律适用》2020 年第 21 期。

要求对租约进行实质审查有违诚信原则，因此仅对租约进行形式审查。该裁判思路存在以下问题：第一，执行程序已经对租约进行了形式审查，如果审判程序仅是再次进行形式审查，必然抹杀审判程序的应有价值。第二，如果租约是虚假的，违反诚信原则的始作俑者就是债务人与“承租人”。买受人并无参与造假，亦并未要求法院带租约拍卖，买受人起诉要求对租约进行实质审查难谓有违诚信。如果在审判中以不能有违诚信为由仅对租约作形式审查，那么债务人与“承租人”的违反诚信问题如何处理？第三，如果租约是真实的，法院在审判中进行实质审查后也会以租约真实为由驳回买受人的诉请，该处理根本不会有违诚信原则。综上所述，如果认为拍卖公告已载明房屋带租约因此仅对租约进行形式审查，必然会助长“以租抗执”的泛滥。

三、审查方法归纳：实质审查的路径与要点

债务人与“承租人”为了实现“以租抗执”的目的，通常会对租约进行精心设计以应对法院审查。对于被执行人串通设立的虚假租约，因为取证难度极大，往往难以作出准确的法律认定。[①] 如何对租约进行实质审查已成为审判实践的难点，本案就如何进行实质审查提出了多层次、体系化的审查思路。

（一）关于举证责任的分配

证明责任，又称举证责任，是指当事人对自己提出的事实主张有责任提供证据进行证明，当作为裁判基础的法律要件事实在诉讼中处于真伪不明状态时，不尽举证证明义务的当事人应承担败诉的风险。[②] 笔者认为要对租约进行实质审查，首先应当对当事人的举证责任进行合理分配。

首先，买受人应当就其主张承担初步的举证责任，但该举证责任不需要达到足以推翻租约真实性的程度。如在本案中，于某提交的有关债务人与承租人存在关联关系、涉案房屋长期空置等证据虽然不能直接证明租约是虚假的，但

---

① 厦门市中级人民法院与厦门市思明区人民法院联合课题组：《关于执行程序中长期租约问题的调研报告》，载齐树洁：《东南司法评论》（2016 年卷 · 总第 9 卷），厦门大学出版社 2016 年版。

② 田平安、陈彬主编：《民事诉讼法学》，法律出版社 2010 年版，第 211 页。

可以让法院对租约是否真实产生怀疑。

其次，若买受人的举证可让法院对租约真实性产生怀疑，法院可根据举证的难易程度要求债务人及承租人提供反证。虚假租赁泛滥的一个重要原因，是债权人或买受人承担了虚假租赁事实的证明责任，而债权人或买受人又难以证明假性租约的存在，从而要承担举证不能的不利后果。[①] 在本案中，于某已经提交了租约可能是虚假的初步证据，但于某不是租赁关系的当事人，其实际上难以提交租约是虚假的直接证据。如果仅根据“谁主张，谁举证”的举证规则认定买受人应承担全部举证责任，必然导致难以查明案件事实。本案基于上述分析，在于某已进行初步举证的基础上，认定关于甲商贸公司是否在法院查封涉案房屋前出租涉案房屋这一关键争议事实，因甲商贸公司为出租人，乙商贸公司、某投资公司为承租人，甲商贸公司、乙商贸公司及某投资公司应就上述争议事实承担举证责任。

（二）基于合同内容的审查

执行程序通常已对租约内容进行形式审查，审判程序对租约内容进行实质审查可以围绕以下几个方面进行深化。

第一，合同形式是否真实。此处的“真实”主要是指形式上的真实，包括审查显示多年前签订的合同纸张是否过新，合同是否存在条款页与落款页纸张、字体不一致等情况。如果发现合同形式上有疑点，应当要求债务人与承租人作出说明。本案中，虽然乙商贸公司提交的租赁合同显示落款时间分别为2012年8月1日、2012年9月1日，但乙商贸公司自认因合同原件遗失，现其持有的合同原件是在2012年10月之后重新签订，现无法确认其现持有的合同原件是否在法院2012年10月30日查封房屋之后签订。因此根据乙商贸公司的自认，乙商贸公司提交的两份租赁合同不能证明甲商贸公司是在法院查封前出租涉案房屋。

第二，合同条款是否合理。此处的“合理”主要是根据生活常理判断合同条款是否合理，包括审查合同约定的租金是否显著过低，租金是否在合同签订

---

① 卢正敏：《执行程序中的虚假租赁及其法律应对》，载《中国法学》2013年第4期。

前后一段时间支付，是否约定一次性支付20年租金等。如出现上述疑点，应当综合当事人的解释意见形成关于合同条款是否合理的判断。

第三，借助鉴定进行审查。通过司法鉴定可以进一步对租约进行实质审查，但要注意以下两点。首先，因买受人主张租约存在倒签、伪造等情况，因此应由买受人申请鉴定并预缴鉴定费用。其次，虽然债务人与承租人并无申请鉴定的义务，但因其持有合同原件，债务人与承租人应当配合鉴定，否则应承担不利的法律后果。本案中，因租赁合同是否实际在2012年10月30日前签订存疑，且在该事实属于本案须查明的必要事实的情况下，于某申请对租赁合同是否在2012年10月30日之后签订进行司法鉴定并无不当。法院经摇珠选定某鉴定中心进行上述鉴定，某鉴定中心明确根据鉴定规范如不提供合同原件则无法对合同签订时间进行鉴定。法院已向乙商贸公司释明其须提交租赁合同原件配合司法鉴定，但乙商贸公司仍坚持拒绝提交租赁合同原件导致本案鉴定无法进行，乙商贸公司应就此承担举证不能的法律后果。

（二）基于履行情况的审查

租约如果是真实有效的，通常可以查明存在与合同条款相一致的交租、使用、备案等案件事实。但“交租”等事实与合同条款相一致，并不能绝对反证租约是真实的，因为有可能“承租人”支付的款项并非租金而是其他性质款项，但债务人与“承租人”为了伪造租约而在支付款项后根据该款项的金额、支付时间等“量身定做”租约。为此，本案对合同履行情况能否证明租约在法院查封前订立进行了着重审查。

首先，关于租金支付情况的审查。乙商贸公司主张的已付租金是在2012年12月12日支付，并不能证明其在法院2012年10月30日查封涉案房屋前已支付租金。

其次，关于房屋使用情况的审查。乙商贸公司未就租赁合同申请租赁备案登记，也未缴纳租赁税费，乙商贸公司仅能提供开票时间最早为2019年9月27日的缴纳涉案房屋自2017年11月起水费等费用的相关凭证，乙商贸公司无法提交在2012年10月30日前缴纳承租涉案房屋相关费用的支付凭证。

最后，关于案外人出具证明的审查。乙商贸公司提交的案外人某物业管理公司出具的《证明》虽然载明 2012 年 8 月 1 日至今涉案房屋是由乙商贸公司以现金方式缴纳物业管理费和水电费，但《证明》仅为案外人单方陈述，并无证据佐证，且与乙商贸公司有关某投资公司曾租用涉案房屋的陈述矛盾，故对某物业管理公司出具的《证明》不予采信。

（四）基于执行情况的审查

债务人与承租人通常会以执行法院已经查明租约真实进行抗辩，对执行情况进行审查不仅可以判断该抗辩是否成立，更有助于在审判中对租约进行实质审查。本案根据海珠法院的执行情况进行分析，海珠法院最早于 2015 年 3 月 26 日调查涉案房屋的使用情况，该日涉案房屋的使用人表示涉案房屋由某投资公司使用。并无证据证明在 2015 年 3 月 26 日之前，甲商贸公司、乙商贸公司与某投资公司曾向海珠法院表示涉案房屋存在出租情况以及提交相关租赁证据。因此根据海珠法院的执行情况不能认定乙商贸公司在法院 2012 年 10 月 30 日查封涉案房屋前已承租涉案房屋。

债务人与“承租人”为了实现“以租抗执”的目的，通常对租约进行精心设计，加之我国并未建立租约强制备案及登记制度，买受人也无法直接掌握房屋使用及租赁的证据，因此在审判中对租约进行有效的实质审查实属困难重重。本案提出不应局限于一方举证、单个环节、部分事实的审查，应当合理分配举证责任，综合审查合同内容、合同履行与执行情况，为法院如何有效实质审查租约指明了路径与要点。

编写人：广东省广州市中级人民法院　叶汉杰

10

开发商将自有房产移交物业公司用作物业服务用房后无权要求返还

——某投资公司诉某物业公司、黄某隆返还原物案

【案件基本信息】

1. 裁判书字号

广东省珠海市中级人民法院（2022）粤04民终101号民事判决书

2. 案由：返还原物纠纷

3. 当事人

原告（被上诉人）：某投资公司

被告（上诉人）：某物业公司、黄某隆

【基本案情】

某投资公司系某小区的开发商。自2006年3月至2022年3月，某小区一直由某物业公司提供物业管理服务。小区规划物业服务用房为100平方米，实际原有共用管理用房为80.38平方米。某投资公司将登记在其名下的一层会所90.79平方米的车库改造成61平方米物业服务用房，在某物业公司2006年3月入驻小区时，一并将原有共用管理用房和车库改造后的物业服务用房移交给某物业公司，某物业公司一直作为物业服务用房占有使用。

某投资公司以其是案涉车库的所有权人为由，请求某物业公司及其法定代表人黄某隆腾退车库，并以某物业公司未经其同意擅自将车库改造成物业服务用房占有使用为由，请求某物业公司及其法定代表黄某隆支付占用费。某物业公司辩称案涉车库系某投资公司改造成物业服务用房后移交给某物业公司，某

物业公司系有权占有，且一直作为物业服务用房使用，物业服务用房属于业主共有，即使被登记到开发商名下，也应当认定归属某小区全体业主，某投资公司无权要求返还和支付占有使用费。

【案件焦点】

案涉房产的性质应否认定为业主共有的物业服务用房，开发商能否要求返还原物。

【法院裁判要旨】

广东省珠海市香洲区人民法院经审理认为：《中华人民共和国民法典》第二百三十五条规定，无权占有不动产或者动产的，权利人可以请求返还原物。根据上述法律规定，返还原物请求权的行使，无须考虑相对人的无权占有是否基于过错所导致，权利人只需要证明相对人已实施了侵害物权的行为，构成无权占有，便可以请求相对人返还原物。根据法院查明的事实，案涉 90.79 平方米车库登记在开发商某投资公司名下，某投资公司系涉案物业的权利人，现案涉车库由某物业公司使用，无论某物业公司基于什么原因占用、使用均构成无权占有，某投资公司请求某物业公司腾退车库并支付占用费于法有据。至于小区原有共用管理房是否达到原规划设计要求，不属于本案审查的范围，若小区业主认为权利受到侵犯，则应另行通过合法途径解决。

广东省珠海市香洲区人民法院依照《中华人民共和国民法典》第一百八十八条、第二百三十五条，《中华人民共和国物权法》第三十七条，《中华人民共和国公司法》第六十三条，《最高人民法院关于适用〈中华人民共和国民法典〉时间效力的若干规定》第一条，《最高人民法院关于适用〈中华人民共和国民事诉讼法〉的解释》第九十条的规定，作出如下判决：

一、某物业公司于判决发生法律效力之日起三十日内向某投资公司腾退并返还位于某小区 17 栋 1、2 层会所中一层的车库；

二、某物业公司于判决发生法律效力之日起十日向某投资公司支付占有使用费（自 2018 年 6 月 11 日起至实际腾退之日止，按照每月占用使用费人民币

1500 元的标准计算）；

三、黄某隆对某物业公司的上述第二项债务承担连带清偿责任；

四、驳回某投资公司的其他诉讼请求。

某物业公司、黄某隆不服一审判决，提出上诉。

广东省珠海市中级人民法院经审理认为：1. 关于某物业公司是否擅自改造涉案车库并占有使用。某投资公司系涉案小区的开发商，某物业公司系涉案小区的物业服务公司，物业服务用房是由开发商向物业服务公司交付，因此某投资公司有能力对涉案车库的改造和使用情况进行举证。某投资公司主张某物业公司擅自于 2006 年 3 月对涉案车库进行改造并使用，但是并未提交任何证据对该事实予以证明，甚至从某物业公司 2006 年 3 月入驻涉案小区起至某投资公司 2021 年 4 月 30 日发出《撤场通知书》止，长达十五年的时间，某投资公司也未能提交任何证据证明其向某物业公司就擅自改造使用的行为提出过异议或进行过交涉，应承担举证不能的不利后果。2. 关于某物业公司和黄某隆应否向某投资公司返还涉案车库以及支付占有使用费。《物业管理条例》规定，建设单位应当按照规定在物业管理区域内配置必要的物业服务用房。可见，按照规定提供物业服务用房是开发商必须履行的法定义务。本案中，根据涉案小区《建设用地规划许可证》附件，涉案小区规划的物业服务用房面积为 100 平方米，作为开发商的某投资公司应当根据规划要求为涉案小区配备足额的物业服务用房，而涉案小区原有物业服务用房的面积仅为 80. 38 平方米，扣除配电房后则更少，显然不符合《建设用地规划许可证》的规划要求。某投资公司主张争议房产为车库而不是物业服务用房，且已登记为其所有为由，主张某物业公司予以返还，但某投资公司没有举证涉案小区原 100 平方米物业服务用房的规划如何进行了具体的变更，而即使变更了，物业管理的相关法律规定亦未禁止开发商以自有房产或其他房产提供多于规划或法定标准面积的物业服务用房，这与物业服务用房的服务属性和小区业主公共利益属性有关。本案中，某物业公司作为物业公司代涉案小区业主接受物业服务用房，并使用物业服务用房为小区业主服务，从 2006 年 3 月某物业公司入驻涉案小区至今，原有小区共用管理房和车库改造后的用房均作为物业服务用房在使用，为涉案小区业主服务，某投资公司未能证明某物业公司改变了用途，因此涉案车库某物业公司实际使用部分的性质应认定为物业服务用房。物业服务用房是物业管理的必要配套设施，事关业主福祉，无论从占有历史和使用现状，还是从维护社会和谐稳定，以及更好地服务于小区业主的角度，某投资公司让某物业公司腾退、返还涉案车库的主张都是违反诚信和欠妥的，二审法院不予支持。某投资公司主张某物业公司及其法定代表人黄某隆支付从2006年3月1日至实际腾退之日止的占有使用费，亦没有理据，二审法院不予支持。

广东省珠海市中级人民法院依照《中华人民共和国民法典》第七条、《物业管理条例》第三十条、《中华人民共和国民事诉讼法》第一百七十七条第一款第二项的规定，作出如下判决：

一、撤销一审民事判决；

二、驳回某投资公司的诉讼请求。

【法官后语】

物业服务用房是指专门提供给物业服务企业用于物业服务活动的建筑。物业服务用房由建设单位配置，由物业服务企业依据物业服务合同的约定基于业主的授权对物业服务用房进行占有使用。因此，物业服务企业使用物业服务用房必须符合合同约定，建设单位亦不得擅自处分。在实践中经常发生的情况是，小区前期物业服务企业通常与开发商关系密切，开发商在向前期物业服务企业移交物业、财产时，同时将自有房产移交给前期物业服务企业占有使用，当小区业主委员会成立后选聘了新的物业服务企业，开发商对该部分自有房产主张所有权，要求新的物业服务企业腾退返还。开发商移交的自有房产能否认定为物业服务用房，取决于房产的实际使用性质，如果物业服务企业在获得房产移交后，一直作为物业服务用房来使用，则应当认定为物业服务用房，如果物业服务企业用作物业服务用房之外的其他用途，则不能认定为物业服务用房。一旦开发商将自有房产移交给物业服务企业，而物业服务企业一直用作物业用房来使用，则房产的性质应当认定为物业服务用房，属于业主共有，开发商不能再基于所有权要求返还。

《物业管理条例》第三十条规定："建设单位应当按照规定在物业管理区域内配置必要的物业管理用房。"但关于物业服务用房的面积，各地的物业管理条例仅规定了下限，即不能少于一定的面积或比例。比如《珠海经济特区物业管理条例》（2021年10月8日）第十七条第三款规定："建设单位应当按照不少于物业管理区域总建筑面积千分之二的比例，在物业管理区域内配置物业服务用房，最低不少于六十平方米；分期开发建设的物业，建设单位应当在先期开发的区域按照不少于先期开发房屋建筑面积千分之二的比例配置物业服务用房。"可见，物业管理的相关法律规定亦未禁止开发商以自有房产或其他房产提供多于规划或法定标准面积的物业服务用房，即物业服务用房只能多不能少，这与物业服务用房的服务属性和小区业主公共利益属性有关。本案中，某物业公司作为物业公司代涉案小区业主接受物业服务用房，并使用物业服务用房为小区业主服务，从2006年3月某物业公司入驻涉案小区至今，原有小区共用管理房和车库改造后的用房均作为物业服务用房在使用，为涉案小区业主服务，某投资公司未能证明某物业公司改变了用途，因此涉案车库某物业公司实际使用部分的性质应认定为物业服务用房。物业服务用房是物业管理的必要配套设施，属于业主共有，事关业主福祉，无论从占有历史和使用现状，还是从维护社会和谐稳定，以及更好地服务于小区业主的角度，某投资公司让某物业公司腾退、返还涉案车库的主张没有法律依据，亦是违反诚信的，二审法院不予支持。

《中华人民共和国民法典》第二百七十四条、《物业管理条例》第三十七条等均明确规定物业服务用房归业主共有。虽然物业服务用房的权属在法律规定上是明晰的，但实践中仍会发生物业服务用房权属纠纷，主要原因是物业服务用房属于不动产，不动产的公示方法为登记，经过房产主管部门的登记才具有公信力，但是在《不动产登记暂行条例实施细则》施行之前，物业管理相关法律法规没有对物业服务用房实行强制性登记，物业服务用房通常没有登记为业主共有，有的甚至登记在开发商的名下，在产生物业服务用房权属纠纷时，只能寻求司法途径。

本案对物业服务用房的认定取决于实际使用性质，而非登记情况，体现了小区全体业主共同利益优先于开发商个体权益的价值取向，引导开发商与小区业主、物业服务企业尊重物业服务用房的占有历史与使用现状，维护诚实信用，共建和谐小区。

编写人：广东省珠海市中级人民法院 诸葛亭

11

民法典施行前企业间债权人在到期债权已过时效时行使留置抗辩权，可对抗债务人对被留置动产的返还原物请求权

——某工程技术公司诉某科技发展公司返还原物案

【案件基本信息】

1. 裁判书字号

北京市第一中级人民法院（2021）京01民终6184号民事判决书

2. 案由：返还原物纠纷

3. 当事人

原告（反诉被告、上诉人）：某工程技术公司

被告（反诉原告、上诉人）：某科技发展公司

【基本案情】

2015年12月31日，某科技发展公司与某工程技术公司签订《双埠头场地租赁合同》用于存放诉争设备，合同约定了场地位置、面积、单价及物业管理费单价等，采用每月月初先付当月租金及管理费后使用的方式，租期自2016年1月1日起2个月。某工程技术公司未支付租金，并主张以某科技发展公司对设备的使用费折抵租金。2016年8月30日，某科技发展公司在《固定资产盘

点表-某工程技术公司》签章，盘点表载明诉争设备一套，设备状态载明有专职设备管理维护人员，存放地点非租赁合同约定原地。

诉争设备系案外人某机械公司从某科技发展公司采购后出售给某工程技术公司。某科技发展公司称其与某机械公司约定设备未转移某机械公司之前，某科技发展公司可以继续使用诉争设备，故一直占有诉争设备。本案因双方在诉中对设备权属产生争议而被发回重审，重审后双方对于诉争设备权属、存放地及现状无异议。某工程技术公司诉请某科技发展公司返还诉争设备，某科技发展公司不同意返还并反诉某工程技术公司支付合同有效期内的欠付租金以及合同有效期外的占地租金及设备保管相关费用。

【案件焦点】

1. 某科技发展公司对某工程技术公司的债权范围；2. 某科技发展公司主张其对诉争设备享有留置权的抗辩能否成立；3. 某工程技术公司提出的诉讼时效抗辩是否成立。

【法院裁判要旨】

北京市海淀区人民法院经审理认为：某工程技术公司作为诉争设备所有权人，有权主张返还。合同有效期内的租金及物业费应予支持，合同到期后的租金及物业费诉请缺乏依据。某科技发展公司对其占有设备的原因存在反言，在案证据不能证明双方达成保管合同合意，故其主张保管费用无依据。

北京市海淀区人民法院依照《中华人民共和国物权法》第三十四条，《中华人民共和国合同法》第三百六十五条、第三百六十七条，《中华人民共和国民事诉讼法》第六十四条之规定，判决如下：

一、某科技发展公司于判决生效后十日内将设备返还给某工程技术公司；

二、某工程技术公司于判决生效后七日内支付某科技发展公司场地租金及物业费；

三、驳回某科技发展公司的其他反诉请求。

某工程技术公司与某科技发展公司均不服一审判决，提出上诉。

北京市第一中级人民法院经审理认为：本案导致权利义务变动的法律事实发生于《中华人民共和国民法典》施行前，故本案应适用当时的法律、司法解释规定。双方不构成保管合同关系，某科技发展公司在租金债务清偿期限届满前已合法占有诉争设备，某工程技术公司的租金债务清偿期限已届满，某科技发展公司的留置权成立。某科技发展公司反诉主张相关费用，但未诉请要求就诉争设备优先受偿，其仅提出留置抗辩权以对抗某工程技术公司对于诉争设备的返还原物请求权，某科技发展公司作为留置权人应自行承担留置和使用诉争设备所产生的占地用及保管费用。某工程技术公司未清偿或对债务另行担保，某科技发展公司对留置财产亦未丧失占有，故某科技发展公司的留置权对主债权的担保效力仍存续。

北京市第一中级人民法院依照《最高人民法院关于适用〈中华人民共和国民法典〉时间效力的若干规定》第一条，《中华人民共和国物权法》第二百三十条、第二百三十一条、第二百四十条，《中华人民共和国合同法》第八条、第一百零七条、第一百零九条、第二百二十六条，《中华人民共和国民事诉讼法》第一百七十条第一款第二项规定，判决如下：

一、撤销一审民事判决；

二、某工程技术公司于本判决生效后七日内支付某科技发展公司场地租金及物业费，某科技发展公司于某工程技术公司履行完毕上述给付义务后十日内将设备返还给某工程技术公司；

三、驳回其他诉讼请求及反诉请求。

【法官后语】

本案是一起因承租人欠付租赁费导致租赁场地内存放的大型设备被留置的返还原物纠纷，历经近五年的两轮两审，重审后二审审查重点在于债权人对设备的留置权是否成立，是否可对抗债务人对被留置物的返还原物请求权，具体审查思路如下：

1. 留置标的物与债权是否属于同一法律关系。因某科技发展公司针对返还设备的本诉请求提出的留置抗辩权依据租赁合同及保管合同关系，物权法对于留置权所担保的债权已扩展至其他法定或约定，故即使双方不构成保管合同关系，仅存在租赁合同关系，只要某科技发展公司能够证明其系合法占有诉争设备，其亦有权通过留置诉争设备以担保其到期债权。

2. 关于占有标的设备的价值与债权金额的差异是否影响留置权的成立。双方对设备是否可分在一审期间并未存在争议，考虑设备为3D打印使用，二审法院亦未将设备是否具有可分性以及可分价值与债权金额比对作为认定留置权成立的积极要件。

3. 关于主债权诉讼时效是否影响留置权成立。根据2000年《最高人民法院关于适用〈中华人民共和国担保法〉若干问题的解释》第十二条规定，担保物权所担保的债权的诉讼时效结束后，担保权人在诉讼时效结束后的二年内行使担保物权的，人民法院应当予以支持。某科技发展公司在合同有效期届满的第二日，即2016年3月2日，应当知道其租金债权已到期。根据《中华人民共和国民法通则》的相关规定，某科技发展公司的主债权已过法定诉讼时效。但因留置权消灭的条件由1995年《中华人民共和国担保法》规定的债权消灭或债务人另行提供担保并被债权人接受的，变更为留置权人对留置财产丧失占有或者留置权人接受债务人另行提供担保的，故就留置权这一担保物权而言，只要债权人对留置物未丧失占有且债务人未另行提供担保或债务人虽提供担保但债权人拒绝接受的，则留置权不会消灭。并且从《最高人民法院关于适用〈中华人民共和国民法典〉有关担保制度的解释》第四十四条第二款规定来看，主债权诉讼时效期间届满后，财产被留置的债务人请求债权人返还留置财产的，人民法院不予支持。上述规定也填补了之前法律规范的漏洞，明确了在主债权诉讼时效期间届满后，留置权仍存续，并具有对抗债务人的返还原物请求权的效力。二审法院适用《中华人民共和国民法典》施行前的法律规范，亦认定某科技发展公司对诉争设备的留置权未消灭，其对主债权的担保效力仍存续。

4. 关于留置权的效力层次。某科技发展公司反诉主张相关费用，未明确诉请就诉争设备优先受偿，仅提出因某工程技术公司欠付相关费用故不应返还设备的留置抗辩权，该留置抗辩权的行使，不足以实现优先受偿的物权效力，仅可对抗某工程技术公司的返还原物请求权。原则上在本案终审裁判作出前，某工程技术公司负有先清偿欠付租金的义务，在其清偿义务履行完毕前，某科技发展公司有权留置诉争设备。

5. 本案处理与新旧法衔接。《最高人民法院关于适用〈中华人民共和国民法典〉有关担保制度的解释》第六十二条第二款与第三款对企业间商事留置权的成立要件进行了目的性的限缩解释，是对企业间留置权的全新细化规范，对商事主体经营风险的降低具有积极意义。本案的审理思路承接了《中华人民共和国物权法》与《中华人民共和国民法典》的规定，又对物权法关于企业间留置权的规范漏洞进行了体系解释，作出了与《最高人民法院关于适用〈中华人民共和国民法典〉有关担保制度的解释》新规范相一致的裁判结果。

编写人：北京市第一中级人民法院　丁少芃

（三）排除妨害纠纷

12

业主可以要求共享单车运营方在建筑区划共有部分设置禁停区

——黄某华诉某科技公司排除妨害案

【案件基本信息】

1. 裁判书字号

广东省广州市中级人民法院（2021）粤 01 民终 10048 号民事判决书

2. 案由：排除妨害纠纷

3. 当事人

原告（上诉人）：黄某华

被告（被上诉人）：某科技公司

第三人：某物业公司

【基本案情】

黄某华是某小区的业主，其居住的某栋楼房出口区域停放有多辆××牌共享单车，影响正常通行。黄某华委托律师事务所向某科技公司邮寄《律师函》，要求该公司在接到律师函的十日内，在其公司的××牌共享单车手机应用程序之中，将上述区域设置为禁停区。某科技公司收到上述《律师函》后未采取相应措施，黄某华遂起诉至法院，要求将上述区域设置为××牌共享单车的禁停区。

【案件焦点】

黄某华是否有权要求在其房屋出口区域设置共享单车的禁停区。

【法院裁判要旨】

广东省广州市海珠区人民法院经审理认为：根据某科技公司提交的《某出行 APP① 证照信息》《共享单车平台用户服务协议》《××牌单车用户租赁服务协议》可以证明，××牌单车的平台方为甲科技公司，出租方为乙科技公司。某科技公司既非××牌单车的平台方，亦非××牌单车的出租方，黄某华要求某科技公司承担本案责任缺乏依据，法院不予支持。

广东省广州市海珠区人民法院依照《最高人民法院关于适用〈中华人民共和国民事诉讼法〉的解释》第九十条之规定，判决如下：

驳回黄某华的全部诉讼请求。

黄某华不服一审判决，提起上诉。

广东省广州市中级人民法院经审理认为：《中华人民共和国侵权责任法》第三十六条规定："网络用户、网络服务提供者利用网络侵害他人民事权益的，

---

① APP 是英文 Application 的简称，多指智能手机的第三方应用程序。

应当承担侵权责任。网络用户利用网络服务实施侵权行为的，被侵权人有权通知网络服务提供者采取删除、屏蔽、断开链接等必要措施。网络服务提供者接到通知后未及时采取必要措施的，对损害的扩大部分与该网络用户承担连带责任。网络服务提供者知道网络用户利用其网络服务侵害他人民事权益，未采取必要措施的，与该网络用户承担连带责任。”某科技公司一审提交的《共享单车平台用户服务协议》记载“平台方：甲科技公司，利用互联网信息技术开发能力，为用户及出租方提供车辆信息、动态、使用授权以及调度、运维、管理等部分租赁周边服务的综合平台，包括某出行 APP 骑车页面、××牌骑行微信小程序、××牌 APP”“出租方：乙科技公司、丙科技公司（及其委托方）或其他接入平台的车辆所有者及经营管理者”等信息，《××牌单车用户租赁服务协议》记载“出租方：乙科技公司，其为接入平台的××牌单车所有者及运营方，并通过平台向用户提供车辆租赁及其相关服务”等信息，据此可知甲科技公司、乙科技公司和丙科技公司通过包括某出行 APP 在内的平台提供××牌单车技术、车辆租赁有关的服务。《某出行 APP 证照信息》显示某科技公司是某出行 APP 的经营企业。根据上述信息可知，某科技公司既非××牌单车的平台方和出租方，亦非直接向用户提供××牌单车的服务，而是通过某出行 APP 提供相关链接的服务，因此某科技公司系为提供××牌单车链接服务的网络服务提供者。

《中华人民共和国物权法》第三十五条规定：“妨害物权或者可能妨害物权的，权利人可以请求排除妨害或者消除危险。”黄某华一审提交的照片显示某小区 10 栋出口区域停放有包括××牌单车在内的多辆共享单车，影响正常通行。某小区 10 栋出口区域是小区业主公共通行的通道，属于建筑区划内的共有部分，黄某华作为某小区的业主，有权要求排除妨碍、恢复正常通行，而将上述区域设置为××牌单车的禁停区域是现实可行的有效措施，可以避免××牌单车在上述区域扎堆停放，影响包括黄某华在内业主的通行。停放于上述区域的××牌单车虽然系由甲科技公司、乙科技公司和丙科技公司提供相应的技术、车辆租赁等服务，但是某科技公司作为某出行 APP 的运营方也提供了相关的链接服务，某科技公司作为网络服务提供者应当依法采取必要措施，防止损害的继续扩大。黄某华在一审起诉前已经向某科技公司邮寄《律师函》，要求设置禁停区。某科技公司一审未能举证证明其在收到《律师函》后采取了法律规定的必要措施，根据《中华人民共和国侵权责任法》第三十六条的规定，本应与相关主体一并承担侵权责任。鉴于某科技公司二审期间提交了相关证据，显示其已经采取必要措施，上述区域已经被设置为××牌单车的禁停区，黄某华一审诉讼请求已经实现，为避免当事人的诉累，本案已无追加其他当事人参与诉讼以及判决某科技公司承担责任的必要。由于某科技公司一审判决后才采取必要措施，黄某华一审诉讼请求目的于二审期间才实现，故二审受理费应由某科技公司负担。

广东省广州市中级人民法院对黄某华的权利基础和诉讼请求予以肯定，但是鉴于案涉区域已经被设置为××牌单车的禁停区，黄某华一审诉讼请求已经实现，没有必要追加其他当事人参加诉讼。

广东省广州市中级人民法院依照《中华人民共和国民事诉讼法》第一百七十条第一款第一项之规定，判决如下：

驳回上诉，维持原判。

【法官后语】

近年来，共享单车在许多城市兴起，对于践行绿色出行、解决公共交通“最后一公里”难题助益很大，但同步出现的过度投放、乱停乱放、占用公共道路等问题，影响城市秩序和居民生活，如何实现“共享”和“秩序”、“个人需求”和“公共利益”之间的平衡，对城市综合治理能力提出新的挑战。本案涉及共享单车扎堆停放影响小区业主进出楼道通行的问题。共享单车的使用和停放存在随意性和不特定性，谁可能停放、什么时间停放均无法预测和控制，这给小区业主维权造成了困难。本案主要从权利基础和维权途径两个层面进行分析和论述，为小区业主维权提供司法路径指引：

一、业主的权利基础：对建筑区划内的共有部分享有共有和共同管理的权利

《中华人民共和国民法典》第二百三十六条规定：“妨害物权或者可能妨害物权的，权利人可以请求排除妨害或者消除危险。”第二百七十四条规定：“建筑区划内的道路，属于业主共有，但是属于城镇公共道路的除外。建筑区划内

的绿地，属于业主共有，但是属于城镇公共绿地或者明示属于个人的除外。建筑区划内的其他公共场所、公用设施和物业服务用房，属于业主共有。”谁可能停放、什么时间停放共享单车具有不确定性，但是在何处停放会给业主通行造成影响往往是确定的，根据本案的情况，共享单车停放的区域在楼房出口区域，该部分区域属于小区建筑区划内的共有部分，因此作为共有权人之一的任何业主均对该区域享有共有和共同管理的权利。共享单车扎堆停放在建筑区划内的共有部分，侵害了业主正常通行的权利，还存在消防隐患，因此，业主有权排除妨害或者消除危险。共享单车的使用时间和使用主体均是不确定的，因此以共享单车的实际使用人作为维权对象不具有现实可操作性，也没有实际的必要。共享单车在运营管理的过程中，运营方为了管理的方便，往往会根据需要设置共享单车允许使用的区域以及禁停区，根据共享单车的使用特点，现行有效排除妨害或者消除危险的方法莫过于设置禁停区，以此可以规范任何使用者、任何时间在相关区域停放共享单车。业主维权的权利基础和排除妨害的方式确定后，下一步就面临维权途径的问题。

二、业主的维权途径：针对网络服务提供者的“通知—移除”规则运用

通过本案的审理，我们发现共享单车的运营主体相对比较复杂，主要包括技术提供方、单车租赁方、运营方等，这是直接运营共享单车的主体。另外，为了方便公众使用共享单车，运营方不仅运营自己的APP，还将共享单车服务链接到其他公众使用频率较高的APP，如本案的某出行APP。某科技公司就是某出行APP的运营方，其本身不提供××牌共享单车的服务，而是仅提供链接，消费者通过某出行APP点击××牌共享单车，就可以进入××牌共享单车的APP中，进而享受骑行共享单车的服务。运营方通过各种链接的设置，方便了消费者的使用，但是业主维权时则却遇到了不小的麻烦，普通人根本无法弄清楚共享单车运营的内部结构，无法准确找出具体的运营方。本案原告一审仅起诉了某出行APP的运营方，但是该运营方仅是提供链接服务的，并不实际提供共享单车的运营服务，根据被告提交的相关协议等证据，原告诉讼阶段才清楚后面还存在复杂的运营主体，包括前述的技术提供方、单车租赁方、运营方等，一

审法院就是以被告主体问题为由驳回原告的诉讼请求。二审期间，鉴于被告已经通知运营方完成整改，才案结事了。

面对共享单车使用简单、维权貌似“复杂”的问题，现行法律也给出了简单的答案，《中华人民共和国民法典》第一千一百九十四条规定：“网络用户、网络服务提供者利用网络侵害他人民事权益的，应当承担侵权责任。法律另有规定的，依照其规定。”第一千一百九十五条规定：“网络用户利用网络服务实施侵权行为的，权利人有权通知网络服务提供者采取删除、屏蔽、断开链接等必要措施。通知应当包括构成侵权的初步证据及权利人的真实身份信息。网络服务提供者接到通知后，应当及时将该通知转送相关网络用户，并根据构成侵权的初步证据和服务类型采取必要措施；未及时采取必要措施的，对损害的扩大部分与该网络用户承担连带责任。权利人因错误通知造成网络用户或者网络服务提供者损害的，应当承担侵权责任。法律另有规定的，依照其规定。”本案中，××牌共享单车的技术提供方、单车租赁方、运营方等属于上述法律规范中的网络用户，提供××牌共享单车链接服务的某科技公司属于上述法律规范中的网络服务提供者。根据上述法律规范，被侵权人有权仅通知网络服务提供者采取删除、屏蔽、断开链接等必要措施，而无须通知网络用户，网络服务提供者收到通知后有义务采取必要措施，这就是网络侵权中常用的“通知—移除”规则。以本案为例，业主仅需向网络服务提供者即某科技公司发出整改的通知，通知其将共有部分设置为禁停区，由某科技公司依法向运营方发出整改的要求，这就大大简化了维权方式、节约了维权成本。值得注意的是，2021 年实施的《中华人民共和国民法典》第一千一百九十五条较《中华人民共和国侵权责任法》第三十六条增加一款“权利人因错误通知造成网络用户或者网络服务提供者损害的，应当承担侵权责任。法律另有规定的，依照其规定”，因此，无论是业主还是网络服务提供者，在发出通知或者接收通知时，均应当充分评估自身的法律风险。

综上，本案的处理为解决共享单车乱停乱放问题提供了司法路径指引，同时通过界定网络服务提供者的义务，有助于形成由共享单车运营方、网络服务提供者、政府部门和公民个人各司其职、共同管理共享单车的良好局面，彰显“自由”“法治”等核心价值理念。

编写人：广东省广州市中级人民法院　刘欢

13

抵押物带租拍卖情形下买受人能否对抗承租人的认定规则

——亢某诉刘某排除妨害案

【案件基本信息】

1. 裁判书字号

重庆市第一中级人民法院（2022）渝01民终668号民事判决书

2. 案由：排除妨害纠纷

3. 当事人

原告（被上诉人）：亢某

被告（上诉人）：刘某

【基本案情】

2013年5月10日，案外人王某通过按揭贷款方式购买重庆市铜梁区某房屋（以下简称案涉房屋），抵押权人系某银行重庆铜梁支行，抵押贷款69万元，贷款期限从2013年4月24日起至2033年4月24日止。2016年2月28日，王某与刘某签订《住房出租合同》，将案涉房屋租赁给刘某，期限为2016年3月1日起至2034年3月1日止，年租金为1.5万元，签合同时一次性付清。

因执行重庆市高级人民法院民事判决书，重庆市铜梁区人民法院向被执行人王某、徐某仁、钱某华、夏某容发出执行通知书，但四被执行人均未履行义务，重庆市铜梁区人民法院于2020年6月18日依法委托某拍卖公司拍卖王某名下的案涉房屋。拍卖公告载明："截至评估价值时点，拍卖对象有查封，有抵押；拍卖对象被出租，租赁期限从2016年3月1日起至2034年3月1日止，承租方已于合同签订时一次性付清全部租金34万元及押金5万元。"2020年11月16日，亢某以706590元的最高价竞得该房屋。2020年11月30日，重庆市铜梁区人民法院将拍卖所得价款的440613.64元划入某银行重庆铜梁支行用于清偿贷款本金及利息。2020年12月1日，亢某取得案涉房屋的不动产产权证。

现亢某以房屋所有人身份请求刘某搬离案涉房屋，并赔偿从2020年12月5日起至搬离房屋时止以每月3000元计算的损失。刘某则辩称案涉房屋仍在租赁期限内，其享有租赁权不应当搬离。

【案件焦点】

通过司法拍卖程序取得案涉房屋所有权后，在该不动产上的租赁合同关系是否应予终止。

【法院裁判要旨】

重庆市铜梁区人民法院经审理认为：根据《中华人民共和国物权法》第一百九十条"抵押权设立后抵押财产出租的，该租赁关系不得对抗已登记的抵押权"的规定，即先抵押后租赁的情形下已登记的抵押权可以对抗后成立的租赁权，主要理由有：首先，因为在实现抵押权时，买受人可能因标的物上负担租赁权而不愿意高价购买，致使其买卖的价格不足以清偿担保的债权的，抵押人应当有权要求解除租赁关系。其次，即使不动产的租赁具有物权化的性质，也是后成立的用益物权，根据物权优先原则即前手权利优于后手权利原则，先设定的抵押权当然能对抗后成立的租赁权。最后，已登记的抵押财产设定租赁权时，因具有抵押权的财产已经公示，承租人知道或应当知道租赁财产上存在抵押权的事实，并自愿地接受和承担了因抵押实现而使租赁权终止的风险。本案中，案涉房屋成立的抵押权明显早于租赁关系，故刘某对案涉房屋的租赁权不得对抗抵押权。亢某基于竞买取得案涉房屋的不动产权益应优先于刘某因《住房出租合同》形成的债权，故案涉房屋上设立的抵押权实现后，王某与刘某在案涉房产上设立的租赁权应予终止。关于房屋占用损失，参照原租赁关系中确定的租金 1.5 万元/年的标准，从 2020 年 12 月 20 日计算至刘某搬离案涉房屋之日止。

重庆市铜梁区人民法院依照《最高人民法院关于适用〈中华人民共和国民法典〉时间效力的若干规定》第一条、《中华人民共和国物权法》第一百九十条、《最高人民法院关于适用〈中华人民共和国担保法〉若干问题的解释》第六十六条、《中华人民共和国民事诉讼法》第一百四十四条之规定，判决如下：

一、刘某于本判决书生效之日起十日内搬离位于重庆市铜梁区某房屋；

二、刘某于本判决书生效之日起十日内赔偿亢某从 2020 年 12 月 20 日起至刘某搬离案涉房屋之日止以 15000 元/年计算的损失费。

刘某不服一审判决，提起上诉。

重庆市第一中级人民法院经审理认为：首先，亢某参与竞买，应受拍卖公告的约束。一审法院执行部门在拍卖公告中虽未明确标注是否附带《住房出租合同》拍卖，但拍卖公告上载明了《住房出租合同》的具体内容及履行情况，特别注明拍卖对象被出租。亢某明知该情况依然参与竞买，且竞买成功取得案涉房屋所有权，故应受拍卖公告上关于房屋租赁内容的约束。其次，本案没有证据证明房屋拍卖前，当事人通过执行异议或执行异议之诉程序，确定本次拍卖不附带《住房出租合同》。最后，本案虽然抵押成立于租赁之前，但本案中执行案件的申请执行人并非房屋抵押权人某银行重庆铜梁支行，且无证据证明抵押权人在拍卖中作出了请求不附带《住房出租合同》拍卖案涉房屋的意思表示。同时，一审法院应抵押权人请求，将拍卖所得部分款项划入该行，抵押权人的债权已得到清偿，抵押权已消灭。综上，亢某参与拍卖活动应受拍卖公告的约束，本案没有证据证明系不附带《住房出租合同》拍卖案涉房屋，故《住房出租合同》应继续履行。由此，亢某请求刘某搬离案涉房屋并支付占有使用费的请求应不予支持。

重庆市第一中级人民法院依照《中华人民共和国民事诉讼法》第一百七十七条第一款第二项规定，作出如下判决：

一、撤销一审民事判决；

二、驳回亢某的诉讼请求。

【法官后语】

《中华人民共和国民法典》颁布后，抵押物转让的法律规制发生了重大变化。原《中华人民共和国物权法》第一百九十一条规定“抵押期间，抵押人未经抵押权人同意，不得转让抵押财产，但受让人代为清偿债务消灭抵押权的除外”，现《中华人民共和国民法典》第四百零六条规定“抵押期间，抵押人可以转让抵押财产”。从立法的变迁可以看出，更加注重物的流通和使用价值。值得注意的是，《中华人民共和国民法典》及相关司法解释未规定先抵押后租赁的处理方式，但举重以明轻，抵押物在抵押期间既然允许转让，更应当允许出租，并且该租赁关系应当更加牢固，不应当随意受抵押物物权变动的影响，也不能简单理解为后成立的租赁就当然不得对抗抵押权的实现。本案是二审改判案件，一审、二审的分歧虽然表面上在于拍卖公告的约束力，但深层次原因就是对民法典颁行后抵押物的占用、使用、收益等法律规制发生变化的理解不一，二审法院的裁判理念明显更加符合《中华人民共和国民法典》的立法精神。

具体而言，先抵押后出租情形下，抵押物物权变动后原租赁关系是否终止，可以从以下两个方面构建裁判思路。第一，看抵押物物权变动原因。若属于抵押权人为实现抵押权而发生物权变动，根据《最高人民法院关于审理城镇房屋租赁合同纠纷案件具体应用法律若干问题的解释》第十四条规定：“租赁房屋在承租人按照租赁合同占有期限内发生所有权变动，承租人请求房屋受让人继续履行原租赁合同的，人民法院应予支持。但租赁房屋具有下列情形或者当事人另有约定的除外：（一）房屋在出租前已设立抵押权，因抵押权人实现抵押权发生所有权变动的；（二）房屋在出租前已被人民法院依法查封的。”此种情况下在先的抵押权可对抗在后的租赁关系，即租赁关系随抵押物所有权的变动而终止，新所有权人可请求承租人搬离租赁物。当然，按照上述规定，若抵押物先被查封，则在后的租赁关系自然无保护的必要。第二，看是否带租拍卖。若属于带租拍卖，根据《最高人民法院关于人民法院民事执行中拍卖、变卖财产的规定》第二十八条第二款“拍卖财产上原有的租赁权及其他用益物权，不因拍卖而消灭，但该权利继续存在于拍卖财产上，对在先的担保物权或者其他优先受偿权的实现有影响的，人民法院应当依法将其除去后进行拍卖”的规定，在带租拍卖情形下租赁关系不当然终止，而是继续约束新的所有权人。而如何查明案涉抵押物是否带租拍卖，一方面要看拍卖公告是否披露“带租拍卖”信息，另一方面应详细分析评估报告中抵押物评估价值的确定。

本案中，该抵押物拍卖所涉执行案件的申请执行人非抵押权人，不符合上述法律规定的“因抵押权人实现抵押权发生所有权变动”，且拍卖所得价款已足额清偿抵押权人的债权而涤除抵押权，另拍卖公告已载明“拍卖对象有租赁”以及租赁的详细信息，即明确披露“带租拍卖”。因此，亢某通过拍卖取得抵押物的所有权后，刘某在该不动产上享有的承租权依然有效存续。

编写人：重庆市铜梁区人民法院　程乃善

14

物权登记所有人行使排除妨害请求权应当对占有人无权占有承担举证责任

——卢某兰诉高某芳排除妨害案

【案件基本信息】

1. 裁判书字号

江苏省盐城市中级人民法院（2021）苏09民终3654号民事判决书

2. 案由：排除妨害纠纷

3. 当事人

原告（上诉人）：卢某兰

被告（被上诉人）：高某芳

【基本案情】

卢某兰与高某芳系同母异父的姐妹关系。卢某兰与案外人吴某涛于1995年10月6日经法院调解离婚；卢某兰自有一幢位于盐城市大丰区某村房屋，并于2002年4月23日领取了案涉房屋的房屋所有权证书，又于2007年10月23日领取了案涉房屋的土地使用权证书；案涉房屋的房产及土地证上登记的权利人为卢某兰；自2005年至今，案涉房屋一直由高某芳居住和使用，案涉房屋的房产及土地证原件亦由高某芳持有。另，高某芳曾于2006年1月25日从银行取款70000元。卢某兰的女儿吴甲自认收取高某芳给付的58000元现金，其中有8000元系舅舅高某明转交。现卢某兰主张相关房屋系其租借给高某芳居住。

高某芳称，案涉房屋是卢某兰于2005年卖给她的，并非卢某兰诉称的借住。由于双方系姐妹关系，所以当时买房时双方未签订书面协议，仅口头约定房屋转让款为7万元，高某芳于2006年1月给付卢某兰购房款6万元，相关款项交给了卢某兰女儿吴甲，余款1万元因卢某兰与高某芳的哥哥卢某存此前欠高某芳1万元，当时三方约定余款1万元由卢某存将来直接给付卢某兰。

【案件焦点】

卢某兰在本案中是否可以行使排除妨害请求权。

【法院裁判要旨】

江苏省盐城市大丰区人民法院经审理认为：卢某兰是否可以行使排除妨害请求权，首先要分析高某芳对案涉房屋占有使用是否具有正当性，相关权利来源是否有事实依据。本案中卢某兰诉称其于2005年将案涉房屋借给高某芳居住，卢某兰的女儿吴甲则称，案涉房屋系卢某兰租赁给高某芳居住，房屋租赁事宜其母亲卢某兰不知情。且吴甲认可收到高某芳支付的5万元及舅舅高某明

(与卢某兰系同母异父的姐弟关系）转交的 8000 元，但认为上述 5.8 万元系房屋租金。但对上述关于借用或租赁的主张，卢某兰均未提供证据予以证实。

高某芳提交了其与卢某兰、吴甲的电话录音，从录音内容可以得出双方曾经商谈过房屋买卖事宜。且相关证人证言表明卢某兰曾经对外表示过案涉房屋出售给高某芳的事实。且案涉房屋高某芳自 2005 年起至今一直居住，并持有案涉房屋的房产证、土地证原件，卢某兰的女儿吴甲亦曾经收取了高某芳支付的相关款项。卢某兰在庭审中未能就案涉房屋的权属证书原件由高某芳持有的状态作出合理解释，且前后陈述不一。综合双方的陈述及所列举的证据，高某芳具有证明案涉房屋存在买卖关系的证据优势，依法认定双方存在事实上的房屋买卖关系，高某芳对案涉房屋系合法占有。卢某兰关于要求高某芳搬离案涉房屋的诉讼请求，与认定的事实不符，依法应予驳回。

江苏省盐城市大丰区人民法院依据《最高人民法院关于适用〈中华人民共和国民法典〉时间效力的若干规定》第一条、《中华人民共和国合同法》第八条、《中华人民共和国民事诉讼法》第六十四条和《最高人民法院关于适用〈中华人民共和国民事诉讼法〉的解释》第九十条的规定，判决如下：

驳回卢某兰的诉讼请求。

卢某兰不服一审判决，提起上诉。

江苏省盐城市中级人民法院同意一审法院的裁判意见，依照《中华人民共和国民事诉讼法》第一百七十条第一款第一项规定，判决：

驳回上诉，维持原判。

【法官后语】

物权的登记所有权人与实际占有使用人分移情形下，登记所有权人行使排除妨害请求权首先要排除占有使用人占有物权的正当性。本案审理的关键在于卢某兰有无证据证实高某芳对案涉房产的占有缺乏正当性。

1. 从权利属性来分析双方当事人举证义务的具体内容。《中华人民共和国民法典》第二百三十六条规定：“妨害物权或者可能妨害物权的，权利人可以请求排除妨害或者消除危险。”但《中华人民共和国民法典》第四百六十二条第一款规定："占有的不动产或者动产被侵占的，占有人有权请求返还原物；对妨害占有的行为，占有人有权请求排除妨害或者消除危险；因侵占或者妨害造成损害的，占有人有权依法请求损害赔偿。"据此，占有人对于他方侵占或者妨害自己占有的行为，同样可以行使法律赋予的占有保护请求权。此时就会产生物权登记权利人行使排除妨害请求权与占有人行使占有保护请求权之间的对抗。按照"谁主张，谁举证"的原则，在物的占有人举证能够证明其对物的占有出于善意且有权占有，相应占有的权利受法律保护，即依法享有占有保护请求权。在此情形下举证责任即产生移转，应当由主张排除妨害请求权的一方来举证证明占有人对物的占有不具备法定的正当性，从而否定对应的占有保护请求权。

本案中，卢某兰系案涉房屋的登记所有人，在无对抗性证据的情形下一般判断登记所有人即为不动产物权权利人，其对不动产依法享有占有、收益、使用和收益的所有权能。高某芳作为案涉不动产的现实占有使用人，其能够证明其占有案涉房屋的正当性，依法享有物的占有保护权，在非经法定程序不得擅自改变其占有案涉房屋的状态。卢某兰排除妨害请求权是否成立，须以其是否有充分证据能够否定高某芳对案涉房屋依法享有的占用保护请求权。这是卢某兰应当完成的举证义务的具体内容。

2. 从证据对抗来分析双方当事人的证明标准。《中华人民共和国民事诉讼法》及相关配套规定均明确当事人对自己提出的主张所依据的事实或反驳对方主张所依据的事实负有举证责任。原告主张的是排除妨害请求权，其应当对其请求权成立和相关占有事实妨害了其物权行使完成举证义务。本案中妨害事实是否存在首先要判断高某芳占有使用案涉房屋的权利来源是否正当。而卢某兰作为排除妨害请求权人首先要举证证明高某芳对案涉房屋的占用使用不具备法理上的正当性。案件审理过程中，高某芳提交了相当的证据来证实其占有使用案涉房屋的权利来源于买卖，系合法占有。卢某兰即应当举证对抗高某芳的相关主张。

本案中，卢某兰仅仅依据其为不动产权登记的权利人这一权利外观状态来向高某芳行使排除妨害请求权，高某芳通过证人证言、通话录音及卢某兰先前收取了房屋相关款等证据来证明其足以对抗卢某兰提起的排除妨害请求权，双方完成了证据的首轮对抗，不难发现，高某芳具有证据优势。而卢某兰对高某芳长期占有使用案涉房屋且持有相关房产权利凭证的客观事实状态不能作出合理的解释，更无其他证据对抗高某芳关于对案涉房屋系正当占有使用的主张，显然未能达到行使排除妨害请求权所需要达到的法定证明标准。故其相关排除妨害请求权不应当得到支持。

编写人：江苏省盐城市大丰区人民法院 韦翔龙

（四）恢复原状纠纷

15

商品房买卖“连环错误”情形下订约真意的解释认定

——某房地产公司诉闫某清恢复原状案

【案件基本信息】

1. 裁判书字号

重庆市第五中级人民法院（2020）渝05民终6601号民事判决书

2. 案由：恢复原状纠纷

3. 当事人

原告（上诉人）：某房地产公司

被告（被上诉人）：闫某清

第三人：朱某、某餐饮文化公司

【基本案情】

南岸区××路3号1-9幢系某房地产公司开发的房地产项目，某房地产公司于2006年取得该项目房地产权证书。诉争房屋为两层结构商服用房，某房地产公司自编号为××路3号1幢-4层1号（以下简称1号房屋），公安机关编号为××路3号附3号。2015年11月某房地产公司与闫某清签订商品房买卖合同，合同载明出售房屋为××路3号1幢-4层3号（以下简称3号房屋，其公安机关编制为××路3号附5号），面积136.36平方米，总价1663378元，建面单价12198.43元/平方米。该合同附件对3号房屋坐落进行了红笔圈注，双方均签章捺印。2015年12月，3号房屋登记至闫某清名下。2016年3月9日，某房地产公司委托某物业公司将1号房屋交付闫某清使用，《房屋交接验收表》载明房号为"SY01-01-03"，面积栏为空白。同日，闫某清将1号房屋出租给朱某，协议约定的房屋为××路附3号（约定载明建筑面积136平方米）门面，装修备案登记载明房号为"SY01-01-03"。朱某承租门面后，均以自己的名义向某物业公司交纳物业费。2018年12月，某房地产公司将1号房屋出售案外人，合同载明房屋坐落为××路3号1幢-4层1号，建筑面积为114.02平方米，出售建面单价为8822.91元/平方米。2019年4月，因案外人接房时与承租人发生纠纷，某房地产公司诉至法院，要求闫某清返还1号房屋并支付占有使用费。

另查明，1号房屋建筑面积为114.02平方米，3号房屋建筑面积为136.36平方米，1号房屋为端头位置，3号房屋为中间位置。纠纷发生前，3号房屋曾长期空置，卷帘门贴有售房广告。2015年闫某清曾与他人由某房地产公司销售人员实地带看欲购房屋，该房屋为两层结构商业门面，门牌号是"附3号""门牌号上有两个3"。因1号房屋诉讼纠纷，某房地产公司与案外人之间的买卖合同未提交网签备案，亦未完成不动产权转移登记。

【案件焦点】

1. 某房地产公司与闫某清系对1号房屋还是3号房屋达成买卖合意；2. 某房地产公司要求闫某清对1号房屋承担恢复原状义务的主张应否得到支持。

【法院裁判要旨】

重庆市南岸区人民法院经审理认为：本案的争议焦点在于，某房地产公司与闫某清于2015年11月23日达成的买卖合意指向1号房屋抑或3号房屋。即交付房屋错误还是订立合同错误。从房屋交付的客观事实和交付所生资料看，应当认定双方系针对1号房屋交易所达成合意。案涉买卖合同对要约和承诺的记载与要约承诺不一致，属于记载错误。某房地产公司作为开发商对自己所开发的建设项目知晓、熟悉程度远高于作为购房人的闫某清。对案涉房屋自编号与公安机关编号不一致的情形，某房地产公司清楚知晓且负有审慎注意义务。闫某清作为一般购房人，其购买现房且房屋外墙已装订公安机关编制的门牌号，其有正当理由认为其购买的房屋是公安机关编制特定门牌号的房屋。某房地产公司未尽审慎和提醒注意义务，导致案涉买卖合同所载与当事人真意相悖，因此所产生的不利后果不应由购房人承担。某房地产公司起诉要求闫某清恢复原状并返还房屋、赔偿占用损失的诉讼请求，不应支持。

重庆市南岸区人民法院依照《中华人民共和国民法总则》第四条、第五条、第七条、第一百三十七条，以及《中华人民共和国合同法》第十四条、第十五条、第二十一条、第二十五条等规定，作出判决如下：

驳回某房地产公司的诉讼请求。

某房地产公司不服一审判决，提起上诉。

重庆市第五中级人民法院经审理认为：某房地产公司作为1号房屋的开发商，对该房屋自编号与公安机关编号不一致的情况最为了解；1号房屋属于现房而非期房；闫某清仅对1号房屋进行了实地查看；闫某清实际接收1号房屋且长达3年时间内，出卖人某房地产公司均未提出过异议。故综合全案证据，可以认定双方系对1号房屋达成买卖合意，案涉买卖合同及登记为3号房屋均属于错误。闫某清基于双方达成的缔约真意接收某房地产公司交付而占有1号房屋，属于有权占有。某房地产公司请求闫某清恢复原状的诉讼请求无法成立。

重庆市第五中级人民法院依照《中华人民共和国民事诉讼法》第一百七十条第一款第一项规定，作出如下判决：

驳回上诉，维持原判。

【法官后语】

商品房买卖交易实践中，经常出现开发商对房屋自编号与公安机关最终确定的房屋编号不一致的情形。不同位置的商品房市场价值有所差别，尤其是商业性质的门面，端头门面与中间门面的商业价值相差巨大。因此，房屋自编号与公安机关编号不一致引发的商品房买卖合同纠纷或物权保护纠纷中，究竟属于开发商"交错"房屋还是买卖合同"记载错误"，对当事人利益影响很大。

根据《中华人民共和国民法典》第二百三十五条的规定，权利人要求义务人返还原物的，除需证明自己为所有人外，还需证明对方属于无权占有。有权占有人受法律保护，权利人不得请求其返还占有物。典型如购房人基于有效的买卖合同对房屋所形成的占有，已交付占有但未完成所有权转移的出卖人，此时虽仍为法律上的所有权人，在没有解除合同的情况下，不能要求购房人返还房屋。而合同是否有效，关键在于意思表示是否真实、一致的审查判断。根据《中华人民共和国民法典》第一百四十二条第一款的规定，合同作为典型的有相对人的意思表示，其真实意思应当按照合同所用的词句并结合相关条款、行为的性质和目的、习惯以及诚信原则来解释确定。因此，不能简单以"纸质的合同书"作为证明当事人签订合同真意的唯一证据，还应当考察当事人签订合同时的背景、原因、目的等因素进行综合判断，尤其是合同当事人对于签订合同的真实意思产生争议时。

针对本案而言，1号房屋产权登记权利人为某房地产公司，双方争议焦点为闫某清对1号房屋的占有属于有权占有还是无权占有。双方签订的买卖合同记载是3号房屋，房屋产权登记也是3号房屋，但某房地产公司向闫某清交付的却是1号房屋，似乎是"交付错误"。然而，综合考虑案涉房屋买卖属于现房买卖、闫某清作为购房人仅实地查看了1号房屋且查看时房屋挂有公安机关编号（××路3号附3号）而非开发商自编号（××路3号1幢-4层1号）、某房地产公司作为开发商在应当知道该房屋编号不一致且实际交付1号房屋却长达3年时间内未提出异议、1号房屋属于端头门面比中间门面的3号房屋商业价值更高等事实，根据现有合同解释规则，应当认定本案属于合同“记载错误”、产权证书“登记错误”的连环错误，而非“交付错误”。审查认定双方对1号房屋而非3号房屋达成买卖真实合意，不仅符合双方签订该合同的各项现实考量，而且有利于引导开发商及时告知购房者编号不一致等房屋信息、诚信履约，以免违反公平原则、有违社会公众合理期待。因此，闫某清系基于双方达成的真实意思接收某房地产公司交付并占有1号房屋，属于有权占有，某房地产公司请求闫某清恢复原状的请求不应得到支持。

编写人：重庆市第五中级人民法院　刘用辉　王旺旺

（五）财产损害赔偿纠纷

16

擅自损害违法修建的坟墓应承担侵权责任

——刘某平、刘某琼诉廖某普、毛某珍财产损害赔偿案

【案件基本信息】

1. 裁判书字号

重庆市高级人民法院（2019）渝民再333号民事判决书

2. 案由：财产损害赔偿纠纷

3. 当事人

原告（被上诉人、再审申请人）：刘某平、刘某琼

被告（上诉人、被申请人）：廖某普、毛某珍

【基本案情】

廖某普在1998年第二轮土地承包时承包了土地共13.04亩，该承包地位于刘某平、刘某琼的母亲冉某英去世前居住的房屋后面。2016年农历九月初七，冉某英去世。刘某平、刘某琼在办理冉某英的丧事期间，因需占地安葬冉某英，便与廖某普、毛某珍夫妇电话联系占地事宜。经电话协商，廖某普、毛某珍同意将位于该承包地一处给予刘某平、刘某琼占用安葬冉某英。安葬后，刘某平、刘某琼又于同年农历冬月用石头修建了坟墓，花去人工材料钱6500元。同年农历腊月，廖某普、毛某珍因坟墓占地问题与刘某平、刘某琼发生纠纷，经当地村社干部调解无果。后廖某普、毛某珍将修好的坟墓上的石头撬垮，并导致部分石头损坏。刘某平、刘某琼向法院提供了当地石匠秦某明、杨某权的证言，秦某明、杨某权均称如修复坟墓，包工包料价格为5500元。

【案件焦点】

在耕地上修建坟墓属于违法行为，坟墓本身属于违法建筑物，坟墓被不当毁损后，当事人能否请求人民法院予以保护。

【法院裁判要旨】

重庆市丰都县人民法院经审理认为：廖某普、毛某珍故意损坏刘某平、刘某琼为其母亲修建的坟墓的行为，侵害了刘某平、刘某琼的财产权益；且该坟墓具有特殊的纪念意义，廖某普、毛某珍的侵权行为对刘某平、刘某琼精神上造成了损害，因此，廖某普、毛某珍应当就刘某平、刘某琼的财产损失及精神损害进行赔偿。结合庭审查明，确定刘某平、刘某琼的财产损失为5500元、精神损害赔偿金酌定为2000元；超出部分，不予支持。

重庆市丰都县人民法院依照《中华人民共和国侵权责任法》第六条第一款、第八条、第十五条第一款第六项、第二十二条，《最高人民法院关于适用〈中华人民共和国民事诉讼法〉的解释》第九十条规定，作出如下判决：

一、廖某普、毛某珍赔偿刘某平、刘某琼财产损失5500元、精神损害赔偿金2000元；

二、驳回刘某平、刘某琼的其他诉讼请求。

廖某普、毛某珍不服一审判决，提起上诉。

重庆市第三中级人民法院经审理认为：涉案坟墓埋葬在廖某普、毛某珍的耕地中，该行为违反了《中华人民共和国土地管理法》第三十六条第二款“禁止占用耕地建窑、建坟或者擅自在耕地上建房、挖砂、采石、采矿、取土等”及《殡葬管理条例》第十条“禁止在下列地区建造坟墓：（一）耕地、林地……”等土地管理法律、行政法规。所以，刘某平、刘某琼在廖某普、毛某珍的耕地上修建的坟墓不属于侵权责任法上的合法权益，不应受到法律保护。

重庆市第三中级人民法院依照《中华人民共和国土地管理法》第三十六条第二款①、《殡葬管理条例》第十条、《中华人民共和国民事诉讼法》第一百七十条第一款第二项之规定，作出如下判决：

一、撤销一审民事判决；

二、驳回刘某平、刘某琼的诉讼请求。

刘某平、刘某琼不服二审判决，申请再审。

重庆市高级人民法院经审理认为：坟墓属于物的范畴，能够成为物权的客体。刘某平、刘某琼对基于安葬其母亲而出资修建的坟墓享有物权权利。廖某普、毛某珍实施了故意损坏坟墓的行为，侵害了刘某平、刘某琼的物权。禁止占用耕地建坟的法律规定，属于行政管理性规定。廖某普、毛某珍若认为刘某平、刘某琼占用耕地修建坟墓，可依法向行政机关控告，但不应擅自对他人坟墓予以损毁。对赔偿金额，同意一审法院裁判意见。

重庆市高级人民法院依照《中华人民共和国物权法》第三十七条，《中华人民共和国民法总则》第八条，《中华人民共和国侵权责任法》第六条，《最高人民法院关于确定民事侵权精神损害赔偿责任若干问题的解释》第三条，《最高人民法院关于适用〈中华人民共和国民法典〉时间效力的若干规定》第一条第二款，《中华人民共和国民事诉讼法》第二百零七条第一款、第一百七十条

---

① 因2019年8月26日《中华人民共和国土地管理法》修订，该规定现为修订后的第三十七条第二款。

第一款第二项的规定，作出如下判决：

一、撤销二审民事判决；

二、维持一审民事判决。

【法官后语】

本案的关键问题是违法在耕地上修建的坟墓是否属于受法律保护的利益。同时，在通过司法弘扬社会主义核心价值观上，在耕地上修建坟墓的行为是否应该受到司法否定。本案再审判决认为，损害占用耕地修建的坟墓仍应承担赔偿责任。

1. 坟墓属于物权保护的对象。坟墓作为埋葬死者遗体或者骨灰的特殊用地，存在于人体之外，能被人力所支配和控制，并能满足人们祭祀、追思的精神需要，是一种法律上有体物，权利人对该有体物享有法律规定的物权。根据《中华人民共和国民法典》第二百三十八条“侵害物权，造成权利人损害的，权利人可以依法请求损害赔偿，也可以依法请求承担其他民事责任”以及《中华人民共和国民法典》第一千一百六十五条“行为人因过错侵害他人民事权益造成损害的，应当承担侵权责任”的规定，损害法律保护的利益，将被法律予以否定性评价。

2. 相关人员可依法向行政机关控告违法建坟行为，但不应擅自对他人坟墓予以损毁。国家实行最严厉的耕地保护措施，《中华人民共和国土地管理法》第三十七条第二款规定，“禁止占用耕地建窑、建坟或者擅自在耕地上建房、挖砂、采石、采矿、取土等”；《殡葬管理条例》第十条也规定，“禁止在下列地区建造坟墓：（一）耕地、林地……”但是，现实中，农村居民在耕地上修建坟墓的行为仍存在。在耕地上修建坟墓，虽然是违反《中华人民共和国土地管理法》《殡葬管理条例》的违法行为，但是前述规定属于行政管理性规定，在耕地上修建坟墓的行为是否违反土地管理法等相关行政法律法规的规定，以及对坟墓这一建筑物该如何处理等，应由相应行政机关决定。当事人若认为占用耕地修建坟墓违法，也可依法向行政机关控告，但不应擅自对他人坟墓予以损毁。否则，法律秩序将难以维护。

3. 坟墓具有人格意义，侵权人应承担精神损害赔偿责任。《最高人民法院关于确定民事侵权精神损害赔偿责任若干问题的解释》第三条规定：“死者的姓名、肖像、名誉、荣誉、隐私、遗体、遗骨等受到侵害，其近亲属向人民法院提起诉讼请求精神损害赔偿的，人民法院应当依法予以支持。”本案中，虽然行为人的侵权对象是坟墓，并非直接侵犯遗体、遗骨，但坟墓是埋葬死者遗体或遗骨的地方。侵犯坟墓的行为实际上也构成了对死者遗体、遗骨的间接侵犯，有违社会公德与民族伦理。且坟墓具有特殊的纪念意义，承载着特殊的情感，死者的近亲属对这一具有人格意义的物享有一定的精神利益。案涉坟墓被一定程度损坏，有违社会公序良俗，致使权利人遭受一定程度的精神痛苦，侵权人应承担精神损害赔偿责任。但考虑到坟墓的修建地点、坟墓的合法性等因素，不宜确定过高的精神损害抚慰金。所以，再审判决撤销了二审生效判决，维持了一审判决，既支持了原告的物质损害赔偿诉求，又支持了原告的精神损害赔偿诉求。

编写人：重庆市第三中级人民法院　张景卫

17

高层住宅卫生间返水造成的财产损失如何赔偿

——王某、马某诉某物业公司等财产损害赔偿案

【案件基本信息】

1. 裁判书字号

安徽省淮南市田家庵区人民法院（2021）皖 0403 民初 1286 号民事判决书

2. 案由：财产损害赔偿纠纷

3. 当事人

原告：王某、马某

被告：某物业公司、刘某坡、岳某鸣、李甲、周某、李某青、黄某琼、刘某冬、陈甲、李某忙、胡某兰、蔡某、段某传、张某、叶某佳、金某希、董某篇、胡某男、李乙、方某、吴某、陈某、平某梅

【基本案情】

2019年11月至12月，开发商将某小区11楼房屋交付给王某、马某，2020年4月该房屋装修完毕，2020年8月入住。后二人因长期在外打工，故不经常在该房屋居住。刘某坡、岳某鸣、李甲、周某、李某青、陈甲、李某忙、胡某兰、段某传、叶某佳、金某希、董某篇、胡某男、李乙、方某、吴某、陈某、平某梅均为王某、马某所在楼栋楼上业主，某物业公司系该小区的物业服务企业。

2021年1月7日，王某、马某被1004业主通知其住宅漏水。经1004业主联系物业公司工作人员到现场查看，发现室内污水深4厘米左右，污水自卫生间地漏溢出，室内木地板、家具等均被浸泡。王某、马某立即返回该住宅并联系人员进行疏通，支付疏通费300元。2021年1月17日，该住宅卫生间地漏处再次返水。王某、马某再次请人对下水管道进行疏通。管道疏通人员根据经验判断，污水返流是由卫生间主下水管道在10—11层之间堵塞造成的。堵塞物可能为水泥、砖头，或者木块、生活垃圾等。王某、马某支付管道疏通人员出庭作证费用300元。

经王某、马某申请、法院的委托评估：王某、马某的财产损失、拆除费、修理费共计22970元。王某、马某支付评估费5000元。因刘某冬、黄某琼、张某、蔡某未对其房屋进行装修亦未入住，法院准许王某、马某撤回对该四人的起诉。周某于2020年10月对其房屋进行水电装修。陈甲2020年3月至2021年3月的用水量为0，2020年10月至2021年3月的用电量为13.57元。叶某佳2020年3月至2021年3月的用水量为17.92元。方某于2019年10月15日至2020年1月15日对其房屋进行装修，装修完成至今未入住。陈某在2020年年底装修完毕并已入住。其余被告均实际入住。

【案件焦点】

1. 本案责任主体、责任比例如何确定；2. 王某、马某的各项诉请能否得到支持。

【法院裁判要旨】

安徽省淮南市田家庵区人民法院经审理认为：某物业公司依法依约均有保持案涉管道排水畅通的义务。在多户进行装修、多户已入住的情况下，更应加强对排污主管道及外部连接管道的日常维护，防止共用管道堵塞。王某、马某进行了第一次管道疏通后十天左右，在同样位置再次堵塞，造成第二次返水。某物业公司提供的证据不能证明对案涉管道做到了排查、及时疏通、消除隐患，不能证明尽到了足够的日常维护义务。法院酌定其对王某、马某的财产损失承担50%的赔偿责任。

由于堵塞无法确定具体是由谁造成的，且主下水管道堵塞应系堵塞物长期积累所致，故该栋楼10层以上有排放水泥砂浆等建筑垃圾、生活杂物的住户均有可能实施加害行为。刘某坡等业主不能证明自己从未丢弃杂物至案涉管道，法院酌情推定均需承担责任，因责任大小难以确定，法院酌定11楼以上各业主须平均承担责任。王某、马某作为业主，长期不在此居住，疏于管理自己的财产，未及时发现返水，对损失的扩大需承担相应责任，法院酌定其自负损失20%的责任。

王某、马某增加诉讼请求需在法庭辩论终结前提出。故对王某、马某2021年12月20日增加请求判令各被告赔偿其管道疏通费用300元不予准许。关于证人出庭作证的相关费用300元的请求，法院在诉讼费负担部分作出认定。

安徽省淮南市田家庵区人民法院依照《中华人民共和国民法典》第一千一百六十四条、第一千一百六十五条、第一千一百八十四条，《中华人民共和国民事诉讼法》第六十七条、第七十七条和《最高人民法院关于适用〈中华人民共和国民事诉讼法〉的解释》第九十条、第九十二条第一款规定，判决如下：

一、某物业公司于本判决生效后十日内一次性赔偿王某、马某损失14135元；

二、刘某坡、岳某鸣、李甲、周某、李某青、陈甲、李某忙、胡某兰、段某传、叶某佳、金某希、陈某、董某篇、胡某男、李乙、方某、吴某、平某梅于本判决生效后十日内一次性各自赔偿王某、马某损失 471.17 元；

三、驳回王某、马某的其他诉讼请求。

判决后，双方当事人均未上诉，本判决现已生效。

【法官后语】

随着我国城镇化进程的加快，高层建筑越来越多，由此引发的邻里纠纷时有发生。本案系高层建筑住宅使用人不当使用卫生间致卫生间主下水管道堵塞导致业主财产损失而引发的侵权诉讼。

第一，关于本案被告。在无法查明具体侵权人时，因物业服务企业负有相应的安全保障义务，故可列其为被告。由于该损害事实不能确定是由某一或多个建筑物使用人的一次不当使用造成的还是由多个建筑物使用人的多次不当使用造成，故将被告业主限缩在被侵权人所在楼层以上且已装修或已入住。

第二，法院裁判时考量因素。因共同危险是行为人均实施了危及他人安全的行为，在不能确定具体侵权人时承担连带责任。本案被告业主仅是存在造成下水管道堵塞的可能。故作为本案被告的建筑物使用人并非共同危险行为人。公平责任的适用前提是受害人和行为人对损害的发生都没有过错，属后位补充适用，即在能够适用过错责任原则（包括过错推定责任原则）和符合法律规定适用无过错责任原则的情况下，就不能适用公平责任。且必须是法律规定的适用公平责任的情形。因本案侵权人不当使用行为存在过错，故本案不适用公平责任。故，法院参照物权纠纷处理的原则及《中华人民共和国民法典》第一千二百五十四条规定，在不能确定具体的侵权人时，可能加害的建筑物实际使用人不能证明自己没有过错的，平均给予原告补偿；若确定具体侵权人的，可向侵权人追偿。且从可能性看，被告业主具有同等的概率。按照该概率，判决案涉楼栋 10 楼层以上的建筑物的实际使用人均对原告进行补偿。这样合理分散了损失、及时救济了受害人，促进了社会和谐稳定。因部分被告业主未对案涉房屋进行装修亦未入住，原告主动撤回了对其的诉讼，其他被告亦未提出异议，法院予以准许。物业服务企业虽举证证明其作了管道疏通工作，但在原告进行了第一次管道疏通后十天左右，却在同样位置再次堵塞，造成第二次返水，据此可以认定物业服务企业未尽到相应的义务，判决对原告的损失承担部分赔偿责任。原告作为业主，对自己的财产有管理责任。原告长期不在案涉房屋居住，对下水管道返水未能及时发现，导致损失的扩大，亦需承担相应责任。该裁判生效后，双方均未上诉，被告业主主动履行判决确定的义务，实现了良好的法律效果和社会效果。

编写人：安徽省淮南市田家庵区人民法院　司小青

18

下水道堵塞，无法查清具体侵权人的，应由受害房屋住户及其以上楼层住户平均分担管道维修费用

——谭某娥诉邱某芝等财产损害赔偿案

【案件基本信息】

1. 裁判书字号

湖南省衡阳市中级人民法院（2021）湘 04 民终 2512 号民事判决书

2. 案由：财产损害赔偿纠纷

3. 当事人

原告（上诉人）：谭某娥

被告（被上诉人）：邱某芝、彭某芬、张某萍、罗某、甘某亮

【基本案情】

谭某娥系某小区 201 住户，楼上住户为邱某芝（301 户）、彭某芬（401 户）、张某萍（501 户）、石某国（601 户）、罗某（701 户）、甘某亮（801 户）。石某国系谭某娥之子。

2020年11月23日11时32分，谭某娥家里卫生间涌出污水，几分钟后便浸没整个卫生间。谭某娥儿子石某国于当天向社区居委会反映情况，随后打印一份“紧急通知”粘贴在各被告房门上，内容为：“某小区201室至801室，公共下水通道，于11月23日11时30分堵塞，污水倒回至201户，污染水已将厕所全部浸泡，严重影响201户正常生活。看见通知后，请住户在11月24日20点前与201户商谈或建议如何解决。否则，201户将请人疏通。发生费用将按相关法律法规处理。特此通知。”2020年11月25日上午，谭某娥在被告无一人到场的情况下于同月25日上午开始疏挖、改道下水沟，12月3日12时16分下水沟恢复排水。

【案件焦点】

谭某娥支出的下水道维修费用应如何分担。

【法院裁判要旨】

湖南省衡阳市雁峰区人民法院经审理认为：《中华人民共和国民法典》第二百八十八条规定，“不动产的相邻权利人应当按照有利生产、方便生活、团结互助、公平合理的原则，正确处理相邻关系”，谭某娥与邱某芝等人共用下水通道，双方形成相邻关系，谭某娥等人在使用公用下水道时，应尽到谨慎义务，避免倾倒排放造成管道堵塞的杂物。谭某娥卫生间发生堵塞，邱某芝等人不能证明系某一住户所为应与谭某娥共同承担赔偿责任。对谭某娥要求邱某芝等人共同支付下水道疏通、改道费1775元的诉请，经法院结合维修人员收据及微信付款凭证相印证，开支费用减除不具有合理性的汽车加油费100元实为2380元。邱某芝等人对赔偿金额提出异议，认为需要正规票据才予以认可，法院认为，日常生活中下水道维修通常情况紧急，从便捷角度考虑选择由个体户承揽符合情理，根据交易习惯一般事毕款清没有正式票据提供，但谭某娥维修公用下水道所需费用涉及大家利益，应采取公开透明的方式通知邱某芝等人参加见证或者第三方到场加以证明，故对该项费用从公平的角度进行分摊，谭某娥与其子石某国承担40%的损失，即952元（2380元×40%），邱某芝等人共同承担

60%的损失，即1428元（2380元×60%），邱某芝等人平均每人285.6元（1428元÷5人）。对谭某娥要求邱某芝等人共同支付损失597元，因查询邱某芝等人身份信息费无证据证明，法院不予支持。对打印费，经法院核实为112元，邱某芝等人平均每人赔偿谭某娥损失22.4元（112元÷5人）。综上所述，对谭某娥的诉请，法院予以部分支持。

湖南省衡阳市雁峰区人民法院依照《中华人民共和国民法典》第二百八十八条、第一千一百八十六条，《中华人民共和国民事诉讼法》第六十四条第一款、第一百四十四之规定，判决如下：

一、邱某芝、彭某芬、罗某、甘某亮、张某萍自本判决生效之日起十日内共同向谭某娥支付1540元，即每人308元；

二、驳回谭某娥其他诉讼请求。

谭某娥不服一审判决，提出上诉。

湖南省衡阳市中级人民法院经审理认为：案涉下水道堵塞，在无法查清具体侵权人的情况下，涉案房屋二楼及二楼以上住户均存在未能合理使用厕所共用下水道的可能，依法应向二楼住户予以补偿，补偿标准为由上述住户均担二楼住户的损失，即本案当事人各自承担2380元的1/7为340元。当事人承担责任后，有权向侵权人追偿。谭某娥未起诉其子石某国，系自行处分其权利，法院予以认可。但石某国为案涉房屋的住户，其应当承担责任，石某国承担部分不应由其余住户承担。另因邱某芝、彭某芬、罗某、甘某亮、张某萍还需每人承担打印费22.4元。上述两项合计，邱某芝、彭某芬、罗某、甘某亮、张某萍每人共承担362.4元。谭某娥的上诉请求部分成立。

湖南省衡阳市中级人民法院依照《中华人民共和国民事诉讼法》第一百六十九条、第一百七十条第一款第二项规定，判决如下：

一、撤销一审民事判决；

二、邱某芝、彭某芬、罗某、甘某亮、张某萍自本判决生效之日起十日内各自向谭某娥支付362.4元；

三、驳回谭某娥的其他诉讼请求。

【法官后语】

本案主要涉及相邻关系的处理问题。相邻关系是指相邻的不动产上的权利人在对不动产进行占有、使用、收益或处分时，相互给予对方便利或对一方权利加以限制而对他方权利予以延伸，由此形成的权利义务关系。相邻关系不是一种独立的物权类型，而是法律基于私益协调而对不动产物权作出的某种限制。相邻关系包括用水排水、通行、利用、通风、采光和日照等关系。本案就是因相邻住户排水而引发的纠纷。

《中华人民共和国民法典》第二百九十条规定："不动产权利人应当为相邻权利人用水、排水提供必要的便利。"依据该规定，不动产的相邻权利人在用水、排水的问题上应当遵循以下规定：1. 根据《中华人民共和国民法典》第二百八十八条规定的"有利生产、方便生活、团结互助、公平合理"原则，不动产权利人应当为相邻权利人的用水、排水提供必要的便利。这个排水、用水，既包括自然流水的利用和排放，也包括人工流水的利用和排放。就人工流水的排放而言，排水的不动产权利人必须采取适当的保护措施。如果相邻一方可以采取其他合理的措施排水而未采取，向他方土地排水毁损或者可能毁损他方财产，他方有权要求致害人停止侵害、消除危险、恢复原状、赔偿损失。2. 不动产权利人因用水、排水而利用相邻不动产的，应当尽量避免对相邻的不动产权利人造成损害；造成损害的，应当给予赔偿。本案中原、被告系上下楼层邻居，共用下水道以排放生活污水。原、被告应文明、合理使用下水管道，如不要将砂石、油漆、涂料等装修材料以及卫生用品、头发等杂物倒入下水道，确保下水道畅通无阻，避免因下水管道堵塞给相邻的不动产权利人造成损害。造成损害的，应当给予赔偿。本案中，由于使用该管道的原告及原告以上楼层住户都有造成该管道堵塞的可能，无法确定堵塞下水道异物的直接来源，亦无法查明造成下水管道堵塞的具体责任人，无法确定责任比例，故对于疏通、维修下水管道的费用，应当由包括原告在内的二楼以上各住户共同平均分担。

本案还涉及共同危险行为问题。共同危险行为是指二人以上共同实施有侵害他人权利危险的行为，并且已造成损害结果，但不能判明其中谁是加害人的侵权行为类型。由于生活中常见的公用下水管道堵塞大多是由日常生活杂物所引起的，而共用下水管道的住户均有使用该管道的可能，其应尽到合理使用下水管道、避免因下水管道堵塞给相邻的不动产权利人造成损害的注意义务。在因公用下水道堵塞致住户遭受财产损失的案件中，如果堵塞物的直接来源难以确定，真正的加害人无法确定，那么受害住户及其以上楼层住户使用公用下水管道排污的行为即构成共同危险行为，应适用过错推定原则，推定受害住户及其以上楼层住户共同疏于对他人权利保护的注意义务，若上述房屋住户不能举证证明其未实施侵权行为的则应当承担相应的民事责任。

编写人：湖南省衡阳市中级人民法院　王娟

19

因转移占有引发的赔偿责任如何认定

——某能源公司诉某物产公司财产损害赔偿案

【案件基本信息】

1. 裁判书字号

山东省淄博市中级人民法院（2021）鲁 03 民终 2654 号民事判决书

2. 案由：财产损害赔偿纠纷

3. 当事人

原告（上诉人）：某能源公司

被告（被上诉人）：某物产公司

【基本案情】

2019 年 1 月 17 日，某物产公司员工王某到某能源公司办公室取走案涉车辆钥匙，将案涉车辆开走，并出具说明一份，载明“收到鲁A××奥迪车一辆，该车于2019年1月16日保险到期，在未交保险期间，发现问题与某能源公司无关”。王某取走钥匙时，某能源公司有工作人员在场，某物产公司员工开走包括案涉车辆在内的某能源公司的三部车。2020年5月26日，某物产公司将案涉车辆交还，在占有、使用案涉车辆期间，未对相关车辆进行保养维修。

【案件焦点】

某物产公司应否支付某能源公司车辆使用费，如何认定使用费数额。

【法院裁判要旨】

山东省淄博市淄川区人民法院经审理认为：机动车使用一定时间或行驶一定里程后，对车辆进行保养维修是常识，某物产公司占有、使用案涉车辆过程中，共行驶3.5万多公里，无法提供证据证明其在占有、使用期间对案涉车辆进行保养维修。依据《中华人民共和国物权法》第三十六条规定，某物产公司将案涉车辆交还后，某能源公司对案涉车辆进行保养维修产生费用，应由某物产公司支付。某能源公司要求某物产公司支付保养维修费44375元，事实清楚、证据充分，予以支持。对案涉车辆占用使用费198000元诉讼请求，依据一审查明事实，从王某开走案涉车辆至交还某能源公司整个过程中，虽某能源公司法定代表人张某在押，不能采取相应措施，但当时有某能源公司工作人员在场，若某物产公司系擅自开走，某能源公司工作人员可采取报警等措施，保护合法权益，故某能源公司提供的证据，不能证明案涉车辆是某物产公司擅自开走。因此，案涉车辆是某物产公司员工擅自开走或自愿开走及案涉车辆的使用有偿与否，某能源公司未提供证据加以证明。综上，某能源公司的主张，证据不足不予支持。

山东省淄博市淄川区人民法院依照《中华人民共和国物权法》第三十六条、《中华人民共和国民事诉讼法》第六十四条规定，判决如下：

一、某物产公司支付某能源公司维修费44375元；

二、驳回某能源公司的其他诉讼请求。

某能源公司不服一审判决，提起上诉。

山东省淄博市中级人民法院经审理认为：某物产公司主张其开走案涉车辆系通过某能源公司允许而交付，但并无证据证实案涉车辆系经某能源公司允许下交付并无偿使用，某物产公司在二审中辩称其与某能源公司存在债权债务关系也不能成为其开走案涉车辆并无偿使用的合法理由。一审认定案涉车辆是为某能源公司自愿交付事实不当，进而适用法律错误，予以纠正。某物产公司在未经某能源公司允许情况下将案涉车辆开走并使用一年，应当承担侵权责任，并应当以其侵权所获得利益向某能源公司支付车辆占用使用费。二审参照某能源公司一审中提交的《汽车租赁价格报价单》及某物产公司与案外人致力公司签订《车辆租赁合同》约定车辆租赁价格并参照案涉车型市场租赁价格，酌定为 350 元/天。结合某物产公司使用案涉车辆具体日期，某物产公司应当支付某能源公司车辆使用费为 495×350＝173250 元。

山东省淄博市中级人民法院依照《中华人民共和国民事诉讼法》第一百七十条第一款第二项规定，判决如下：

一、维持一审民事判决第一项；

二、撤销一审民事判决第二项；

三、某物产公司支付某能源公司车辆使用费 173250 元；

四、驳回某能源公司的其他诉讼请求。

【法官后语】

本案主要涉及车辆因转移占有发生纠纷后的赔偿责任认定问题。占有一般是指在事实或法律上控制某物或某财产的权利。占有权是所有权重要的权能之一，是所有权行使的基础，为“物”的使用与处分提供了前提。通常情况下，所有权即占有权，二者合一；在特定条件下，占有权可与所有权分离，形成非所有人享有的独立控制权利。事实控制是所有权的基本内容，没有占有权，所有权其他三项权能行使都会受影响，只有真正拥有占有权，物的收益、使用、处分权能才能更好发挥。

从占有的分类看，最重要的是有权占有与无权占有，及无权占有中善意占有与恶意占有之分。有权占有，指基于法律或合同规定享有对某物进行占有的权利，对物进行占有的基本权利，法律上为本权。主要包括合同债权（保管、租赁合同等对物的占有、留置权的行使等）、物权（所有权、用益物权）等。有权占有情况下，占有背后为本权，当本权受到侵害时，保护占有则具有保护本权作用。另外，本权可强化占有正当性，维护占有人对物的合法占有。没有本权支撑的占有为无权占有，如租赁期届满后对租赁物的占有、对赃物的占有等。无权占有又可进一步分为善意占有与恶意占有。善意占有，是指不法占有人在占有他人财产时，不知道或者不应当知道其占有是非法的。如对他人在市场上出售的无权处分的财产不知情且以合理价格购买该财产并对该财产进行占有。如果占有人明知其无占有权利或对占有权利有怀疑，则可认定为恶意占有。

进行善意占有与恶意占有区分的意义在于：1. 占有人购买他人无权处分财产时主观上是善意的，其占有相关财产也是善意的，便可以依据善意取得制度取得对该财产的所有权。恶意占有人则不能依善意取得制度取得对财产的所有权。2. 占有人基于将财产据为己有意思表示，善意、和平、公然、持续不间断地占有某项财产，经过法定的占有时效期间，则可依占有时效制度而取得对其占有财产的所有权。3. 在不当得利的返还基础上，善意占有人一般只返还现在利益，对于已经灭失的利益不负返还责任。而恶意占有人在此情况下应负赔偿的责任。4. 返还原物时，善意占有人可请求所有人返还其为保管、保存占有物所支付的费用，并对已在占有物上所获孳息不负返还义务。而恶意占有人返还原物时，无权请求所有人返还其支付费用，并有义务返还其所获孳息。

本案中，涉案车辆的占有人为某物产公司，其虽主张开走案涉车辆系通过某能源公司允许而交付，且双方还存在债权债务关系，但其提交的证据无法印证其陈述的事实，故一审认定案涉车辆是为某能源公司自愿交付事实不当，进而适用法律错误。由此可见，某物产公司对涉案车辆的占有为无权占有，不具备基础性的本源权利。从无权占有的主观态度看，某物产公司占有涉案车辆时，无论是出于使用或租赁等非所有目的，均未提前或同时向某能源公司支付相应的合理对价，在这种情况下，可进一步认定某物产公司系恶意占有涉案车辆，应当承担相关的占有不当责任。二审以其侵权所获利益认定其向某能源公司支付车辆占用使用费，并依据案涉车型市场租赁价格标准及恶意占有期间认定使用费数额较为合理，某物产公司应当支付。可见，查证对物的占有及本权情况，是认定因转移占有导致的赔偿责任的关键。

当然，对于财物被非法占有情形，除通过民事诉讼的方式索回外，司法上还可以"侵占罪"追究刑事责任。依据《中华人民共和国刑法》第二百七十条规定，将自己代为收管的他人财物或将他人的遗忘物、非法占为己有，数额较大，拒不交出或退还的构成侵占罪。因此，非法占有发生后，行为人应当尽快与权利人协商解决相关纠纷，归还车辆，避免受到刑事追究。

编写人：山东省淄博市中级人民法院　荣明潇　杨富元

二、所有权纠纷

（一）侵害集体经济组织成员权益纠纷

20

迁入同一农村集体经济组织家庭成员各自权益的区分标准与认定范围

——陈某艮、陈甲诉某社区第××居民小组侵害集体经济组织成员权益案

【案件基本信息】

1. 裁判书字号

湖南省永州市中级人民法院（2021）湘11民终2303号民事判决书

2. 案由：侵害集体经济组织成员权益纠纷

3. 当事人

原告（上诉人）：陈某艮、陈甲

被告（被上诉人）：某社区第××居民小组

【基本案情】

陈某艮出生在永州市零陵区接履桥街道某社区第××居民小组（以下简称某

社区第××居民小组)，户籍出生后也登记在该处。1990年12月，陈某良应征入伍，随即将户口迁至所服役的部队。1994年12月，陈某良退伍后到零陵区某公司上班，户籍从部队迁回后落户于湖南省永州市零陵区徐家井办事处南津中路××号，一直在零陵城区生活，陈某良于2002年下岗。2012年8月27日，劳动和社会保障局向其颁发了《就业失业登记证》。2007年8月12日，陈某良与某社区第××居民小组签订了《关于改修、改造祖山铺××组门口大塘一事的合同书》，双方在合同中约定由陈某良对大塘进行改修、改造，某社区第××居民小组将大塘免费提供给陈某良使用20年（从2008年1月1日起至2027年12月31日止）。2009年11月29日，为了方便工作，陈某良要求将户口迁回原籍，即某社区第××居民小组处，并向公安机关出具了“申请迁移户口的报告”，陈某良在该报告中言明不需要被告分配田地，某社区第××居民小组在该报告中签署了意见“同意陈某良的户口迁入祖山铺村××组落户”。2019年7月23日，陈甲（系陈某良女儿）以父母子女投靠的形式将其户籍从湖南省永州市零陵区徐家井办事处南津中路××号迁至某社区第××居民小组。2020年5月至7月，因零陵区城市建设的需要，某社区第××居民小组部分土地被政府部门征收，2020年5月6日，某社区第××居民小组制定了《某社区（原祖山铺村××组）集体经济分配方案》，2020年10月21日，某社区第××居民小组就征收所得的部分补偿款按每人29800元的标准进行了分配，某社区第××居民小组认为陈某良、陈甲不是其集体经济组织成员，拒绝支付土地征收补偿款。

另查明，陈某良、陈甲自2007年8月以来长期居住在某社区第××居民小组，并以鱼塘的收入为其主要的生活经济来源；陈某良承包的某社区第××居民小组的房屋与鱼塘已被某产业园项目全部征收。

【案件焦点】

陈某良、陈甲是否具备某社区第××居民小组集体经济组织成员资格，能否享有土地征收补偿款的分配权利。

【法院裁判要旨】

湖南省永州市零陵区人民法院经审理认为：陈某艮户籍性质从农民户口转化为城镇户口，在某社区第××居民小组处不再享有农村土地承包经营权，自此陈某艮丧失了某社区第××居民小组集体经济组织成员资格。2007 年 8 月 12 日，陈某艮与某社区第××居民小组签订的《关于改修、改造祖山铺××组门口大塘一事的合同书》，只能证明陈某艮承包了某社区第××居民小组的大塘用于养鱼，并不能证明其承包了某社区第××居民小组集体的土地，陈某艮将户籍迁回某社区第××居民小组，在某社区第××居民小组居住生活，主要是为了投资发展养殖业、方便工作，并不能因此认定陈某艮重新取得了某社区第××居民小组集体经济组织成员资格。陈甲是以父母子女投靠的方式将户籍迁至某社区第××居民小组的，现其父陈某艮不具备被告集体经济组织成员资格，故陈甲也不具备某社区第××居民小组集体经济组织成员资格。

湖南省永州市零陵区人民法院依照《中华人民共和国民事诉讼法》第六十四条第一款、《最高人民法院关于适用〈中华人民共和国民事诉讼法〉的解释》第九十条之规定，判决如下：

驳回陈某艮、陈甲的全部诉讼请求。

陈某艮、陈甲不服一审判决，提起上诉。

湖南省永州市中级人民法院经审理认为：陈某艮其户籍性质应认定为从农民户口转化为城镇户口，不应在享有某社区第××居民小组的农村集体组织成员资格。对于陈甲而言，虽然其父亲因属于国家公职人员下岗而不能再享有土地征收补偿款的分配权利，但其父亲自出生便落户在某社区第××居民小组，且其父亲 2007 年亦将户口迁回某社区第××居民小组，在该组承包鱼塘与土地。同时，陈某艮自 2007 年以来一直依赖着承包的鱼塘作为生活的基本保障，已经在某社区第××居民小组形成了较为固定的生产、生活。陈甲户籍已迁入某社区第××居民小组，需要依靠其父亲的鱼塘收入作为经济来源，应认定其是以某社区第××居民小组的土地作为基本的生活保障。同时，陈甲自 2007 年以来随着陈某艮一直居住在某社区第××居民小组，履行了集体经济组织成员应尽的义务，应认定其已在某社区第××居民小组形成了较为固定的生产、生活，应具备某社区第××居民小组的集体经济组织成员资格，应享有土地征收补偿款的分配权利。

湖南省永州市中级人民法院依照《中华人民共和国民事诉讼法》第一百七十条第一款第二项规定，判决如下：

一、撤销一审民事判决；

二、陈甲享有某社区第××居民小组集体经济组织成员同等待遇，由某社区第××居民小组于本判决书送达之日起十日内支付陈甲承包地征收补偿费29800元；

三、驳回陈某良、陈甲其他诉讼请求。

【法官后语】

本案为家庭成员间集体经济组织成员权的区分标准与认定范围提供了有力论证。

一、家庭成员的农村集体经济组织成员权应区分认定

在审判实践中，对集体经济组织成员权的认定往往会从多方面考虑，既保证后加入成员的权益，又保护原有成员的权益，以达到资源有效分配的目的。一是从成员权的平等性到成员权益平等原则。不同的成员获得权利的方式不同，获得权利的完整性也存在差别，但农村集体经济成员权关系到成员的生存、生产和生活，对集体经济成员来说，任何人在取得该项权益时条件应当平等。同时，成员权益平等原则还体现在集体经济组织成员平等地享有成员权，成员个体的集体经济组织成员权被侵害时受法律的平等保护和救济。二是从成员权的自愿性到成员意思自治原则。权利可以自愿放弃，成员权在一定程度上也有自愿性的特征。农村集体经济组织成员资格的取得和丧失，土地承包方案等方面均有召开集体经济组织成员会议，并讨论等程序，也是民主形式的反映。农村集体资源有限，既要维护好新加入成员的权益，也要保障已经取得该集体成员资格的其他成员权益，在集体成员增加或者收益分配时，集体成员若能达成一致意见，更有利于农村集体经济组织的稳定和发展。本案中，某社区第××居民

小组拒绝给陈某良分配相关收益的原因也在于此。三是从成员权的法定性到保护弱势群体原则。农村集体经济组织成员的权利是法律所赋予的，在权利行使过程中，要考虑其公平性，更多地向妇女、儿童等弱势群体倾斜，确保权利的正确行使，防止民主形式走向极端，对少数人的权益造成侵害。

二、区分权益个体的不同，保障个体应有的权利

农村集体经济组织成员权来源于农村集体经济所有权，但该权利应当属于每个成员个人而非集体。农村集体经济成员权最典型的特征就是该权利兼顾身份性和财产性，身份的不同也导致了权利的完整性不同，确定个体是否具有某项权利时，也应当考虑每个个体的不同情形。从实质正义角度考虑本案，将陈某良和陈甲的情形分别处理，才能更好地保障每个成员个体的权利。本案中，陈某良自愿放弃了其成员权，可予以确认，而陈甲作为未成年人，其父亲陈某良并未处置其权利。即使陈某良处置了其权利，陈某良作为陈甲的法定代理人，代为放弃其权利，损害了其合法权益，其行为的有效性也值得商榷。

三、不同人群获得集体经济组织成员权的基础

一是未成年人获得集体经济组织成员资格。一方面，所有未成年人都具备民事权利能力，未成年人的民事权利能力就是认定未成年人取得集体经济组织成员权的基础。另一方面，集体经济组织成员权对未成年人来说，其权利性质上主要体现为获益性，这与民法典对未成年人权利保护的规定一致。二是因婚姻获得集体经济组织成员资格。无论是结婚还是离婚，在加入该集体经济组织后，均需要保障其生活来源，除当事人自愿放弃其权利外，应当肯定其成员资格。三是因退伍、毕业、失业后返乡等原因重新获得该集体经济组织成员资格。如未出现获得其他身份与获得集体经济组织成员权排斥的情形，应当认定其未与原集体经济组织脱离联系，仍然具备成员资格。

编写人：湖南省永州市零陵区人民法院　杨乔

21

“外嫁女”能否享有原集体经济组织利益

——孙某诉某居民委员会侵害集体经济组织成员权益案

【案件基本信息】

1. 裁判书字号

江苏省阜宁县人民法院（2020）苏 0923 民初 2646 号民事判决书

2. 案由：侵害集体经济组织成员权益纠纷

3. 当事人

原告：孙某

被告：某居民委员会

【基本案情】

孙某父母为某居民委员会（以下简称某居委会）十一组村民。农村土地二轮承包时，孙某取得该组土地承包经营权，其户口亦一直在某居委会。2011 年 3 月 11 日，孙某与张某波（非农业家庭户口）登记结婚，孙某的户口未有迁出某居委会。近年来，某居委会将该十一组柴田、粮田对外发包，收取承包金。2020 年 3 月 14 日，某居委会在使用该十一组 2019 年度柴田承包金时，对每位某居委会十一组成员发放 2450 元柴田承包金分红，但孙某因属于“外嫁女”未享受该十一组柴田承包金分红。孙某要求取得 2019 年度柴田、粮田承包金分红未果，故向法院提起民事诉讼。

【案件焦点】

“外嫁女”是否享有原集体经济组织的利益。

【法院裁判要旨】

江苏省阜宁县人民法院经审理认为：妇女在农村土地承包经营、集体经济组织收益分配、土地征收或者征用补偿费使用以及宅基地使用等方面，享有与男子平等的权利。任何组织和个人不得以妇女结婚、离婚等为由，侵害妇女在农村集体经济组织中的各项权益。本案孙某依法取得了某居委会相应份额的土地承包经营权，其结婚后户口未有迁出某居委会，亦未在其他集体经济组织取得承包地，某居委会未提供证据证明孙某丧失该集体经济组织成员身份，故孙某应在农村土地承包经营、集体经济组织收益分配、土地征收或者征用补偿费使用等方面享有与其他成员平等的权利。某居委会以孙某属于“外嫁女”为由，不向其发放2019年度柴田承包金分红，该行为侵害了孙某的合法权益；对孙某要求某居委会支付相应份额的柴田承包金分红的诉请，法院依法予以支持。孙某未能提供证据证明粮田流转及收益分配等情况，其要求某居委会支付2019年度粮田承包金分红600元证据不足，对该诉讼请求法院暂不予支持。

江苏省阜宁县人民法院依照《中华人民共和国妇女权益保障法》第三十二条、第三十三条，《中华人民共和国民事诉讼法》第六十四条、第一百四十四条规定，判决如下：

一、某居民委员会向孙某支付2019年度柴田分红款2100元，限本判决生效后十五日内履行完毕；

二、驳回孙某的其他诉讼请求。

判决作出后，当事人未上诉，判决已经发生法律效力。

【法官后语】

所谓“外嫁女”是指与非本村人结婚，但户口未迁出本村的妇女。“外嫁女”纠纷的争议问题在于“外嫁女”是否可以继续享有出嫁前或出嫁后所在村集体经济组织的土地补偿款、分红及其他利益。“外嫁女”纠纷成为社会治理难题和司法裁判难点，既有“嫁出去的女儿，泼出去的水”之传统社会观念的影响，也有非正式法律制度之村规民约的掣肘，还有宗亲理念“土地家族内转”之民间法则的制约，多重因素导致基层限制和剥夺“外嫁女”的权益。

现行法律法规对“外嫁女”是否当然享有或不享有村集体经济组织的红利作出明文规定，笔者认为，处理该类纠纷应当坚持“两未原则”，即只要户籍未有迁出且未在其他集体经济组织享有相应的权益。理由如下：

1. 服务所在村民集体组织并非享有权益的前提。《中华人民共和国妇女权益保障法》第五十六条第一款规定，村民自治章程、村规民约，村民会议、村民代表会议的决定以及其他涉及村民利益事项的决定，不得以妇女未婚、结婚、离婚、丧偶、户无男性等为由，侵害妇女在农村集体经济组织中的各项权益。也就是说，结婚出嫁并非已婚妇女丧失原户籍所在地农村集体经济组织成员资格的法定条件，同时也未对是否要求继续履行村民义务作出明确要求。随着社会经济不断发展，外出务工人员越来越多，外出务工男性常年在外打工，几乎没有履行村民义务，不少地区早已将土地成组、成片的对外发包交由种田大户集中种植进行“创收”，多数情况下已经无所谓“服务村集体组织”，对“外嫁女”和流动在外务工的本村男性作出区别对待，明显缺乏依据。

2. 同一主体不得在两个集体经济组织享受利益。《中华人民共和国农村土地承包法》第三十一条规定：“承包期内，妇女结婚，在新居住地未取得承包地的，发包方不得收回其原承包地；妇女离婚或者丧偶，仍在原居住地生活或者不在原居住地生活但在新居住地未取得承包地的，发包方不得收回其原承包地。”因此，在二轮土地承包期限尚未结束、新的土地政策未出台、现有土地分配方案未作全面调整的情况下，以现有户籍为标准按照“得一不得二”朴素原则分配村集体经济利益具有一定的合理性。若“外嫁女”在本村集体无法享有集体红利，而在嫁入他村后，又因户籍并未迁入，则更无享受他村集体组织的权益。因此，应当充分保障“外嫁女”享有一份“人口红利”。

3. 部分村民决议剥夺“外嫁女”权益的行为无效。《中华人民共和国村民委员会组织法》第二十一条规定，“村民会议由本村十八周岁以上的村民组成”，第二十二条规定，“召开村民会议，应当有本村十八周岁以上村民的过半数，或者本村三分之二以上的户的代表参加，村民会议所作决定应当经到会人员的过半数通过”。民主议定程序的立法目的在于保护大多数村民对农村土地权利能够有效支配和控制，关于农村土地承包中须经民主议定程序决定的事项包括土地承包方案的确定、承包期内对个别承包土地的适当调整、对集体经济成员以外的单位和个人发包土地三种情形。但实践中部分村集体组织往往通过常住村民会议、部分村民代表会议等形式，出台村民决议、会议纪要、村规民约，规定“外嫁女”不享有本村集体经济组织土地承包款等红利，这些看似合法程序的文件实质非法剥夺了“外嫁女”的权益，存在侵害“外嫁女”利益的嫌疑。一般而言，违反民主议定程序的土地承包合同并非当然认定为无效，其实质上是村委会越权发包、无权处分的行为，是一种效力待定合同，如村民事后追认则有效。但规定“外嫁女”不享受户籍地村集体经济组织权益属于违反效力性强制性规定，应认定为无效。

“坚持男女平等基本国策，保障妇女儿童合法权益”“坚持走中国人权发展道路，积极参与全球人权治理，推动人权事业全面发展”是党的二十大报告提出的要求。[①]《中华人民共和国妇女权益保障法》是保障妇女权益的专门法，也是中国人权保障体系的重要组成部分，《中华人民共和国妇女权益保障法》的修订，对妇女人权保障理念有了新的发展。在“两未原则”下，“外嫁女”基于户籍享受村集体经济组织权益，并未侵害其他集体经济组织成员的利益，也未违反不得双重获益的基本法理，既是保障妇女生存发展权益的现实考量，也是贯彻男女平等基本国策的当然要求，更是强化保障妇女人权保障的应有之道。

编写人：江苏省阜宁县人民法院　楚士将

① 来源：《习近平：高举中国特色社会主义伟大旗帜 为全面建设社会主义现代化国家而团结奋斗——在中国共产党第二十次全国代表大会上的报告》，载中国政府网，http://www.gov.cn/xinwen/2022-10/25/content_5721685.htm，最后访问时间：2023年4月7日。

22

因婚迁入农村集体经济组织成员资格的认定

——何某刚等诉某村第××村民小组侵害集体组织成员权益案

【案件基本信息】

1. 裁判书字号

河南省郏县人民法院（2021）豫 0425 民初 2239 号民事判决书

2. 案由：侵害集体组织成员权益纠纷

3. 当事人

原告：何某刚、何某浩、何某灵、何某淼

被告：某村第××村民小组

【基本案情】

2007 年，何某刚与邢某会结婚。2014 年 8 月 4 日，何某刚将户口从陕西省西乡县两河口镇两河口社区迁入某村第××村民小组。户口迁出后，何某刚不再享受原户口所在地集体经济组织成员的任何权益。何某刚与邢某会婚后分别于 2008 年 4 月 1 日生育长女何某灵、2016 年 7 月 31 日生育次女何某淼、2019 年 8 月 25 日生育儿子何某浩，三个子女户口均在某村第××村民小组。自 2011 年，某村第××村民小组将集体土地 20 余亩出租给某公司，双方约定每亩土地年租金 1100 元，某公司每年向某村第××村民小组支付租金，某村第××村民小组按小组村民现有人数在年底平均分配发放土地租金。何某刚户口迁入某村第××村民小组后，自 2014 年至 2018 年，何某刚和其子女均领到某村第××村民小组发放的土地租金。但从 2019 年，何某刚、何某浩、何某灵、何某淼四人均未领到某村第××村民小组发放的土地租金。

【案件焦点】

何某刚、何某浩、何某灵、何某森是否具有某村第××村民小组集体成员资格。

【法院裁判要旨】

河南省郏县人民法院经审理认为：农民集体所有土地依法属于村集体所有，集体土地出租所取得收益应归农村集体经济组织所有。公民的集体经济组织收益分配权受法律保护，任何组织和个人不得侵犯。本案中，出租的土地属于某村第××村民小组集体经济组织所有，土地租金归某村第××村民小组集体所有，何某刚户籍因婚迁入某村第××村民小组，在某村第××村民小组享有农村合作医疗村民待遇，且未在其原户籍所在地享受相关村民待遇，何某刚与其妻邢某会生育何某浩、何某灵、何某森三个子女，该三名子女自出生一直在某村第××村民小组生活，户籍登记在某村第××村民小组。故何某刚、何某浩、何某灵、何某森四人应与该组其他村民享受同等待遇，享有村民财产收益分配权，依法享有土地租金的分配权。

河南省郏县人民法院依照《中华人民共和国民法典》第三条、第一百二十条、第一百七十六条，《中华人民共和国农村土地承包法》第三十六条、第三十九条规定，判决如下：

某村第××村民小组自本判决生效之日起十日内支付何某刚、何某浩、何某灵、何某森四人租地款 880 元。

判决作出后，当事人未上诉，判决已经发生法律效力。

【法官后语】

农村集体经济组织是农村集体资产经营管理的主体，依法代表农民集体行使农村集体资产所有权，是农村分配土地、组织生产的重要单位。伴随农村经济的发展，土地集中开发使用量不断增加，很多农村集体经济组织将土地出租获得相应的收益，并依据村集体经济组织内成员数量进行分配，使得侵害集体经济组织成员权益纠纷案件数量呈现增长趋势。特别是因婚姻迁入，导致户口、居所等因素发生变化时，如何认定其及其子女的农村集体经济组织成员资格成为审判实践的重点问题。

基于农村集体经济组织的营利性、集体利益保障性、组织成员相对封闭性等特性，科学认定农村集体经济组织成员身份，是保护成员权利的前提条件，是明确农村集体资产归属和发展农村集体经济的客观要求，有利于明晰农村集体资产的产权关系。根据《中华人民共和国妇女权益保障法》第五十六条第二款规定，因结婚男方到女方住所落户的，男方和子女享有与所在地农村集体经济组织成员平等的权益。具体而言，因婚迁入的男方成为女方家庭成员后是否具有集体经济组织成员资格的认定，应当综合考虑以下因素：

1. 是否以该集体经济组织的土地为基本生活保障。这是判断是否具有农村集体经济组织成员资格的核心标准。但强调的是享有承包土地的资格，而不能简单理解为实际取得承包地或者以承包土地为现实的生活来源。

2. 是否与该集体经济组织形成稳定生产、生活关系。虽然获得农村集体经济组织成员资格通常以依法取得该集体经济组织所在地户籍为基本原则，但是如果只是因结婚将户口迁入集体经济组织，但并未在该村实际居住、生产与生活且形成稳定联系的，不宜认定为享有成员资格。例如，男方户口仍在原集体经济组织，承包地亦未收回，但在女方处固定生活的，应认定为具有女方所在农村集体经济组织成员资格；若户口或承包地之一在原农村集体经济组织，但在女方处生产、生活，应认定为具有女方所在农村集体经济组织成员资格；若户口仍在原集体经济组织，承包地亦未收回，但本人或与配偶均外出务工，应认定为具有原农村集体经济组织成员资格。

3. 是否取得该集体经济组织所在地户籍。这是具有成员资格的主要表现形式，但并非只要取得户籍，就具有成员资格，需要综合考虑其他因素。

4. 是否丧失原有农村集体经济组织成员资格。就权益保护而言，一个人不能同时享有两个农村集体经济组织的成员资格。因此，应当避免出现在女方所在地农村集体经济组织与原农村集体经济组织同时享有成员资格的情况发生。

在本案中，何某刚婚后将户籍迁入某村第××村民小组，后一直在某村生产、生活，并在某村第××村民小组享有农村合作医疗村民待遇，且不再享受其原户籍所在地集体经济组织成员的任何权益。何某刚与其妻邢某会生育何某浩、何某灵、何某淼三个子女，该三名子女自出生一直在某村第××村民小组生活，户籍登记在某村第××村民小组。综上，应认定何某刚、何某浩、何某灵、何某淼具有某村村集体经济组织成员资格，应依法享有村民财产收益分配权。

编写人：河南省郏县人民法院　胡小霞　姬梦珠

河南省平顶山市中级人民法院　张松鹤

23

农村集体经济组织成员因未实际取得股权证而提起民事诉讼的，不属于人民法院受案范围

——李某炬诉某村委会、某村经济合作社侵害集体经济组织成员权益案

【案件基本信息】

1. 裁判书字号

福建省福州市中级人民法院（2021）闽01民终8028号民事裁定书

2. 案由：侵害集体经济组织成员权益纠纷

3. 当事人

原告（上诉人）：李某炬

被告（被上诉人）：某村委会、某村经济合作社

【基本案情】

李某炬户籍地位于福州市长乐区鹤上镇某村。2020年9月1日，李某炬将某村委会诉至福建省福州市长乐区人民法院，请求：1. 某村委会向李某炬支付因征地产生的集体经济组织成员权益补偿款5000元；2. 保留李某炬领取后续

征迁补偿款的权利。该院于2020年12月17日作出民事判决：1. 某村委会向李某炬支付征地补偿款5000元；2. 驳回李某炬的其他诉讼请求。现李某炬因某村委会、某村经济合作社未登记其持有农村集体经济组织股权、颁发股权证，提起本案诉讼。

【案件焦点】

诉请村集体经济组织颁发股权证是否属于人民法院民事诉讼受理范围。

【法院裁判要旨】

福建省福州市长乐区人民法院经审理认为：当事人是否具备某一农村集体经济组织成员资格的状态并非是一成不变的，不宜通过法院生效判决的判项形式予以确认。李某炬诉请某村委会、某村经济合作社向其颁发股权证，实质就是要求确认李某炬具有某村集体经济组织成员资格，享有对集体资产与其他集体经济组织成员同等的份额和权利，而没有对确认成员资格后某项具体的权益提出诉讼请求，不属于人民法院民事案件的受理范围。李某炬若对某村委会、某村经济合作社在认定其集体经济组织成员资格上有异议，可依法另寻途径解决。

福建省福州市长乐区人民法院依照《中华人民共和国村民委员会组织法》第二十七条，《中华人民共和国民事诉讼法》第三条、第一百一十九条、第一百五十四条的规定，作出如下裁定：

驳回李某炬的起诉。

李某炬不服一审裁定，提出上诉。

福建省福州市中级人民法院经审理认为：李某炬诉请撤销某村委会、某村经济合作社作出的不予登记其原始持股的决定，要求颁发股权证、确认基准日时具有某村集体经济组织成员资格，对基准日时的某村集体资产享有与本村其他集体经济组织成员同等的份额和权利，实际上均基于要求确认其具有某村集体经济组织成员资格的基础上提出，并要求对某村集体资产享有相应权利。而当事人是否具备某一农村集体经济组织成员资格的状态并非是一成不变的，不宜通过法院生效判决的判项形式予以确认。某村经济合作社作为集体经济组织，对集体经济组织成员的认定和相应决定以及对集体财产进行管理属于集体经济组织的自治范畴，非《最高人民法院关于审理涉及农村土地承包纠纷案件适用法律问题的解释》第一条第一款第四项规定的承包地征收补偿费用分配纠纷，李某炬对此不服产生的纠纷，依法不属于人民法院受理民事诉讼范围。一审法院裁定驳回其起诉并无不当，予以维持。综上，李某炬的上诉请求不能成立，应予驳回。

福建省福州市中级人民法院依照《中华人民共和国民事诉讼法》第一百七十条第一款第一项、第一百七十一条规定，作出如下裁定：

驳回上诉，维持原裁定。

【法官后语】

股权证，即农村股份经济合作社股权证，是由村集体经济组织发给本集体组织成员的，用以证明其享有对集体资产股份收益分配，参与管理决策等的权利凭证。其是在农村集体资产清产核资和农村集体经济组织成员身份确认工作的基础上，由村股份经济合作社依据其章程制作股权证，并向成员颁发股权证书。

诉请村集体经济组织发放股权证是否属于人民法院民事诉讼受理范围？对此，法律、司法解释并未作出明确规定，但笔者认为可以从以下条文中去认识股权证颁发争议。

根据《最高人民法院关于审理涉及农村土地承包纠纷案件适用法律问题的解释》第一条第二款规定，“农村集体经济组织成员因未实际取得土地承包经营权提起民事诉讼的，人民法院应当告知其向有关行政主管部门申请解决”，村民要通过订立农村土地承包经营合同才能取得土地承包经营权，如果有人侵害村民已经合法取得的土地承包经营权，那么村民有权提起诉讼，人民法院应当受理。否则，未实际取得土地承包经营权提起民事诉讼的，人民法院不予受理。同时，该解释第二十二条规定：“……征地补偿安置方案确定时已经具有本集体经济组织成员资格的人，请求支付相应份额的，应予支持……”人民法院在审理征地补偿分配方案纠纷时，对集体经济组织成员资格存在争议的，此时人民法院应对是否具有集体经济组织成员资格进行审查确认，进而对诉请的分配款能否得到支持进行裁判。对于村民单纯起诉确认集体经济组织成员资格的，属于集体经济组织的自治管理的范畴，不属于人民法院受理民事诉讼的范围。

综上，在界定股权证问题上可予以参照理解。首先，股东资格确认问题涉及农村集体经济组织成员资格的认定，应由村集体经济组织按照相关政策、章程等规定自治完成。农村集体经济组织成员因未实际取得股权证的，而与村集体经济组织之间发生的纠纷，双方民事法律关系尚未建立，人民法院不应予以受理，告知其向有关行政主管部门申请解决。其次，如果针对具体的集体资产收益分配权利受实际侵害而提起诉讼，请求支付相应份额的，人民法院应予受理。总之，股权证是在农村集体经济组织成员资格确认的基础上才发放的权利证书，农村集体经济组织成员因未实际取得股权证而提起民事诉讼的，不属于人民法院受案范围，告知其向有关行政主管部门申请解决。

编写人：福建省福州市长乐区人民法院　林继光

（二）建筑物区分所有权纠纷

24

事前反对事后反悔，补交费用后可以使用加装的电梯

——郭某山诉谢某蓉等建筑物区分所有权案

【案件基本信息】

1. 裁判书字号

广东省广州市中级人民法院（2021）粤01民终11637号民事判决书

2. 案由：建筑物区分所有权纠纷

3. 当事人

原告（被上诉人）：郭某山

被告（上诉人）：谢某蓉、方某平等 33 人

【基本案情】

郭某山年近八旬，居住于广州市荔湾区某小区一栋九层住宅内。因该住宅年代久远且未配备电梯，居民上下楼较为不便，该楼业主于 2017 年至 2018 年共商加装电梯事宜。经多次协商，该住宅内谢某蓉等业主同意增设电梯，并就电梯加装的工程方案和费用分摊、补偿方案等事项达成一致意见。依据筹资方案，郭某山作为三楼户主应支付 10077 元集资款，但郭某山因持有异议未实际参与出资。

2018 年 6 月，电梯集资完成，在取得《建设工程规划许可证》后，施工单位依照设计方案加装电梯。一年后，电梯完工并交付使用，前期参与筹资的业主通过刷电梯卡的形式使用该电梯。郭某山在加建的电梯投入使用后，希望在补缴集资费用后使用电梯，但谢某蓉等业主认为郭某山前期对加装电梯持有异议导致加装电梯工程延误，反对郭某山使用电梯。

【案件焦点】

郭某山是否需经案涉大楼多数业主同意才享有电梯的使用权。

【法院裁判要旨】

广东省广州市荔湾区人民法院经审理认为：案涉电梯从使用的属性上应属建筑物的共有部分，郭某山与其他业主对案涉电梯共同享有使用权和共同管理的权利。且郭某山使用案涉电梯并不属于《中华人民共和国物权法》及相关司法解释所规定的“有关共有和共同管理权利的其他重大事项”，并不会导致大楼其他业主使用电梯的合法权利受到损害，故郭某山使用案涉电梯无须经该住宅专有部分占建筑物总面积过半数的业主且占总人数过半数的业主同意。但依据公平原则，要使用电梯的前提是必须交纳集资款，故法院判决由郭某山支付

增设电梯集资款10077元后，由该住宅业主代表向郭某山提供电梯卡供其搭乘电梯使用。

广东省广州市荔湾区人民法院依照《最高人民法院关于审理建筑物区分所有权纠纷案件具体应用法律若干问题的解释》第七条，《中华人民共和国物权法》第七十条、第七十一条、第七十六条第一款第七项，《中华人民共和国民事诉讼法》第一百四十四条的规定，作出如下判决：

一、自本判决发生法律效力之日，郭某山向方某平支付增设电梯集资款10077元。郭某山支付上述款项后七日内，方某平向郭某山发放大楼的门禁卡，供郭某山搭乘电梯使用；

二、驳回郭某山的其他诉讼请求。

谢某蓉等不服一审判决，提出上诉。

广东省广州市中级人民法院经审理认为：二审争议的焦点为郭某山可否使用案涉电梯。本案中，郭某山作为年近八旬的老年人，确有日常出行使用案涉电梯的客观需要，其使用案涉电梯事项明显不属于《中华人民共和国物权法》第七十六条第一款第七项所规定的有关共有和共同管理权利的其他重大事项，且郭某山作为大楼住户及业主使用案涉电梯并不会导致大楼其他住户或业主使用电梯的合法权利受到损害。谢某蓉等人因郭某山在案涉电梯加装过程中有不同意见导致该工程延误而对其使用案涉电梯有情绪，虽然可以理解，但以此为由拒绝邻里之间的高龄老人在交纳电梯集资费用之后正常使用电梯，并不符合社会主义和谐社会诚信友爱的价值观和《中华人民共和国民法典》第八条“守法与公序良俗”原则。谢某蓉等的上诉请求，事实及法律依据不足，不予支持。

广东省广州市中级人民法院依照《中华人民共和国民事诉讼法》第一百七十条第一款第一项规定，判决如下：

驳回上诉，维持原判。

【法官后语】

既有住宅增设电梯，系国家为适应社会经济发展和满足人口老龄化需求而推行的一项便民工程，是提升人民群众获得感、幸福感与安全感的重要举措。

但实践中，由于加装电梯事关不同楼层住户的切身利益，众住户在加装方案、费用分摊、低层业主补偿费等事项上往往难以达成一致，这也导致近年来诉至法院的“增梯”纠纷不断增多。

本案纠纷缘起同楼住户拒绝郭某山在补缴集资款后使用电梯。案件核心争议焦点在于，郭某山是否需经案涉住宅多数业主同意才享有电梯的使用权。对此，应从案涉电梯的物权归属及权利行使条件进行分析，兼以权衡考虑各方主体的利益平衡作出判决。

首先，从案涉电梯的物权归属及权利内容上来看，我国法律规定业主对建筑物内专有部分以外的共有部分享有共有和共同管理的权利。本案中，该住宅的居民在使用案涉电梯出行时将不可避免地使用该栋住宅的公共部分，案涉电梯属建筑物的共有部分，同楼业主对其享有共有和共同管理的权利。但是，与传统意义上的、与大楼同时兴建的电梯不同，目前各业主的权属证中并不包含该加建电梯的梯间面积，即该电梯的共有物权仍未体现。因此，本案中应理解为业主对案涉电梯仅享有使用权和共同管理的权利。

其次，从物权行使的程序性条件来看，依照我国现行法律规定，在涉及建筑物共有和共同管理权利的重大事项时，如制定和修改业主大会议事规则、使用建筑物及其附属设施的维修资金、改建重建建筑物及其附属设施等事项，应当由业主共同决定，即参与表决及同意业主的人数比例应当符合法律规定。在本案中，郭某山使用案涉电梯明显并不属于法律所规定的有关共有和共同管理权利的重大事项，且并不会导致该住宅其他住户或业主使用电梯的合法权利受到损害，故其使用电梯无须经案涉住宅多数业主同意。

但是，因案涉电梯由该住宅业主集资所建，如未出资业主在不出资的情况下无偿使用电梯，有悖公平原则，并不符合公平正义的社会主义核心价值观，故未出资业主要求使用电梯应补缴必要的集资款项。因此，原告须依照原集资方案承担 10077 元的集资款后，方可使用案涉电梯。

本案的裁判结果符合建筑物区分所有制度的规范目的，且充分实现多方利益衡平。建筑物区分所有属于不动产相邻关系的特殊情形，因此在法律适用上应遵循《中华人民共和国民法典》第二百八十八条"有利生产、方便生活、团结互助、公平合理"之处理相邻关系的一般规定，其实际上就是指物的整体经济效能发挥与具体利益衡量两个方面。实践中，人们往往忽略了相互之间客观利益共同体的联结，忽略了享有权利的义务约束，而通过司法裁判的实践理性可以不断地将此种价值理念融入社会以及人们的日常生活之中。

编写人：广东省广州市中级人民法院　李焕　车莉

25

小区业主改变住宅用途须经有利害关系的业主一致同意

——黎某红、邱某芳诉某通信公司建筑物区分所有权案

【案件基本信息】

1. 裁判书字号

广西壮族自治区贵港市中级人民法院（2021）桂08民终2556号民事判决书

2. 案由：建筑物区分所有权纠纷

3. 当事人

原告（被上诉人）：黎某红、邱某芳

被告（上诉人）：某通信公司

【基本案情】

某通信公司是贵港市覃塘区某小区16幢102号房的业主，黎某红、邱某芳分别是该小区16幢202号房和302号房的业主，不动产所有权证用途均为市场化商品房。黎某红、邱某芳与某通信公司系同一单元上下楼层的邻居关系。2020年，某通信公司将某小区16幢102号房作为综合数据机房，2021年7月

将该房屋内的光纤传输机器设备开始投入使用，导致黎某红、邱某芳房屋室内温度高热，地板潮湿渗水，同时产生噪声，对其的居住和生活造成了一定影响，黎某红、邱某芳多次要求某通信公司停止使用光纤传输机器设备、恢复原住房性质、消除安全隐患，经社区居民委员会及物业公司调解，黎某红、邱某芳坚持要求某通信公司拆除该机房的机器设备，恢复住宅用途，但某通信公司不同意拆除、搬出涉案机器设备，只同意进行降噪、隔音、降温、加强维护等整改措施，双方各持己见，调解未果。后某通信公司自行进行部分整改，更换使用两台普通家用空调进行降温，原使用的大功率空调已停止使用，原使用大功率空调时对黎某红、邱某芳房屋产生的室内温度高热，地板潮湿渗水现象已基本消失，空调压缩机运转产生的噪声也降低。某通信公司将该房屋改装为机房并未向业主委员会、物业公司和社区申请、登记备案。

【案件焦点】

1. 本案的案由为相邻关系纠纷还是建筑物区分所有权纠纷；2. 某通信公司在讼争房屋内放置光纤传输机器设备等行为是否属于将住宅改变为经营性用房；3. 黎某红、邱某芳主张的损失赔偿5000元是否有事实及法律依据、应否支持。

【法院裁判要旨】

广西壮族自治区贵港市覃塘区人民法院经审理认为：关于第一个争议焦点，本案的案由为相邻关系纠纷还是建筑物区分所有权纠纷？《中华人民共和国民法典》第二百七十九条规定："业主不得违反法律、法规以及管理规约，将住宅改变为经营性用房。业主将住宅改变为经营性用房的，除遵守法律、法规以及管理规约外，应当经有利害关系的业主一致同意。"本案黎某红、邱某芳就是以该法律规定为依据，主张某通信公司将涉案房屋由住宅性质改变为商业用途，且未经有利害关系的业主同意，双方遂发生纠纷而诉至法院，故本案的案由应定为建筑物区分所有权纠纷，而非相邻关系纠纷。

关于第二个争议焦点，某通信公司在讼争房屋内放置光纤传输机器设备并用于通信传输汇聚、通信服务、维护站点的行为是否属于将住宅改变为经营性用房？如果属于将住宅改变为经营性用房，是否需要经过黎某红、邱某芳的同意？黎某红、邱某芳主张某通信公司将涉案的所有光纤传输设备搬离讼争房屋，恢复房屋的住宅用途应否予以支持？法院认为，住宅是指专供个人、家庭日常生活居住使用的房屋。经营性用房是指用于商业、工业、旅游、办公等经营性活动的房屋。两者因用途不同而有本质区别。住宅的用途主要是生活居住，经营性用房的用途主要是经营性活动。本案中，某通信公司将讼争房屋用于放置光纤传输机柜作为数据传输汇聚节点，以建设有线光纤传输宽带网络，解决无线城市综合项目 WLAN（无线宽带局域网）、周边居民小区宽带、固定电话等接入业务的汇聚、交换需求。从其用途可以看出，其购买、使用讼争房屋并不是为了生活居住，而是为了从事经营性活动，因此某通信公司的上述行为属于将住宅改变为经营性用房。依照《中华人民共和国民法典》第二百七十九条“业主不得违反法律、法规以及管理规约，将住宅改变为经营性用房。业主将住宅改变为经营性用房的，除遵守法律、法规以及管理规约外，应当经有利害关系的业主一致同意”的规定，业主将住宅改变为经营性用房，其行为的合法性需要同时满足两个条件：1. 遵守法律、法规以及管理规约；2. 应当经有利害关系的业主一致同意。即使没有违反法律、法规以及管理规约，只要没有经过有利害关系的业主一致同意，将住宅改变为经营性用房的行为的合法性仍不具备。依照《最高人民法院关于审理建筑物区分所有权纠纷案件适用法律若干问题的解释》第十条第一款“业主将住宅改变为经营性用房，未依据民法典第二百七十九条的规定经有利害关系的业主一致同意，有利害关系的业主请求排除妨害、消除危险、恢复原状或者赔偿损失的，人民法院应予支持”规定，某通信公司将涉案住宅改变为经营性用房，应当经过有利害关系的业主一致同意。依照《最高人民法院关于审理建筑物区分所有权纠纷案件适用法律若干问题的解释》第十一条“业主将住宅改变为经营性用房，本栋建筑物内的其他业主，应当认定为民法典第二百七十九条所称‘有利害关系的业主’”的规定，黎某红、邱某芳作为本栋建筑物内的业主，即可认定为有利害关系的业主。某通信公司辩称涉案房屋是存放数据通信汇聚设备的地点，并非经营性用房，从未改变使用性质的意见与事实不符，不予采信。综上，某通信公司在讼争房屋内放置光纤传输机器设备并用于通信传输汇聚、通信服务、维护站点的行为属于将住宅改变为经营性用房，该行为未经有利害关系的业主一致同意，应承担相应的民事责任。

关于第三个争议焦点，黎某红、邱某芳主张某通信公司赔偿其损失 5000 元是否有事实及法律依据、应否支持？黎某红、邱某芳主张某通信公司赔偿其损失 5000 元，但并未提供证据证实其实际损失情况及损失数额，其该主张依据不足。某通信公司在讼争房屋内放置光纤传输机器设备并用于通信传输汇聚、通信服务、维护站点的行为，在整改前确实造成黎某红、邱某芳住宅内温度高热，地板潮湿渗水，同时产生一定的噪声，对黎某红、邱某芳的生活质量造成一定的影响，黎某红、邱某芳为消除或减少影响需增加空调和其他降温、除湿设施用电量，增加消费支出，故酌情由某通信公司赔偿黎某红、邱某芳损失 2000 元。对黎某红、邱某芳主张超出部分不予支持。

广西壮族自治区贵港市覃塘区人民法院依据《中华人民共和国民法典》第二百七十九条，《最高人民法院关于审理建筑物区分所有权纠纷案件适用法律若干问题的解释》第十条第一款、第十一条的规定，判决如下：

一、某通信公司将贵港市覃塘区某小区 16 幢 102 号房的所有光纤传输设备搬离该房屋，恢复房屋的住宅用途；

二、某通信公司赔偿黎某红、邱某芳损失 2000 元。

某通信公司不服一审判决，提起上诉。

广西壮族自治区贵港市中级人民法院认为：根据黎某红、邱某芳的一审诉讼请求以及双方当事人之间的法律关系，一审法院将本案定性为建筑物区分所有权纠纷是正确的，某通信公司主张本案属于相邻关系纠纷，理由不成立，法院不予采信。某通信公司未经有利害关系的业主同意在涉诉房屋内安装光纤传输机器等通讯设备，其最终目的是从事经营性活动，以收取通信费用，为其公司产生经济收益，一审判决认定其改造涉案房屋的行为属于将住宅改变为经营性用房是正确的，某通信公司主张涉案房屋用途属于服务型用房而非经营性用房，缺乏事实依据，法院不予支持。从现场情况来看，某通信公司在涉案房屋内放置了通信设备及空调等，其虽然将专用空调更换为家用空调以消除黎某红、邱某芳房屋地板凝结水珠的问题，但危及涉案住宅楼内其他住户安全的因素不只是空调发热的问题，还有噪声、用电、消防等方面的隐患因素，因此一审判决某通信公司将所有光纤传输设备搬离涉案房屋以恢复房屋的住宅用途是正确的，法院予以维持。某通信公司主张其在自有房屋内放置通讯设备符合国家规定而不应搬离，依据不足，法院不予支持。

广西壮族自治区贵港市中级人民依照《中华人民共和国民事诉讼法》第一百七十条第一款第一项之规定，判决如下：

驳回上诉，维持原判。

【法官后语】

本案的争议核心是某通信公司在涉诉房屋内安装光纤传输机器等通讯设备的行为系将住宅性用房改变为服务型用房或是经营性用房，属于相邻纠纷还是建筑物区分所有权纠纷问题。

本案中案由的定性问题，建筑物区分所有权的很多原理已体现在了相邻权的法律法规中。如果当事人选择不动产相邻权为诉因，要求排除妨碍，根据诉因的可选择性原则，法院可以相邻纠纷为案由进行审理。如果当事人选择建筑物区分所有权为诉因，法院也可以建筑物区分所有权纠纷为案由。黎某红、邱某芳依据《中华人民共和国民法典》第二百七十九条进行起诉，即当事人在民事诉讼中依照自己的意志安排和支配自己的民事权利、诉讼权利。

关于建筑物区分所有权的基本内容。业主的建筑物区分所有权是物权上一项重要的不动产权利，是高层或者多层建筑物产生，并在一栋建筑物存在多个所有权人后出现的物权种类。建筑物区分所有权一般是指数人区分一建筑物而各有其专有部分，并就共有部分按其专有部分享有共有的权利。业主是指享有建筑物专有部分所有权的人。

关于建筑物区分所有权业主的义务。遵守法律、法规以及管理规约是居住于建筑区划内的业主应当履行的最基本的义务，对此《中华人民共和国民法典》第二百八十六条、第二百八十七条作了明确规定。第二百八十六条规定，“业主应当遵守法律、法规以及管理规约，相关行为应当符合节约资源、保护生态环境的要求。对于物业服务企业或者其他管理人执行政府依法实施的应急处置措施和其他管理措施，业主应当依法予以配合。业主大会或者业主委员会，对任意弃置垃圾、排放污染物或者噪声、违反规定饲养动物、违章搭建、侵占通道、拒付物业费等损害他人合法权益的行为，有权依照法律、法规以及管理规约，请求行为人停止侵害、排除妨碍、消除危险、恢复原状、赔偿损失。业主或者其他行为人拒不履行相关义务的，有关当事人可以向有关行政主管部门报告或者投诉，有关行政主管部门应当依法处理”，第二百八十七条规定，“业主对建设单位、物业服务企业或者其他管理人以及其他业主侵害自己合法权益的行为，有权请求其承担民事责任”。上述规定表明，对建筑区划内侵害他人合法权益的行为处置的办法有三：一是业主大会、业主委员会依照法律、法规以及管理规约的规定，要求其停止侵害、消除危险、排除妨碍、赔偿损失；二是受到侵害的业主个人依据民事诉讼法等法律的规定，向人民法院提起诉讼；三是共同受到侵害的业主，推选代表人，依据民事诉讼法等法律的规定，向人民法院提起诉讼。

对于建筑物区分所有权纠纷与相邻纠纷两者的区别在于，权利性质不同，主体、客体及内容也不一样，前者是因为小区业主购买房屋所获得的专有部分和共有部分的所有权，具有绝对性、相对排他性、完全性、永久性，是独立的物权。后者主要是因为生产生活需要所产生的。在相互毗邻的不动产（包含建筑物）所有人或使用人之间，任何一方为了合理行使其所有权或使用权，享有要求其他相邻方提供便利或是接受一定限制的权利。相邻权实质上是对所有权的限制和延伸，只能在两个以上的权利主体之间发生，客体是相邻各方提供的便利，而不是相邻的财产，具有从属性，即随不动产（包含建筑物）所有权或占有、使用权的设立、变更、终止而设立、变更、终止。

那么，业主如将住宅用房改变为经营性用房应满足什么条件呢？在本案中，某通信公司在讼争房屋内放置光纤传输机柜作为数据传输汇聚节点的行为，主要作用是以建设有线光纤传输宽带网络，解决无线城市综合项目 WLAN（无线宽带局域网）、周边居民小区宽带、固定电话等接入业务的汇聚、交换需求，以收取通信费用为公司营利为目的，因此，应认定为上述行为属于将住宅改变为经营性用房。只要住宅用房改变为经营性用房，则应当按照《中华人民共和国民法典》第二百七十九条的规定进行处理。即业主将住宅改变为经营性用房的，要满足两个条件，除遵守法律、法规以及管理规约外，还应当经有利害关系的业主一致同意，即使没有违反法律、法规以及管理规约，只要没有经过有利害关系的业主同意，将住宅改变为经营性用房的行为的合法性仍不具备。

编写人：广西壮族自治区贵港市覃塘区人民法院　韦静

26

"住改商"侵权的认定处理

——徐某华诉某通信公司上饶市分公司、某通信公司广信区分公司建筑物区分所有权案

【案件基本信息】

1. 裁判书字号

江西省上饶市中级人民法院（2021）赣 11 民终 2421 号民事判决书

2. 案由：建筑物区分所有权纠纷

3. 当事人

原告（被上诉人）：徐某华

被告（上诉人）：某通信公司上饶市分公司、某通信公司广信区分公司

【基本案情】

某通信公司上饶市分公司与某通信公司广信区分公司均系某通信公司的分公司，经营通信等业务。2011 年 12 月，某通信公司上饶市分公司购买了某小区 33 号 2 幢 2 单元 201 室。2012 年某通信公司上饶市分公司将该房交由某通信公司广信区分公司用作数据传输、宽带、大客户汇聚的无人值守机房（2015 年启用使用至今）。机房里面设施有空调、传输设备、蓄电池、电源开关等。某小区 33 号 2 幢 1 单元 202 室的所有权人系徐某华。该房与前述用作机房的住宅隔墙不同单元。两房的规划用途均为住宅。某通信公司上饶市分公司住宅用作机房未履行规划变更手续，也未征得利害关系业主同意。为此，某小区部分业主（包括徐某华）不断提出诉求，曾向某通信公司递交联名信，以改变用途、辐射、噪声影响居民生活为由等要求其将机房搬出小区。2017 年 10 月 19 日环境保护局作出书面答复意见书，认为：1. 经检测机房运行噪声和辐射均符合国家环保标准。2. 改变居住用房为商业用途的情形，不属环保主管部门管辖。庭审中某通信公司上饶市分公司抗辩相关利害关系业主对“住改商”知晓但并未提异议。

【案件焦点】

1. 将住宅用作通信机房，是否属于“住改商”；2. 能否推定利害关系人同意。

【法院裁判要旨】

江西省上饶市广信区人民法院经审理认为：通信机房运行系通信经营活动的一部分。将住宅改用作通信机房，属于《中华人民共和国民法典》第二百七十九条规定的将住宅改变为经营性用房的“住改商”行为，应当取得有利害关系的业主一致同意。同意原则上应以明示方式作出，在利害关系人持续信访的情形下，也不应推定其同意。

江西省上饶市广信区人民法院依照《中华人民共和国民法典》第二百七十九条，《最高人民法院关于审理建筑物区分所有权纠纷案件适用法律若干问题的解释》第十条、第十六条之规定，判决如下：

某通信公司上饶市分公司、某通信公司广信区分公司于本判决生效后六十日内拆除位于上饶市广信区某小区2幢2单元201室的光纤、宽带传输设备，恢复房屋的住宅用途。

某通信公司上饶市分公司、某通信公司广信区分公司不服一审判决，提出上诉。

江西省上饶市中级人民法院同意一审法院的裁判意见，依照《中华人民共和国民事诉讼法》第一百七十条第一款第一项规定，作出如下判决：

驳回上诉，维持原判。

【法官后语】

在建筑物区分所有的情形下，业主擅自将小区内的住宅房屋改变为餐饮、娱乐等商业经营性用途，称为“住改商”。如何准确适用《中华人民共和国民法典》第二百七十九条并引领社会是摆在司法界的课题。就本案来说存在两处主要争议，也是审判实践中常遇的难点：

1.“住改商”的认定。实践中，“住改商”类型较多，有因生活需要利用住宅开办小卖部、早点铺、理发店，将车库改为棋牌室等；有的只是改变了房屋的使用性质；有的不但改变房屋的使用性质，还改变了房屋的结构。司法实务中对于明显影响小区管理，干扰业主生活的“住改商”情况较为容易认定。而对一些将住宅用作办公、堆放商品等无直接影响的情况，行为人往往提出自己并非“住改商”的抗辩。案涉被告抗辩噪声及电磁辐射达标无影响，其实质是认为自己的行为并非“住改商”。因此认定“住改商”行为是以适用《中华人民共和国民法典》第二百七十九条为前提。究该法条的立法目的就是规范业主之间、业主与小区国家管理之间的关系。故“住改商”认定可分三个层面，第一步从行为人的角度，该物权使用是否超出了其住宅使用范围。住宅的基本功能主要是起居生活、储藏物品等，超出则可能构成物权的妨碍。本案被告自认用于无人值守机房，超出住宅使用范围。第二步从有利害关系专有部分业主角度，作为物权人，享有物权的四大权利，即占有、使用、收益和处分的权利，只要对业主四大权利有影响，包括价值的衍射影响、使用上可能的不便等，就可能构成业主间物权妨碍。该妨碍是否现实存在在所不论，也即达到可能影响标准即可。虽然被告提供证据证明了设置机房不会造成噪声及电磁辐射影响，但设置机房可能对原告房屋的出卖价值等产生诸多无形的影响，构成无权妨碍。第三步从社区管理城市规划角度考量。将住宅房屋改为通信机房，机房的维护人员及设备进出无疑会伤害小区居民的生活安宁，容易引发纠纷，也是对社区管理和统一规划的挑战。改革开放以来，随着我国的经济能力、规划能力不断地提升，通信设施的建设已经无须依赖破坏住宅小区居民生活安宁且易引发纠纷的方式进行。司法实务理应顺应这一社会发展状况，作出适当的指引。因此，应认定本案被告的行为系“住改商”行为。

2.“住改商”“一致决”的认定。有利害关系的业主的一致同意是“住改商”行为的限制性条款。在建筑物区分所有的情形下，多数情况下采用“多数决”来决定某些事项，而之所以对“住改商”行为提高到“一致决”程度，系因现实中“住改商”问题不是个案，复杂多样且极易引发纠纷。而“住改商”对小区内卫生、设施、安全、共有资源的使用，对其他业主生活质量的改变等，也是不争的事实。对于住宅小区内，以整体居住为主要目的、个别经营为特殊现象的背景下，对“住改商”采用“一致决”的限制十分必要。那么如何认定有利害关系的业主同意呢？如前所述“住改商”行为对利害关系业主会产生不利影响，该同意实际上是限制而非增进同意人的权利或利益。依照民法基本原理，原则上应当以明示的方式作出，以确保该不利益的承受系其真实意思。通信公司认为利害关系业主知晓但在一定期限未提异议应视为同意的抗辩不能成立。且从徐某华起诉的情况，也可知作为有利害关系的业主之一的原告并未同意。所以某通信公司的“住改商”行为并不符合“有利害关系的业主的一致同意”这一要求，应承担相应的法律后果。

编写人：江西省上饶市广信区人民法院　方文力

27

确定编号停车位的法律性质判定

——彭某云诉某房地产开发公司车位案

【案件基本信息】

1. 裁判书字号

安徽省蚌埠市中级人民法院（2021）皖 03 民终 3092 号民事判决书

2. 案由：车位纠纷

3. 当事人

原告（被上诉人）：彭某云

被告（上诉人）：某房地产开发公司

【基本案情】

2013 年 7 月 5 日，彭某云与某房地产开发公司签订一份《地下车位使用权转让协议》，约定转让的地下车位坐落：地下车位为第 256 号车位，详见附图。该车位不计算具体面积，按照车位现状为准。转让价格为 65000 元，采用分期付款形式支付，即于协议签订时支付 20000 元，在 2013 年 12 月 20 日前支付 25000 元，在 2015 年 3 月 28 日前支付剩余 20000 元。某房地产开发公司应当在彭某云将此款付清后，于 2015 年 5 月 28 日向彭某云交付使用地下车位。协议签订后，彭某云于 2013 年 7 月 8 日、12 月 24 日分别向某房地产开发公司交纳了 20000 元及 25000 元，余款至今未付。后因彭某云发现，双方之间签订的转让协议中约定的地下第 256 号车位旁设置了消防栓和下水道，无法正常使用，多次与某房地产开发公司沟通未果，遂提起诉讼。诉讼中，某房地产开发公司将上述争议车位改为微型车位向外销售。同时，在未征得彭某云同意的情形下，将原第 256 号车位位置予以调整。

【案件焦点】

1. 彭某云是否享有不安抗辩权；2. 某房地产开发公司单方调整第 256 号车位位置，并对外销售是否构成合同目的落空。

【法院裁判要旨】

安徽省蚌埠市蚌山区人民法院经审理认为：彭某云与某房地产开发公司签订《地下车位使用权转让协议》系双方当事人的真实意思表示，不违反法律、行政法规的强制性规定，应属有效，双方均应按约履行。某房地产开发公司所提供的第 256 号地下车位设置了消防栓和下水道，无法正常使用，致使彭某云不能实现合同目的，且双方至今未达成新的协议，故彭某云要求解除合同的诉讼请求法院应予以支持。某房地产开发公司辩称“彭某云未缴纳欠付的 20000 元车位款，车位不能实际交付，所以彭某云无权解除合同”，对此，法院认为，某房地产开发公司所供的第 256 号地下车位无法正常使用，某房地产开发公司亦将该车位改为微型车位向外销售，丧失了履行基础，彭某云作为先履行债务的当事人，在有确切证据证明后续履行债务的某房地产开发公司丧失履行基础，有权行使不安抗辩权，对某房地产开发公司抗辩理由不予采信。至于彭某云要求某房地产开发公司支付自付款之日起的利息，因双方未在合同中对此作出约定，且双方在诉讼前一直协商解决车位事宜，故法院酌定某房地产开发公司应向彭某云支付自起诉之日起即 2020 年 12 月 7 日起至实际付清之日止的利息（以 45000 元为基数），按全国银行间同业拆借中心公布的一年期贷款市场报价利率计算，对彭某云诉请超出的部分不予支持。

安徽省蚌埠市蚌山区人民法院依照《中华人民共和国合同法》第六十八条第一款第四项、第九十四条第四项、第九十六条、第九十七条，《中华人民共和国民事诉讼法》第六十四条第一款之规定，判决如下：

一、解除彭某云与某房地产开发公司于 2013 年 7 月 5 日签订的《地下车位使用权转让协议》；

二、某房地产开发公司于本判决生效之日起十日内返还彭某云车位款 45000 元，并支付利息；

三、驳回彭某云的其他诉讼请求。

某房地产开发公司不服一审判决，提出上诉。

安徽省蚌埠市中级人民法院经审理认为：《中华人民共和国民法典》第五百二十七条第一款第四项规定，应当先履行债务的当事人，有确切证据证明对方有丧失或者可能丧失履行债务能力的其他情形，可以中止履行。第五百二十八条规定，当事人依据前条规定中止履行的，应当及时通知对方。对方提供适当担保的，应当恢复履行。中止履行后，对方在合理期限内未恢复履行能力且未提供适当担保的，视为以自己的行为表明不履行主要债务，中止履行的一方可以解除合同并可以请求对方承担违约责任。本案中，双方在履行合同过程中，彭某云发现合同约定的第 256 号车位设置消防栓和下水道，无法正常使用，有权行使抗辩权，要求某房地产开发公司予以调换。经多次协商，某房地产开发公司仍未予以调换，且在未达成一致意见下，单方调整第 256 号车位位置，并将原 256 号车位调整为微型车位对外销售，合同履行基础已经丧失，彭某云有权要求解除合同，赔偿损失。此外，彭某云一直等待某房地产开发公司采取补救措施，在某房地产开发公司单方调整车位后，行使合同解除权，并未超过法定期限。

安徽省蚌埠市中级人民法院依照《中华人民共和国民事诉讼法》第一百七十条第一款第一项规定，作出如下判决：

驳回上诉，维持原判。

【法官后语】

本案主要涉及对确定编号的车位性质认定问题。这与合同目的是否落空、合同能否继续履行等法律问题密切相关。一种观点认为，车位不属于特定物，属于种类物，开发商可以予以调整。另一种观点认为，一旦确定编号，车位就具有特殊性，类似房屋，开发商单方调整位置，就构成合同目的落空。笔者同意第二种观点，理由如下。

一、确定编号的车位属于特定物

在民事法律关系中，根据物是否具有替代性将其分为特定物和种类物。通说认为，特定物是指具有独立（或称单独、固有）特征或被权利人指定，不能以其他物替代的物。种类物是指具有共同属性（或称物理属性），可以用品种、规格或度量衡加以计算的确定物，如价格相同的大米等，具有可替代性。一定种类物从同类物中分离出来，被确定为法律关系的客体后，它就具有了特定化的物质。[①] 也就是说，当物本身具有一定特征，再被当事人指定之后，就应当认定为特定物，即采取“物本身具有特征+当事人指定”的综合认定标准。车位的面积一般相同，具有一定的共同属性，若未被编号确定，赋予意思表示，应当认定为种类物，完全可以用一个车位替代另一个车位，并不构成合同目的的落空。但若车位被确定编号之后，能将一个车位与另一个车位区分，特别是被双方当事人确定之后，该车位就具有特殊性，属于特定物。符合一定条件的，还可以取得产权证书。本案中，双方当事人在签订合同时，已按照车位布局图，结合自己所住楼层、单元，以及远近距离选择第256号车位，该车位不但被编号确定，且被双方当事人指定，故应当认定为特定物。

二、开发商单方调整位置构成合同目的落空

合同目的不能实现属于解除合同的法定情形。《中华人民共和国民法典》第五百六十二条第一款第四项规定，当事人一方迟延履行债务或者有其他违约行为致使不能实现合同目的，当事人可以解除合同。但何谓“不能实现合同目的”，无论是以前的合同法，抑或新制定的民法典均未予以界定。学界主要有“（严重）影响订立合同所期望的经济利益说”[②] 和“订立合同所追求的目标和基本利益不能实现说”。[③] 实务界更倾向于第一种观点，如《最高人民法院知识产权案件年度报告（2009）》（法〔2010〕173号）中对“合同目的”的定义，就采用此观点。认为合同目的是指合同双方当事人通过合同的订立和履行，期望最终得到的东西、结果或者达到的状态。合同目的通常表现为一种经济利益。实践中，主要采取“违约行为+影响程度”相结合的综合判断法，主要考

---

① 张晓都：《论特定物与不特定物、代替物与不代替物及相关法律问题》，载《现代法学》2000年第22卷第4期。

② 崔建远：《合同一般法定解除条件探微》，载《法律科学（西北政法大学学报）》2011年第29卷第6期。

③ 王利明：《合同法研究》，中国人民大学出版社2015年版，第779页。

虑以下五个要素：第一，违约部分的价值或金额与整个合同金额之间的比例。如果比例大，就认定构成根本违约，反之，则不构成根本违约。第二，违约部分对合同目标实现的影响程度。在某些案件中，尽管违约部分的价值并不高，但对合同目的实现有着重大影响。第三，在迟延履行中，时间因素对合同目的实现的影响程度。如在定期债务中，依照合同性质或当事人的特殊合同目的，不在特定时日或期间履行，即不能达到合同目的的，当事人一方迟延履行时，可以认定为相对人的合同目的无法实现，相对人可以不经催告而直接解除合同。第四，违约的后果及损害能否得到修补。第五，在分批交货合同中，某一批交货义务的违反对整个合同的影响程度。本案中，被双方指定的第 256 号车位，被开发商某房地产开发公司调整为微型车位对外销售。此外，在双方未达成一致意见下，某房地产开发公司单方将其他车位调整为第 256 号车位，应当视为合同约定的特定物已经无法交付，无论从违约行为还是影响程度上判断，合同目的已不能实现，彭某云要求解除合同的诉请，具有事实和法律依据，应当予以支持。

编写人：安徽省蚌埠市中级人民法院　郜永林

28

认定交付规划共有停车位的数量应以工程规划验收合格和物业移交依据为准

——某业委会诉某房屋建设开发公司、某实业公司建筑物区分所有权案

【案件基本信息】

1. 裁判书字号

四川省成都市中级人民法院（2021）01 民终 6971 号民事判决书

2. 案由：建筑物区分所有权纠纷

3. 当事人

原告（上诉人）：某业委会

被告（被上诉人）：某房屋建设开发公司、某实业公司

【基本案情】

2007 年 3 月 16 日，某房屋建设开发公司、某实业公司开发建设的某小区竣工取得《建设工程规划验收合格证》，该合格证载明：车库负一层，建筑面积 6801.4 平方米；物管用房 1 层，建筑面积 264.23 平方米；门卫室 1 层，建筑面积 33.7 平方米等。历经 3 期物业公司服务，在最初移交的物业清册中均包含住宅、地面车位 110 个（含小区内地面车位 61 个、小区外地面车位 49 个）、地下车位 302 个、物业用房和门卫室、成品垃圾用房等。在后期服务中，小区外 49 个车位，经临近住户业主同意，以及向全体业主公示无异议后，保留 12 个车位，将其他 37 个地面车位改为公共绿化带，随后也陆续在小区内有新增补充。保留的 12 个车位后经小区业委会同意后因辖区政府整体打造环境而取消；小区的地下停车位 302 个，实际投入使用的包括平面停车位 59 个和下层机械车位 99 个，但全部上层机械车位和个别下层机械车位始终未投入使用。2019 年，某业委会代表小区业主向法院起诉维权，请求按小区规划设计恢复小区外规划地面停车位，交付小区内不足的停车位和垃圾用房，以及赔偿相应的经济损失。

【案件焦点】

某房屋建设开发公司、某实业公司是否按规划设计的要求交付了相应的地面停车位、地下停车位及相应的物业，其是否应赔偿某业委会相应损失。

【法院裁判要旨】

四川省成都市锦江区人民法院经审理认为：1. 关于停车位。某房屋建设开发公司、某实业公司系联合开发某小区，于 2007 年 3 月 16 日竣工验收，并

于 2007 年 11 月 28 日办理竣工验收备案，且该小区的住宅、商业早已办理了产权证书，故某房屋建设开发公司、某实业公司已按规划设计要求进行了项目开发建设，包括诉争的地面停车位、地下停车位及物业管理用房等在内的配套设施均已通过竣工验收并合格。根据某实业公司与前期物业建业公司签订的《前期物业服务合同》及移交的物业共用设施设备明细，案涉小区竣工交付物业时，某房屋建设开发公司、某实业公司已按规划设计要求交付了地下停车位 302 个（双层机械车位）、地面停车位 110 个以及物业管理用房等共用设施、设备。故某业委会认为某房屋建设开发公司、某实业公司交付的地下停车位数量不够的理由不能成立。实地勘测地面停车位已经历任物业公司管理后，原有车位因市政建设和小区内规划调整，已不能一一对应，某业委会对此予以知晓并盖章确认。某业委会现依据地面停车位的现状和现任物业公司出具的情况说明，而认为某房屋建设开发公司、某实业公司交付的地面停车位数量不够，并认为交付的部分车位面积不符合标准的理由不能成立。2. 关于垃圾用房。本案中，双方当事人提交的图纸所载明的“经济技术指标”中“其他用地面积 652. 51 平方米（门卫、垃圾用房等）”并非为建筑面积，且“其他用地面积”并非仅包含门卫、垃圾用房的用地面积，案涉小区的《房产测绘成果报告》《建设工程规划验收合格证》均未载明垃圾用房的建筑面积，故某业委会认为某房屋建设开发公司、某实业公司未交付的垃圾用房建筑面积为 618. 81 平方米的理由不能成立。某业委会现依据小区现状以及其提交的图纸，认为某房屋建设开发公司、某实业公司将垃圾用房改为商业用房而未交付的理由不能成立。

四川省成都市锦江区人民法院依照《中华人民共和国民事诉讼法》第六十四条第一款、《最高人民法院关于适用〈中华人民共和国民事诉讼法〉的解释》第九十条之规定，作出如下判决：

驳回某业委会的诉讼请求。

某业委会不服一审判决，提起上诉。

四川省成都市中级人民法院同意一审法院裁判意见，依照《中华人民共和国民事诉讼法》第一百七十条第一款第一项规定，判决如下：

驳回上诉，维持原判。

【法官后语】

该案系建筑物区分所有权纠纷案件中非常具有代表性的案件，既包含对法定情形的认定，也涉及对市政建设环境变化带来的问题的认定。此类案件关系业主正常生活出行的切身利益，圆满地处置此类案件涉及的社会矛盾纠纷对于推动社会治理法治化进程非常具有现实意义。下面我们从此案的诉辩争议焦点展开评议。

1. 关于车位及公用设施是否按规划设计交付使用的问题。《中华人民共和国民法典》第二百七十一条规定了业主对建筑物以内、经营性用房等"专有部分以外的共有部分享有共有和共同管理的权利"；第二百七十四条规定"建筑区划内的其他公共场所、公用设施和物业服务用房，属于业主共有"；第二百七十五条明确了"占用业主共有的道路或者其他场地用于停放汽车的车位，属于业主共有"。规划设计是该案确定争议车位和共有设施数量、面积和布局的前提，一审承办人遵循证据的客观性，首先确定了双方提交的日期相对靠后的《总平面布置图》作为认定规划设计的基础依据，其次依据《建设工程规划验收合格证》、历任物业服务公司的服务合同和移交清册等形成的证据链，认定交付使用的车位数量和公用设施达到了设计规划要求，也满足了业主的使用需求。二审法院认同一审审理结论的同时，进一步阐明了该案涉及的小区外停车位不属于建筑区划内的部分，并非业主的共有财产，相关争议不属于案件的审理范围。

2. 关于相对规划设计发生变化的车位问题。在双方争议焦点中涉及的车位变化和新增的问题，主要分为两类，一是小区内部规划发生位置变化的情况，二是市政建设占用引发变化的情况。为此一审承办人专门组织实地勘测，掌握了实际车位和垃圾用房的使用情况，并且通过调查走访获得的政府关于综合整治街区的相关文件，某业委会对此予以知晓并盖章确认停车位现已改造为街面道路的证据，以及小区内改造绿地已征求业主同意的证据等，认定诉争车位的事实并不存在，成为驳回诉讼请求的重要基础，也得到二审法院审理的认同。

3. 关于车位共有和管理的问题。该案的发生基于小区的车位建设布局发生变化与业主停车需求增长之间的矛盾。《中华人民共和国民法典》第二百七十五条规定“占用业主共有的道路或者其他场地用于停放汽车的车位，属于业主共有”，当共有权利发生变化，应当有业主知情的前提，这是维护业主合法利用小区共有权利的重要环节，该案车位的改建或占用为绿地均有市政建设文件，或小区公示业主无异议结果支持，并且还有某业委会确认知晓并盖章的佐证，故对于反悔自身同意变更的权利，自然丧失胜诉的机会。

编写人：四川省成都市锦江区人民法院　何理

29

收集个人信息应以合法合理为限度

——许某华诉某业委会等业主共有权案

【案件基本信息】

1. 裁判书字号

江苏省苏州市中级人民法院（2021）苏05民终6850号民事裁定书

2. 案由：业主共有权纠纷

3. 当事人

原告（被上诉人）：许某华

被告（上诉人）：某业委会

被告：某服务公司苏州分公司、某服务公司

【基本案情】

2020年4月16日，某业委会发布公告，主要内容：业委会决定开始恢复公共收益的发放，分配原则为按每户房产证登记的建筑面积6元/平方米进行现金发放，发放从2020年4月18日开始，直到发完为止，收益的发放地点在物业服务中心，委托物业进行发放，请业主领取时务必带上本人房产证原件和本人身份证原件，现场核对无误后方可发放，原则上不得代领，如情况特殊需代领必须携带房主身份证原件和房产证原件以及代领人的身份证原件。

2020年4月19日下午，许某华携带身份证原件、房产证原件到物业服务中心领取公共收益，某服务公司苏州分公司要求留存许某华房产证、身份证复印件，才能发放公共收益。许某华拒绝，故某服务公司苏州分公司未向许某华发放公共收益。某业委会确认其委托某服务公司苏州分公司发放公共收益，并认可某服务公司苏州分公司的上述行为。某小区41幢505室、8幢1501室登记所有权人为许某华、刘某。刘某同意由许某华主张涉案房产的公共收益等。

【案件焦点】

1. 支付公共收益的责任主体；2. 某业委会发放公共收益时是否有权收集业主徐某华的个人信息。

【法院裁判要旨】

江苏省苏州市吴江区人民法院经审理认为：1. 关于支付公共收益的责任主体。物业服务企业或者其他管理人等利用业主共有部分产生的收入，在扣除合理成本之后，属于业主共有。某服务公司苏州分公司系某业委会的代理人，代理人在代理权限内，以被代理人名义实施的民事法律行为，对被代理人发生效力。故某业委会应当向许某华发放公共收益，而某服务公司苏州分公司、某服务公司并非支付公共收益的义务人。2. 关于某业委会发放公共收益时是否有权收集业主徐某华的个人信息。首先，双方表面的争议虽是某业委会是否应支付公共收益及1元钱利息，实则是某业委会是否有权要求许某华提供房产证和身份证复印件。身份证、房产证上记载了许某华的身份证号码、出生日期、住址、房产坐落等信息，属于可以指向特定个人的身份识别性的个人信息，故本案实质的争议焦点涉及个人信息保护的边界问题。涉案纠纷发生于《中华人民共和国民法典》实施前，裁决于《中华人民共和国民法典》实施后。相较于《中华人民共和国民法总则》，《中华人民共和国民法典》对个人信息保护作了更为详尽的规定，在审理本案时可以依据《中华人民共和国民法典》有关个人信息保护的具体规定进行裁判说理。其次，收集、存储、使用个人信息等应当遵循合法性、正当性、必要性原则，不得过度处理。某业委会通过身份证、房产证原件确认业主身份和房屋面积，即可向其发放公共收益。也可根据领款人的签名、签收金额等信息核对公共收益账目。法律法规并未授权业主委员会收集个人信息，其要求业主留存身份证复印件、房产证复印件，违反了处理个人信息的原则。最后，某业委会在发布公告时明确"带上本人房产证原件和本人身份证原件，现场核对无误后方可发放"。某业委会另行要求保存复印件，超出业主合理预期，不符合诚实信用原则。

综上，某业委会以许某华拒绝提供房产证、身份证复印件供其核对为由，不及时支付相应公共收益，违反法律规定。许某华要求支付公共收益及利息，于法有据，法院予以支持。

江苏省苏州市吴江区人民法院依照《最高人民法院关于适用〈中华人民共和国民法典〉时间效力的若干规定》第四条、《中华人民共和国民法总则》第一百一十一条、《中华人民共和国民事诉讼法》第一百四十四条的规定，判决如下：

一、某业委会于本判决生效之日起十日内支付许某华公共收益 1788.24 元及利息 1 元；

二、驳回许某华的其他诉讼请求。

某业委会不服一审判决，提起上诉。

某业委会在上诉期内未缴纳上诉案件受理费，江苏省苏州市中级人民法院依法裁定按某业委会自动撤回上诉处理。

【法官后语】

个人信息是以电子或者其他方式记录的与已识别或者可识别的自然人有关的各种信息。在数字经济时代，个人信息成为关键生产要素，商业价值日益凸显。信息处理活动在给人们生活带来极大便利的同时，也伴随着风险和隐患。保护个人信息与收集个人信息之间冲突的实质，是个人信息收集的限度问题。一般而言，收集个人信息应以合法和合理为限。

一、合法性判断

收集个人信息应当符合相关法律要求，其中最基本的要求是收集行为有法律依据。一是信息主体同意，同意的前提是信息收集公开透明，确保信息主体真正知情。二是法律明确授权。法律另有规定的，收集个人信息无须信息主体同意。对此，《中华人民共和国民法典》第九百九十九条、第一千零三十六条以及《中华人民共和国个人信息保护法》第十三条作了具体规定，本案中，业委会要求留存的证件复印件涉及住所、头像等重要个人信息，不属于《中华人民共和国民法典》明确规定的例外情形，某业委会收集前应获得业主同意。

二、合理性判断

在法律未尽之处，根据正当、必要原则的精神，基于场景化思维考虑收集个人信息的目的、手段、主体预期、影响等因素，判断信息收集是否合理。一是符合正当原则，处理个人信息的目的和手段应当符合正向价值判断。就目的而言，收集个人信息的目的应当限定在特定范围或者类型中，包括增进社会公共利益或合法私人利益等，遵守道德伦理。此外，目的应当具体，尽可能提供足够的细节，不能过于模糊、宽泛、抽象。就手段而言，要求收集个人信息的方式方法符合公众的一般期待及公序良俗要求，不得采用误导、欺诈、胁迫等不诚信方式。二是符合必要原则，在保障信息收集目的之基础上实现对信息主体权益侵扰最轻化。首先，收集个人信息的目的和手段要相关联，符合信息主体的合理预期。其次，满足“最小影响”“最小范围”的要求。在从事某一特定活动时可以收集，也可以不收集个人信息时，要尽量不收集。可以这样，也可以那样收集个人信息时，尽量选择影响最小的方式；收集一般信息即可实现目的的，尽量不收集敏感信息。

信息主体拒绝提供必要个人信息的，信息收集者有权拒绝提供相应服务。另外，作为必要原则对信息收集者的限制，信息主体不提供非必要个人信息的，信息收集者不得因此拒绝提供相应服务或产品，也不得降低标准提供。否则，信息主体因处于劣势地位，将被迫同意对个人信息的超限度收集，从而违背同意规则并架空必要原则。本案中，某业委会另行要求业主提供证件复印件，超出业主基于公告的合理预期，给业主增添不必要的负担。某业委会在发放公共收益时登记业主姓名、门牌号及房产面积等信息，再结合领款签名，足以进行后期核算，没有必要收集识别度高又较为敏感的个人信息。故某业委会的行为不符合正当原则的要求。

总之，个人信息有用，但应取之有道。收集个人信息限度的具象化与实践化对于保障民事主体的个人信息权益至关重要。收集个人信息除符合相关法律规定外，还应满足目的正当、手段正当，且两者之间应具有关联性，以影响最小的方式在最小范围内收集。

编写人：江苏省苏州市吴江区人民法院　沈黎红　刘文豪

30

业主的知情权依法受保护

——朱某金诉某物业管理公司建筑物区分所有权案

【案件基本信息】

1. 裁判书字号

湖北省当阳市人民法院（2021）鄂0582民初891号民事判决书

2. 案由：建筑物区分所有权纠纷

3. 当事人

原告：朱某金

被告：某物业管理公司

【基本案情】

2013 年朱某金向某房地产开发公司购得某小区 4-2-503 室房屋，并取得房屋所有权证。2013 年 10 月 30 日，某房地产开发公司与某物业管理公司签订物业管理合同，由某物业管理公司提供某小区物业管理服务。2020 年 12 月 10 日某小区业主委员会成立，朱某金系该业委会成员之一。2021 年 3 月 27 日，某小区业主委员会与某物业管理公司签订某小区物业服务合同。

【案件焦点】

1. 如何确认业主知情权的内涵，即业主知情权可以查阅哪些内容；2. 业主知情权是否适用诉讼时效的相关规定。

【法院裁判要旨】

湖北省当阳市人民法院经审理认为：根据《物业管理条例》第六条规定，房屋的所有权人为业主，业主在物业管理活动中按照相关规定享有知情权等权利。朱某金系某小区 4-2-503 室业主，依法享有相关权利。根据《最高人民法院关于审理建筑物区分所有权纠纷案件具体应用法律若干问题的解释》第十三条“业主请求公布、查阅下列应当向业主公开的情况和资料的，人民法院应予支持：（一）建筑物及其附属设施的维修资金的筹集、使用情况；（二）管理规约、业主大会议事规则，以及业主大会或者业主委员会的决定及会议记录；（三）物业服务合同、共有部分的使用和收益情况；（四）建筑区划内规划用于停放汽车的车位、车库的处分情况；（五）其他应当向业主公开的情况和资料”的规定，物业费收支情况属于业主知情权范围，而该情况亦属于物业公司管理掌握的内容，因此朱某金有权要求某物业管理公司予以提供，但根据某物业管理公司提供的证据显示，其已经就 2018 年度的物业服务项目收支情况进行了公示，朱某金对此真实性亦予以认可，故对该年度的物业费收支情况朱某金再行要求提供没有事实依据。另外，业主知情权系基于业主所有权人地位取得并享有的固有权利，并非基于合同形成的债权请求权，不应适用诉讼时效的规定，故对某物业管理公司辩称对于公示 2018 年之前的物业费收支情况已过诉讼时效的抗辩意见，法院不予采纳。因此某物业管理公司应向朱某金公示 2015 年度至 2017 年度、2019 年度至 2020 年度物业费收支情况。

湖北省当阳市人民法院依照《中华人民共和国民法典》第二百七十五条、《最高人民法院关于审理建筑物区分所有权纠纷案件具体应用法律若干问题的解释》第十三条、《最高人民法院关于适用〈中华人民共和国民事诉讼法〉的解释》第九十条规定，判决如下：

一、自判决生效之日起三十日内，某物业管理公司向朱某金提供 2015 年度至 2017 年度、2019 年度至 2020 年度物业费收支情况；

二、驳回朱某金的其他诉讼请求。

判决作出后，当事人未上诉，判决已经发生法律效力。

【法官后语】

对于知情权的具体内涵，现行法律、行政法规的规定主要集中在《中华人民共和国民法典》第九百四十三条、《物业管理条例》第六条、《最高人民法院关于审理建筑物区分所有权纠纷案件适用法律若干问题的解释》第十三条中。

所谓业主知情权，是指业主了解建筑区划内涉及业主共有权以及管理权相关事项的权利，是业主对共有部分行使的管理权的必要组成部分。尽管业主行使知情权查询、阅览相关资料时不仅意在了解与其权益有关的事项，而且含有检查监督相关主体行为状况的意图，但是，由于业主的知情权主要是以查阅文件报表或者相关资料的方式进行的，所以，业主的知情权主要表现为业主的查阅权。业主知情权是业主所享有的固有权利，是基于其作为建筑区划内的区分所有人在由全体区分所有人组成的共同体中的成员地位所取得的。由于建筑物区分所有中关于共有部分以及共同管理事项具有不同的形态，业主对某些与其合法权益无关的信息情况没有必要面面俱到地了解，仅对关乎其自身利益或者直接关系全体区分所有人共同利益间接关系其自身利益的事项进行了解即可。同时，尽管业主委员会或者物业管理企业等义务主体负有披露有关信息的义务，但也应有所限制，即仅对涉及业主合法权益有关的信息披露即可，无须事无巨细披露与业主合法权益无关的信息。否则，将因披露范围过大而致披露主体成本过高，负担过重。本案中，就朱某金要求提供的物业收支情况与业主利益相关，属于其他应当向业主公开的情况，应得到支持。

业主知情权是否受诉讼时效的限制。业主知情权基于建筑物专有部分所有权的取得而取得，业主转让建筑物内的住宅、经营性用房，业主知情权作为其对共有部分享有的共同管理的权利亦一并转让。根据《最高人民法院关于审理民事案件适用诉讼时效制度若干问题的规定》的规定，当事人可以对债权请求权提出诉讼时效抗辩，由于业主知情权系业主基于其所有权人地位所取得并享有的固有权利，并非债权请求权，不应适用诉讼时效的规定。

编写人：湖北省当阳市人民法院　何彦卓

31

业主委员会有权要求开发商交付物业服务用房、政务管理用房，但无权对开发商擅自更改规划的行为提起诉讼

——某小区业主委员会诉某置业公司业主专有权案

【案件基本信息】

1. 裁判书字号

山东省潍坊市坊子区人民法院（2021）鲁 0704 民初 1442 号民事判决书

2. 案由：业主专有权纠纷

3. 当事人

原告：某小区业主委员会

被告：某置业公司

【基本案情】

某置业公司是某小区业主委员会所在的潍坊市坊子区某小区的建设单位。

2007年10月23日，某置业公司通过规划局审批。根据2017年12月29日规划局核发的建设工程规划许可证，某小区1#商住楼建设规模8824.44平方米（其中商业1466.24平方米），某小区2#住宅楼建设规模8168.44平方米（其中阁楼469.04平方米），某小区地下车库建筑规模5768平方米，包括地下车库63间，车位25个。2010年7月7日，某置业公司办理房屋所有权证，房屋所有权证记载房屋所有权人为某置业公司，并记载地下车库63间，车位25个。

某小区业主委员会提供临时业主大会决议一份，以证明业主大会决议授权某小区业主委员会提起本案诉讼。某小区业主委员会提供2018年3月7日由业主签名的某小区物业自治办法三十份，以证明自2018年3月某小区业主实行小区物业自治管理。2019年11月10日，某小区业主委员会申请备案登记。某小区业主委员会另提供2019年12月26日由业主签名的某小区业主委员会物业自治管理办法四十八份，以证明物业费的收费标准为住宅楼6楼以下按0.9元/平方米收取，6楼以上按照1.2元/平方米收取，商品房按1.2元/平方米收取，购房未入住的按照70%的标准收取，某小区业主委员会主张某置业公司未出售的房屋应按照70%的标准交纳2018年3月至2020年12月的物业费，合计118828元。

【案件焦点】

1. 开发商某置业公司是否应向某小区业主委员会提供物业服务用房、政务管理用房；2. 某小区地下车位是否属于全体业主所有；3. 某小区业主委员会是否有权要求某置业公司按照规划建设地上停车位、支付物业费等。

【法院裁判要旨】

山东省潍坊市坊子区人民法院经审理认为：根据《物业管理条例》第三十条的规定，建设单位应当按照规定在物业管理区域内配置必要的物业管理用房。《山东省物业管理条例》第十二条规定："物业服务用房的配置应当符合下列规定：（一）建筑面积按照建设工程项目总建筑面积的千分之三至千分之五配置，最少不低于一百平方米；（二）具备水、电、采光、通风等正常使用功能。业主委员会办公用房从物业服务用房中调剂，其建筑面积不低于二十平方米。物业服务用房由建设单位无偿提供，属于全体业主共有。”案涉小区的建筑面积为1.62万平方米，因此某置业公司作为建设单位应提供建筑面积不低于一百平方米的物业管理用房。此外，根据《山东省物业管理条例》第十三条的规定，住宅小区内城管执法、治安管理等政务管理用房的建筑面积不低于五十平方米；住宅小区内的社区居民委员会用房，应当按照规划要求进行配套建设。住宅小区内按照规划配套建设的政务管理用房、社区居民委员会用房和承担义务教育的中小学校，属于政府所有，建设投资由政府承担，具体投资来源应当在项目建设条件意见书中载明。由于某小区业主委员会并未提供证据证明某小区规划了城管执法、治安管理等政务管理用房，对某小区业主委员会要求某置业公司提供政务管理用房的诉讼请求，法院依法不予支持。

关于某小区地下车位98个是否属于全体业主所有问题，根据《中华人民共和国民法典》第二百七十五条第一款的规定，建筑区划内，规划用于停放汽车的车位、车库的归属，由当事人通过出售、附赠或者出租等方式约定。《中华人民共和国民法典》第三百五十二条规定，建设用地使用权人建造的建筑物、构筑物及其附属设施的所有权属于建设用地使用权人，但是有相反证据证明的除外。本案中，某小区业主委员会未提供证据证明双方有关地下车位归属的约定，且某置业公司作为某小区所涉建设用地使用权人，办理了房屋所有权证，房屋所有权证记载了地下车库63间，车位25个，因此某小区业主委员会主张地下车位98个属于全体业主所有，没有法律依据，法院依法不予支持。

关于某小区业主委员会主张某置业公司未按照规划建设地上车位24个的问题，某小区业主委员会应向有关主管部门反映处理，不属于人民法院民事案件受案范围。关于某小区业主委员会要求某置业公司支付物业费，属于物业服务合同纠纷，与本案并非同一法律关系，应另行主张权利。关于某小区业主委员会要求某置业公司交付的竣工验收资料及技术资料等相关文件问题。根据《山东省物业管理条例》第二十七条的规定，“建设单位应当在物业主管部门、街道办事处、乡（镇）人民政府的监督下，按规定向前期物业服务企业移交物业服务用房和下列资料：（一）竣工总平面图，单体建筑、结构、设备竣工图，配套设施、地下管网工程竣工图、分户验收等竣工验收资料；（二）设施设备的安装、使用和维护保养等技术资料；（三）物业质量保修文件和物业使用说明文件；（四）业主名册；（五）物业管理必需的其他资料。前期物业服务企业应当在前期物业服务合同终止时，将物业服务用房及有关资料移交给业主委员会"，庭审中，某置业公司作为建设单位，未提供证据证明其向前期物业服务企业移交了竣工验收资料及技术资料，某小区业主委员会要求某置业公司交付符合法律规定，法院依法予以支持。

山东省潍坊市坊子区人民法院依照《中华人民共和国民法典》第二百七十五条第一款、第三百五十二条，《物业管理条例》第十一条、第十二条、第二十七条、第三十条，《山东省物业管理条例》第十二条、第十三条的规定，判决如下：

一、某置业公司向潍坊市坊子区某小区业主委员会提供建筑面积不低于一百平方米的物业管理用房，于本判决生效后三十日内履行完毕；

二、某置业公司向潍坊市坊子区某小区业主委员会提供某小区的竣工验收资料和技术资料，于本判决生效后十日内履行完毕；

三、驳回某小区业主委员会的其他诉讼请求。

该判决作出后，双方当事人均未上诉，判决现已生效。

【法官后语】

本案主要涉及业主委员会在与开发商的纠纷中应如何依法正确履行职责的问题。随着群众法律意识和维权意识的逐步提高，以及不同业主利益需求的多样化，城市住宅小区内业主委员会起诉物业企业、开发商的案件数量呈逐年上升趋势。业主委员会作为与小区居民关系最为密切的自治组织，在维护全体业主的合法权益，促进社区安定和谐等方面发挥了重要作用。根据《中华人民共和国民法典》的规定，业主委员会应依法设立，以业主委员会名义从事法律行为，具备诉讼主体资格。就业主委员会如何依法正确履行职责的问题，本案主要涉及了以下几个方面：

1. 业主委员会应当依法履行职责，不得从事与物业管理无关的活动。如本案中业主委员会起诉开发商擅自更改规划的行为不属于物业管理活动，因此业主委员会无权对开发商擅自更改规划的行为提起诉讼。

2. 业主委员会是否有权要求开发商交付物业管理用房。按照《物业管理条例》的规定，建设单位在竣工后，应当按照规定向前期物业服务企业移交竣工验收资料及技术资料，并在物业管理区域内配置必要的物业管理用房。物业管理用房依规划定点建造，为区分所有权建筑物管理人进行管理维护业务必须的场所，为业主共有。在建筑物竣工验收交付后，物业管理用房的分割、转移、调整或重新配置，应当由业主共同或业主大会决定。

3. 业主委员会是否有权主张车位所有权归全体业主。小区的车位或车库归属取得应区分以下两种形式：

一是规划车位的权属。《中华人民共和国民法典》第二百七十五条第一款规定："建筑区划内，规划用于停放汽车的车位、车库的归属，由当事人通过出售、附赠或者出租等方式约定。"同时第二百七十六条规定："建筑区划内，规划用于停放汽车的车位、车库应当首先满足业主的需要。"《最高人民法院关于审理建筑物区分所有权纠纷案件适用法律若干问题的解释》第五条第一款规定："建设单位按照配置比例将车位、车库，以出售、附赠或者出租等方式处分给业主的，应当认定其行为符合民法典第二百七十六条有关'应当首先满足业主的需要'的规定。"根据以上法律规定和司法解释，对于建筑区划内，规划用于停放汽车的车位、车库的归属，由开发商和业主协商确定。也就是说在出售之前权属归开发商，出售之后权属归受让业主。本案中业主委员会主张的地下车位所有权即属此种类型。

二是未规划为车位，但占用业主共有区域的车位。《中华人民共和国民法典》第二百七十五条第二款规定，"占用业主共有的道路或者其他场地用于停放汽车的车位，属于业主共有"。第二百八十二条又规定："建设单位、物业服务企业或者其他管理人等利用业主的共有部分产生的收入，在扣除合理成本之后，属于业主共有。"根据上述规定，开发商在建筑区划内，利用业主共有的道路或者其他场地（绿化带、楼顶）设置的用于停放车辆的非规划的车位所有权归全体业主所有，因在这些公共区域停放车辆所产生的收益应归全体业主所有，故业主委员会有权代表全体业主主张上述收益。

综上，业主委员会应严格在授权范围内依法行使职权。实践中由于物业管理活动的复杂性，上述几个方面无法全部涵盖业主委员会的职责，本案例也仅从常见且涉及全体业主的切身利益作为选择案例的出发点，最终判决既在法律规定范围内维护了业主的合法权益，也对业主委员会超越职权、不符合法律规定的诉讼行为给予否定，对今后业主委员会如何依法正确履行职责起到了示范作用。

编写人：山东省潍坊市坊子区人民法院　王锦凤　汤婷婷

（三）业主撤销权纠纷

32

业主行使撤销权的条件

——樊某诉某小区第二届业主委员会业主撤销权案

【案件基本信息】

1. 裁判书字号

湖北省武汉市江岸区人民法院（2021）鄂0102民初2542号民事判决书

2. 案由：业主撤销权纠纷

3. 当事人

原告：樊某

被告：某小区第二届业主委员会

【基本案情】

樊某系某小区业主。2020 年 7 月 27 日，某小区业委会发布《某小区召开业主大会公告》，公告内容载："一、业主大会会议将审议一项议题：因目前合同到期，某小区是否续聘某物业公司物业服务……"因投票过程出现失误，某业委会于 2020 年 9 月 29 日再次发布《某小区召开业主大会公告》，后又因部分业主未投票两次延长投票时间。2021 年 1 月 11 日，该小区业委会发布《某小区业主大会物业续聘投票结果公示》，告知全体业主该小区于 2020 年 10 月 13 日开展业主大会关于某物业续聘投票工作，该工作于 2021 年 1 月 8 日取得圆满结束。由业委会申请，通过全体业主投票，报请某区房管局、某社区批准，现将投票结果公示，公示为期七天。投票结果公示如下：某小区业主大会不同意续聘某物业公司服务。

投票具体结果：

已投户数/总户数：1745/2518　已投面积/总面积（平方米）：197196.41/282953.70						
来源	同意		反对		弃权	
	有效票数	面积	有效票数	面积	有效票数	面积
线上	546	61619.53	903	102689.65	114	12816.08
线下	58	6281.99	110	12375.31	14	1413.85
合计	604	67901.52	1013	115064.96	128	14229.93

樊某认为某业委会决定召开业主大会的程序违法，严重侵害其权益。

【案件焦点】

某小区业委会作出"不同意续聘某物业公司"的决议是否侵害了樊某的合法权益。

【法院裁判要旨】

湖北省武汉市江岸区人民法院经审理认为：樊某虽于 2020 年才办理不动产权登记，但其仍可基于 2013 年的房屋买卖行为获得某小区的业主身份，故樊某具备本案原告主体资格。

业主行使撤销权的前提是其合法权益受到业主大会或者业主委员会决定的侵害，这种合法权益，归根到底是业主对于专有部分有效行使权利及对共有部分进行共同管理的权利，既包括实体权益也包括程序权益。业主大会议事规则是业主大会组织、运作的规程，需要由业主共同决定。本案中，某小区业主大会并未对《某小区业主大会议事规则》进行修改，且议事规则约定的决议通过条件不低于法律规定的标准，因此，《某小区业主大会议事规则》约定的决议通过条件对全体业主有约束力，应严格遵守。某小区业主大会决议解聘物业服务企业应当符合业主大会议事规则规定“经专有部分占建筑物总面积过半数的业主且占总人数过半数的业主同意”的通过条件，某小区业委会在公告中亦明确“如与会业主所持有的投票权未超过本物业管理区域内投票数半数，且与会业主人数未超过全体业主人数半数”的“双过半”决议规则，而某小区业委会在 2021 年 1 月 11 日发布的投票结果显示，某小区物业管理区域总户数为 2518 户（过半为 1259 户）、总面积 282953.70 平方米（过半面积为 141476.85 平方米），不同意续聘户数 1013 户、面积 115064.96 平方米，未达到决议通过条件。即便将弃权票（128 户、面积 14229.93 平方米）计入多数票，仍未达到决议通过条件。某小区业委会作出的《某小区业主大会物业续聘投票结果公示》不符合《某小区业主大会议事规则》的约定，侵害了樊某及其他业主的程序权益。

湖北省武汉市江岸区人民法院依照《中华人民共和国民法典》第二百八十条，《最高人民法院关于审理建筑物区分所有权纠纷案件适用法律若干问题的解释》第一条及《中华人民共和国民事诉讼法》第六十四条第一款、第一百四十二条之规定，判决如下：

撤销某小区第二届业主委员会于 2021 年 1 月 11 日作出的《某小区业主大会物业续聘投票结果公示》。

判决作出后，当事人未上诉，判决已经发生法律效力。

【法官后语】

关于新老物业服务企业交接的业主撤销权纠纷案件数呈现出增长趋势。小区新老物业服务企业涉及的群体范围广，关系着全体业主的切身利益，妥善地处理新老物业服务企业交接有利于维护广大业主的合法权益。

一、业主撤销权纠纷案件中存在的问题

1. 行使业主撤销权的条件不够具体。《中华人民共和国民法典》第二百八十条规定，业主大会或者业主委员会的决定，对业主具有法律约束力。业主大会或者业主委员会作出的决定侵害业主合法权益的，受侵害的业主可以请求人民法院予以撤销。本条对提起业主撤销权的主体及依据作出了规定，但是仍然有待进一步明确：业主合法权益的范围如何？参与表决人数如何确定？这些都是行使业主撤销权应明确的条件。

2. 超期行使业主撤销权。《最高人民法院关于审理建筑物区分所有权纠纷案件适用法律若干问题的解释》第十二条的规定，业主提起撤销权纠纷应当在知道或者应当知道业主大会或者业主委员会作出决定之日起一年内行使。在有的业主撤销权纠纷案件中，业主超过撤销权行使期限向法院起诉的现象较多，造成了司法资源的浪费。

二、业主撤销权的实现路径

1. 扩张解释业主的合法权益。业主的合法权益，是指业主对于专有部分有效行使权利及对共有部分进行共同管理的权利，既包括实体权益，也包括程序权益。实体权益是指业主对专业部分享有的占有、使用、收益、处分权利以及对共有部分享有的成员权。程序权益是指业主享有要求业主大会表决程序合法合规的权益，具体表现为参与表决人数合法、表决比例合法、表决过程和结果公开等程序性要件。本案中，虽然新聘的物业服务企业有可能继续提供良好的物业服务，但是程序权益作为一项独立权益，有其自身价值，以违法程序作出的决议不符合程序正义。对业主合法权益作扩大解释，有利于维护业主的诉权。

2. 参与表决人数应符合表决方式多样化趋势。司法实践中，业主撤销权纠纷案件的争议焦点多为续聘物业服务企业的决议是否应被撤销。选聘和解聘物业服务企业规定于《中华人民共和国民法典》第二百七十八条，选聘和解聘物业服务企业应当经参与表决专有部分面积过半数的业主且参与表决人数过半数的业主同意。《中华人民共和国民法典》第二百七十八条所规定的“参与表决人数”为《中华人民共和国民法典》新增规定，保证了决议体现业主的普遍意志。随着通信手段的发展，表决方式呈现多样化的发展趋势，参与表决人数不仅体现在现场投票表决的人数，还体现为书面委托投票及电话委托投票的业主人数。

3. 综合考量行使撤销权的起算点。业主提起撤销权纠纷应当在知道或者应当知道业主大会或者业主委员会作出决定之日起一年内行使。具体的起算点以业主委员会在小区公告栏等醒目位置张贴表决结果的时间为准，对于业主委员会没有在合理期限内于醒目的位置持续公告表决结果的，可以以物业服务企业向业主催收租金的时间为准，还可以以其他业主向法院起诉的时间为准。总之，具体起算点应从业主委员会是否尽到公告表决结果的义务、业主获取表决结果的成本等多方面因素考虑。

编写人：湖北省武汉市江岸区人民法院　罗松　汪为

33

表决票未向全体业主送达的业主大会决议应被撤销

——罗某媚等诉某小区业委会业主撤销权案

【案件基本信息】

1. 裁判书字号

上海市第一中级人民法院（2020）沪01民终11488号民事判决书

2. 案由：业主撤销权纠纷

3. 当事人

原告（上诉人）：罗某媚等

被告（被上诉人）：某小区业委会

【基本案情】

罗某媚等系某小区的业主，2019 年 12 月 24 日，某小区业委会及某小区业主大会共同出具《某小区业主大会 2019 年第一次全体业主大会决议公告》，主要内容为：本小区全体业主所持投票权共 980 票，共计送达 980 张表决票，符合业主大会会议召开条件。在截止日期前实际收回 329 张表决票，根据《业主大会议事规则》的约定，已送达的表决票，业主在规定时间内不反馈意见或者不提出同意、反对、弃权意见的视为同意已表决的多数票意见。2019 年 12 月 24 日 13 时准时在某小区业委会办公室召开了由业委会、小区居委会（邀请未参与）、房办领导（邀请未参与）、小区业主等参加的会议，现场对表决情况进行了统计，最终业主大会决议如下：1. 通过同意陆某生和邱某增补为本届业委会委员；2. 通过修改某小区管理规约（在原定的选聘物业方式中增加“协议选聘”的方式）的事项；3. 修改小区“三规”（某小区业主大会议事规则，某小区管理规约，某小区维修基金管理规约）中业主在 6 个月内不得以同一内容再提议召开业主大会会议进行表决的事项。罗某媚等以该业主大会决议损害其权利为由诉请撤销该决议。

【案件焦点】

1. 表决票是否向全体业主送达；2. 业主大会决议是否违反议事规则程序。

【法院裁判要旨】

上海市浦东新区人民法院经审理认为：某小区业委会召开的 2019 年第一次业主大会及作出决议的相关程序符合该小区业主大会议事规则。罗某媚等要求撤销涉案业主大会决议，缺乏法律依据。

上海市浦东新区人民法院根据《最高人民法院关于民事诉讼证据的若干规定》第二条规定，判决如下：

驳回罗某媚等的诉讼请求。

罗某媚等不服一审判决，提起上诉。

上海市第一中级人民法院经审理认为：首先，涉案业主大会表决票未向全体业主送达。根据涉案小区议事规则第十一条，非当面送达的表决票必须履行相应的送达程序才能被视为有效送达。某小区业委会未能提供有效的《选票签收表》，其公告行为缺乏前置事实基础，因此，表决票发放行为违反了涉案小区议事规则第十一条的规定。其次，涉案业主大会表决票送达时间违反议事规则。根据涉案小区议事规则第十五条第三项，全部表决票应当于投票日期7日前全部送达，才能视为有效送达。某小区业委会对非当面领取的表决票送达情况进行公告的时间，可以认定并未按照议事规则规定的时间将全体选票送达完毕。最后，关于《某小区关于重新补选业主委员会委员的公告》规定的业主委员会候选人应当“业主年龄在70周岁以下”，其将70周岁以上年龄限制作为相应的禁止性规定，明显于法无据，亦违反了涉案小区议事规则第十九条。

综上，由于业主大会召开程序上的严重瑕疵，而全体业主大会决议程序违反了法律规定及小区议事规则，足以侵害罗某媚等的合法权益，应当予以撤销。

上海市第一中级人民法院依照《最高人民法院关于适用时间效力的若干规定》第一条第二款、《中华人民共和国物权法》第七十八条、《中华人民共和国民事诉讼法》第一百七十条第一款第二项之规定，判决如下：

一、撤销一审民事判决；

二、撤销某小区业主大会2019年第一次全体业主大会决议。

【法官后语】

业主大会或者业主委员会是小区业主对于小区专有部分之外的共有部分行使管理权的方式。由于业主大会或者业主委员会的决议对于全体业主均具有约束力，因此，从《中华人民共和国物权法》到《中华人民共和国民法典》均赋予业主对于侵害业主合法权益的业主大会或者业主委员会的决议撤销的权利。鉴于此类决议确实对于业主影响甚大，而业主的权利意识、法治意识增强，因此，实践中此类纠纷频发。对于此类业主撤销权案件的审理，主要是审查业主大会或业委会决议在实体上是否违反法律、行政法规、业主大会规约，在程序上是否违反法律、行政法规、业主大会议事规则。

对于业主大会决议的程序审查主要集中在该决议的过程是否符合业主大会议事规则。程序的意义在于通过业主享有的程序权利从而使得业主大会决议更令业主接受，为其普遍性约束力具备公正、公平的基础。由于《中华人民共和国民法典》及原《中华人民共和国物权法》对于业主共同决定事项均有表决人数、同意人数的法定要求，而实践中为了促成业主共同决议的达成，防止业主怠于行使权利造成公共事务的停滞的，业主议事规则往往约定：只要该决议的选票已经向业主送达，业主在规定时间内不反馈意见或者不提出同意、反对、弃权意见的，视为同意已表决的多数票意见。本案中的议事规则就是如此约定的。因此，人民法院在审理中需要兼顾公平与效率，既要尊重业主的共同意思自治，又要防止单独业主的程序权利受到侵害，故应当严格审查选票是否已经送达业主，特别是对于送达采用非当面送达而是公告送达的，更是应当审查其前置程序是否曾经送达。本案中，业委会的选票并未向大量的业主送达，而一审法院对该事实的查明与认定，确实明显疏漏，二审法院依法予以纠正。

对于业主大会决议的实体性审查，对人民法院来说应当更加谨慎，由于实体问题涉及业主的自由决定的范围，涉及意思表示自由，除非明显违反法律、行政法规的强制性规定，原则上应当尊重业主自由裁量的权利。本案中，业委会将业委会候选人的年龄限制在70岁以下，明显违反法律的规定，亦违反了涉案小区的议事规则，这种年龄歧视明显使得70岁以上的业主无法享有法律规定的被选举权，应当予以撤销。

编写人：上海市第一中级人民法院　凌捷

34

程序违反法律强制性规定的业委会决定应予以撤销

——林某维、叶某超诉某小区业委会业主撤销权案

【案件基本信息】

1. 裁判书字号

福建省闽侯县人民法院（2021）闽 0121 民初 4646 号民事判决书

2. 案由：业主撤销权纠纷

3. 当事人

原告：林某维、叶某超

被告：某小区业委会

【基本案情】

林某维、叶某超系某小区业主。2021 年 6 月 20 日，某小区业委会作出《某小区物业自治服务分包项目邀请文件》，该文件载明："某小区业委会现将物业服务项目分为：1. 综合管理服务、公共秩序维护类；2. 房屋管理、公共设施设备维修养护、其他公共设施设备修缮类；3. 保洁服务、绿化养护、绿化补植类，向有意承接某小区物业服务相关项目的企业发出邀请，请受邀请企业根据小区现状，提出服务管理的具体措施。小区业委会与监委会及业主代表将根据评分标准择优评选出优质服务企业……"

2021 年 6 月 23 日，某小区业委会作出《某小区物业自治服务分包项目开标结果公示》，该文件详细介绍了某小区物业自治服务分包项目投标情况、考核评比情况及评审结果。

2021 年 7 月 2 日，某小区业委会作出《某小区关于启动物业自治管理的公

告》，载明“业委会经过集体商讨后决定，即日起本小区正式启动物业自治管理，相关工作将按既定计划逐步推进。现正式通告广大业主：自本公告发布之日起，本小区业主的物业服务管理费请及时通过转账或现场方式缴纳至业委会，并持缴费凭证到业委会办公室开具正式税务发票”，同时对物业自治管理期间小区的物业收费标准、物业自治管理期间小区公共区域的水电费用由业委会承担、业委会对公账户、业委会办公室地点作出说明。

林某维、叶某超认为某小区业委会未严格按照《中华人民共和国民法典》《物业管理条例》《福建省物业管理条例》的相关规定召开业主大会，违法作出上述决议和发布上述公告及告示，故请求撤销上述三份文件。

【案件焦点】

1. 业主行使撤销权的对象审查；2. 业委会的决定是否侵害业主合法权益。

【法院裁判要旨】

福建省闽侯县人民法院经审理认为：根据《中华人民共和国民法典》第二百八十条“业主大会或者业主委员会的决定，对业主具有法律约束力。业主大会或者业主委员会作出的决定侵害业主合法权益的，受侵害的业主可以请求人民法院予以撤销”的规定，业主对业主委员会所作的决定行使撤销权的前提是：首先，该决定对业主具有实质上的拘束力，会对业主的权利义务产生直接影响；其次，该决定侵害了业主的合法权益。本案中，林某维、叶某超明确其主张撤销的对象是某小区业委会于2021年6月20日作出的《某小区物业自治服务分包项目邀请文件》、某小区业委会于2021年6月23日作出的《某小区物业自治服务分包项目开标结果公示》、某小区业委会于2021年7月2日作出的《某小区关于启动物业自治管理的公告》。某小区业委会发布的《某小区物业自治服务分包项目邀请文件》《某小区物业自治服务分包项目开标结果公示》本身并不对业主产生实质拘束力，也不对业主权利义务产生直接影响，因此，某小区业委会发布的上述两份文件并不属于法律规定的业主可以请求人民法院予以撤销的业委会决定。某小区业委会发布《某小区关于启动物业自治管理的公告》明确提到“即日起本小区正式启动物业自治管理”，该决定对业主权利义务产生直接影响，林某维、叶某超可就该决定提起业主撤销权诉讼。

关于《某小区关于启动物业自治管理的公告》是否合法，林某维、叶某超提出的撤销理由是否成立。《中华人民共和国民法典》第二百七十八条规定："下列事项由业主共同决定：（一）制定和修改业主大会议事规则；（二）制定和修改管理规约；（三）选举业主委员会或者更换业主委员会成员；（四）选聘和解聘物业服务企业或者其他管理人；（五）使用建筑物及其附属设施的维修资金；（六）筹集建筑物及其附属设施的维修资金；（七）改建、重建建筑物及其附属设施；（八）改变共有部分的用途或者利用共有部分从事经营活动；（九）有关共有和共同管理权利的其他重大事项。业主共同决定事项，应当由专有部分面积占比三分之二以上的业主且人数占比三分之二以上的业主参与表决。决定前款第六项至第八项规定的事项，应当经参与表决专有部分面积四分之三以上的业主且参与表决人数四分之三以上的业主同意。决定前款其他事项，应当经参与表决专有部分面积过半数的业主且参与表决人数过半数的业主同意。”本案中某小区业委会所作出的关于启动物业自治管理的决定，该事项属于《中华人民共和国民法典》中所规定的由业主共同决定的选聘和解聘物业服务企业或者其他管理人事由，需要专有部分面积占比三分之二以上的业主且人数占比三分之二以上的业主参与表决。某小区业委会在作出该决定前未召开业主大会就是否实行物业自治管理进行表决，违反了法律规定，侵害了林某维、叶某超的合法权益，应予以撤销。某小区业委会辩称该份文件并未实施，林某维、叶某超的实体权益未受到侵害，依据不足，不予采纳。

福建省闽侯县人民法院根据《中华人民共和国民法典》第二百七十八条、第二百八十条及《中华人民共和国民事诉讼法》第一百四十四条规定，判决如下：

一、撤销某小区业委会于2021年7月2日作出的《某小区关于启动物业自治管理的公告》；

二、驳回林某维、叶某超的其他诉讼请求。

判决作出后，当事人未上诉，判决已经发生法律效力。

【法官后语】

随着我国城市化进程的发展以及我国法律制度体系的不断完善，近年来涉及建筑物区分所有权案件日益增多，其中典型案例就是业主撤销权纠纷。关于此类纠纷的起因主要是物业服务企业选聘、解聘，物业费用的调整，业主委员会选举、更换，改变共有部分的用途或者利用共有部分从事经营活动等产生。业主撤销权案件的审查涉及主体审查、对象审查、期限审查以及实质审查。现就本案的两个争议焦点进行分析。

第一，业主行使撤销权的对象审查。《中华人民共和国民法典》第二百八十条第二款规定："业主大会或者业主委员会作出的决定侵害业主合法权益的，受侵害的业主可以请求人民法院予以撤销。"该条款中，业主撤销权的对象是业主大会或者业主委员会的决定。笔者认为，业主撤销权要求撤销的决定应同时符合以下条件：1. 特定主体，即该决定系业主大会或业主委员会所作出，其他主体如业主个人、物业公司等所作出的决定则不属于业主撤销权的对象。2. 决定应是具体而明确的，不能概况性要求撤销所有决议或某期间内的全部决议。3. 该决定所涉及的内容不应当局限于《中华人民共和国民法典》第二百七十八条所规定的业主共同决定事项，只要是业主大会和业主委员会就如何行为具有某种主张并将该主张确立为某一可被实施的事项，均有可能成为被撤销的对象。4. 该决定应对业主权利义务产生直接影响，过程性的征求意见稿、公告、通知等由于并未对业主权益产生实质性影响，不应属于业主撤销权的对象。

第二，业主大会或业主委员会所作的决定是否侵害业主合法权益。根据《中华人民共和国民法典》第二百八十条第二款的规定，只有业主大会或业主委员会的决定侵害业主合法权益时，才应被撤销。那么，如何判断是否侵害业主合法权益呢？笔者认为，该法律条款中业主合法权益应涵盖实体性权益和程序性权益，即可分为两类：其一，决定的内容侵害了业主的实体性权益；其二，决定作出程序违反了法律强制性规定。

关于决定的内容是否侵害业主的实体性权益。这里的实体性权益并不能仅局限于业主个人权益本身是否被保护，因为有可能决定不符合业主个人利益，但是却符合业主共同体利益。鉴于现行业主撤销权制度并未将决定效力即决定是否成立、无效和可撤销进行区分，亦未赋予业主申请确认决定是否成立或无效的权利。因此，若决定的内容违反法律强制性规定，或违背公序良俗，或损害公共利益，或侵犯业主专有权及其他实体性权利，业主均可通过行使撤销权保障其实体利益。

关于决定作出程序违反了法律强制性规定。决定作出必须遵循严格的法定程序，体现程序正义。通常，程序作出包括业主委员会召集、法定人数参加、讨论并征求意见、投票表决、计票、唱票、公示结果。住房和城乡建设部制定的《业主大会和业主委员会指导规则》对上述程序均作出详细的规定，国务院颁布的《物业管理条例》也就相关程序进一步规范。而《中华人民共和国民法典》及相关司法解释也就参与表决人数、作出同意人数以及专有部分面积如何计算等作出规定。笔者认为，在这些程序过程中，应对是否属于法律强制性规范进行区分，只有违反法律强制性规范的程序所作出的决定才应被撤销。鉴于目前小区业主大会和业主委员会系民间自治组织，难以具有丰富的法律知识和会议召开的专业技能，不应对业主大会和业主委员会决定的程序性问题过分严苛，否则容易造成整个物业管理区域内大部分业主时间、金钱、精力的浪费，也不利于维护大部分业主的合法权益。在司法实践中，应结合表决票的数量是否合理，是否合理送达，计票方式是否公开透明，表决过程是否由行政主管部门、房屋管理部门、街道居委会或村委会等人员参与监督指导等予以综合认定程序是否侵害业主合法权益。本案中，启动物业自治管理的决定，属于《中华人民共和国民法典》中所规定的由业主共同决定的选聘和解聘物业服务企业或者其他管理人事由。某小区业委会作出该决定前未召开业主大会就是否实行物业自治管理进行表决，程序上违反了法律强制性规定，故应予以撤销。

业主撤销权制度确立的首要现实原因在于，业主大会及业主委员会作出决定的过程系少数服从多数的民主决策过程，在民主决策过程中必然存在事实判断和价值判断，存在个人利益和集体利益的冲突。业主撤销权之诉实质上是平衡个别业主与业主共同体之间利益关系的一种手段，是业主维护自身合法权益的一种有效方式。在审理此类案件过程中，应把握好一个度，既要鼓励、支持业主自治组织的管理，又要通过业主行使撤销权促使管理更为规范有效，以推进社区的和谐管理。

编写人：福建省闽侯县人民法院　陈彬

35

民法典时代业主撤销权司法审查“两步走”

——曾某敏诉某小区第一届业主委员会业主撤销权案

【案件基本信息】

1. 裁判书字号

广东省珠海横琴新区人民法院（2021）粤0491民初1143号民事判决书

2. 案由：业主撤销权纠纷

3. 当事人

原告：曾某敏

被告：某小区第一届业主委员会

【基本案情】

曾某敏是某小区的业主。2019年2月，某小区第一届业主委员会（以下简称某小区第一届业委会）时任主任口头通知聘请案外人程某为专职秘书，任期至同年12月。2020年6月3日，某小区第一届业委会与程某签订《秘书聘用协议》，由某小区第一届业委会聘请程某担任专职秘书，双方约定了聘用期、薪酬待遇。某小区第一届业委会提交的同年12月25日《会议纪要》载明对2019年欠发值班秘书的薪酬按现行月工资的一半补发半年工资10500元。案外人程某曾就薪酬问题提起民事诉讼，珠海市香洲区人民法院判决部分支持了程某的诉讼请求。2021 年 2 月 8 日，某街道办向某小区第一届业委会发出《指导函》，载明某小区第一届业委会未经业主大会表决决定聘用专职人员的行为违反地方性法规规定，要求某小区第一届业委会暂停薪酬支付并进行整改。

【案件焦点】

1. 某小区第一届业委会聘请程某担任专职秘书并发放薪酬的决定程序是否合法；2. 曾某敏作为业主是否有权主张撤销。

【法院裁判要旨】

广东省珠海横琴新区人民法院经审理认为：曾某敏系我国澳门特别行政区居民，根据《最高人民法院关于适用〈中华人民共和国涉外民事关系法律适用法〉若干问题的解释（一）》第十九条之规定，应参照涉外民事关系确定法律适用。该案是业主撤销权纠纷，曾某敏主张撤销的决议及合同履行地、某小区第一届业委会住所地均在珠海市，内地与本案具有最密切联系，故案件适用我国内地法律。

首先，某小区第一届业委会并未举证证实其运行规则、聘用秘书及发放薪酬的决定经过业主大会决定，直至该案法庭辩论终结前也未能补正相关手续。其次，即使某小区第一届业委会提交的运行规则经业主大会通过，其第七十二条关于秘书薪酬的决定权也与法律、地方性法规相抵触，故某小区第一届业委会的行为违反了《珠海经济特区物业管理条例》（以下简称《珠海物业条例》）第四十七条“业主大会和业主委员会专职工作人员薪酬的发放……由业主大会决定”的规定，曾某敏作为业主依法有权申请撤销。

广东省珠海横琴新区人民法院依照《中华人民共和国民法典》第二百八十条、《珠海物业条例》第四十七条规定，判决如下：

一、撤销某小区第一届业委会 2020 年 6 月 3 日与程某签订的《秘书聘用协议》；

二、撤销某小区第一届业委会 2019 年 2 月聘用程某为专职秘书的决定；

三、撤销某小区第一届业委会2020年12月25日《会议纪要》中对2019年欠发程某的薪酬按现行月工资的一半补发半年工资10500元的决定。

宣判后，双方均未提出上诉，该判决已发生法律效力。

【法官后语】

2007年，我国《中华人民共和国物权法》出台，在“业主的建筑物区分所有权”一章中第七十八条第二款确立了业主撤销权制度。2020年出台的《中华人民共和国民法典》第二百八十条关于业主撤销权的规定仍然沿用了《中华人民共和国物权法》的规定。对于业主撤销权的司法审查，应当从实体和程序两方面进行，并依据严重瑕疵和一般瑕疵标准分别审查。

一方面，应当审查程序和内容是否存在严重瑕疵的应当撤销情形。严重瑕疵是指决议程序或内容违反法律、法规强制性规范或公序良俗的无效情形，此时法院应支持业主依法行使撤销权，而无须考量决议其他内容的合法性。本案中，《珠海物业条例》第四十七条规定的立法目的在于限制业主委员会权利过大，谨防其自行决定发放报酬、管理资金进而损害业主公共利益，不可依多数人意思自治随意变更。因而，本案中法院依法撤销违背法律法规且不具正当性的业主决议合理合法。

另一方面，若不存在上述严重瑕疵，则应分别审查内容和程序是否存在一般瑕疵的可撤销情形。其一，决议内容一般瑕疵通常表现为决议内容违反管理规约。基于意思自治原则，业主可自行决定是否主张决议效力瑕疵，法院不宜过度干预。此外，决议内容瑕疵还表现为实质内容显失公平，法院可予以撤销。其二，业主决议程序的一般瑕疵还表现为业主决议程序不合法，在客观上侵犯了部分业主的合法权益，该业主决议应当撤销。当然，如果业主决议程序仅存在部分瑕疵，法院是否支持业主行使撤销权，则应当视具体案情具体分析，以防个人意思自治影响团体法律关系的稳定性。

在业主撤销权的司法审查实践中还应注意把握以下几点：

第一，业主撤销权行使条件既不能无限扩大，又不能设置过多障碍。“侵害业主合法权益”应当包括对业主专有权或专属权利的侵害，不应对业主撤销权行使加以限制。另外，毫无限制的自由将产生损害公共利益的结果，而违反法律法规管理性规定的业主决议效力瑕疵具有补正的可能性，因而应当视情况具体分析是否应当被撤销。

第二，关于行使业主撤销权的法律后果。撤销权的行使将使既存法律关系消灭，根据该被撤销的决定所作法律行为也归于无效。至于被撤销决定所涉及的第三人权益保护问题，应当根据该第三人是否善意而分别处理。若第三人是善意的，则有权在其与业主大会或业主委员会实施的法律行为被确认为无效后，请求业主大会或业主委员会赔偿其信赖利益损失；若第三人为非善意，则无权向业主大会或业主委员会请求损失赔偿。

第三，关于域外主体行使业主撤销权平等保护的问题。一方面，应当解决涉外民事关系中法律选择的问题。《中华人民共和国涉外民事关系法律适用法》（以下简称《法律适用法》）对涉外业主撤销权纠纷的法律适用规则未予规定，因而应当适用《法律适用法》第二条第二款的最密切联系原则进行法律选择。另一方面，应当从整体角度妥善处理业主与业主委员会及业主大会之间的关系，为维护业主自治秩序的稳定性，对业主大会或业主委员会决定进行实体及程序双重审查。

编写人：横琴粤澳深度合作区人民法院　郑恒　许珊珊

36

业主自治权的合法边界在业主撤销权案件中的运用

——邹某文等诉某小区业主委员会业主撤销权案

【案件基本信息】

1. 裁判书字号

上海市闵行区人民法院（2020）沪0112民初36110号民事判决书

2. 案由：业主撤销权纠纷

3. 当事人

原告：邹某文、胡某华、邹某欣

被告：某小区业主委员会

【基本案情】

邹某文、胡某华、邹某欣系某小区22号102室业主，其居住的22号楼西侧建筑垃圾堆放点在诉争业主大会表决前既已存在。

2019年7月、2020年5月18日，邹某文等曾分别向政府部门投诉，认为某小区22号楼西侧建筑垃圾堆放点违法，要求政府部门予以拆除。2020年5月25日，某镇人民政府就系争建筑垃圾堆放点涉嫌损坏绿化一案予以立案。2020年7月7日，某镇人民政府向某物业管理公司出具《责令改正通知书》，内载："经查，你（单位）22号西南侧占用绿化搭建建筑物、构筑物的行为，违反了《上海市绿化条例》第三十七条第一款第四项的规定，依据《上海市绿化条例》第四十五条第一款第一项的规定，本机关现责令你（单位）限期改正，在2020年7月18日9时00分前，作如下整改：恢复原样。"2020年8月4日，某小区业委会在小区公告栏张贴《小区建筑垃圾池改造及河边人行步道太阳能灯安装实施方案的公示》，内载："实施项目名称：小区建筑垃圾池改造。预算资金：18600元。……其他情况说明：1. 建筑垃圾池拟两个地址备选。选址一：22号西侧原建筑垃圾堆放点位；选址二：小区65号西侧大杨树下面……"2020年8月12日，某小区业委会张贴《关于召开某小区业主大会的公告》，该公告还附：工作人员名单公告、表决票样张、小区建筑垃圾池改造和河边人行步道太阳能灯安装报价单。2020年8月20日，因某小区对小区建筑垃圾堆放点事项提交业主大会讨论，某镇人民政府就上述涉嫌损坏绿化案件报案件延期审批并经审批通过。2020年8月28日，因当日统计选票发生偏差，某小区业委会发布《关于召开某小区业主大会的补充公告》，拟于2020年9月1日对统计情况进行公开复核，并择日公告表决情况。2020年9月2日，某小区业委会公示《上海市闵行区某小区业主大会关于小区建筑垃圾池改造及河边人行步道太阳能灯安装会议决定的公告》，公告载明小区全体业主所持投票权数共703票，建筑总面积74167平方米，总计发放703张表决票。2020年8月28日上午9时30分、9月1日下午1时30分先后在小区3号楼二楼会议室公开计票和复核，并将业主大会讨论表决情况予以公告。

通过表决，某小区业主大会依据《上海市住宅物业管理规定》第十八条作出决定：1. 确定小区22号西侧为建筑垃圾堆放点位。2. 同意河边人行步道太阳能灯安装。

【案件焦点】

某小区业主大会就小区建筑垃圾堆放点的决定是否符合法律规定的程序以及是否侵害邹某文等的业主合法权益。

【法院裁判要旨】

上海市闵行区人民法院经审理认为：业主大会作出的涉及小区业主公共利益的决定应当限于法律、法规规定的范围并遵守法律、法规规定的程序。

关于系争决定是否侵害邹某文等的合法权益。本案在行政机关已认定系争建筑垃圾堆放点已违反地方性法规《上海市绿化条例》第三十七条，并责令限期改正恢复原样的情况下，某小区欲通过业主自治权将其合法化，违背公序良俗，亦与普通人最朴素的正义观相悖，业主自治权应有其合法的边界。系争决定通过多数人的“同意”剥夺了系争建筑垃圾堆放点附近的包括原告在内的少数业主，就影响其居住环境的周边绿化被合法保护的权益。虽然从全体业主的共同利益出发，在可能影响部分业主利益时，部分业主应在合理范围内加以容忍，但前述全体业主的共同利益应当以符合法律、法规的范围为限。故法院认定系争业主大会的决定已侵害邹某文等的合法权益。

关于系争决定是否符合法律规定的程序。就计票情况来看，某小区总计发放选票703票，现根据选票统计表计算，“小区建筑垃圾池改造（二选一）”的统计选票总数为709票，“河边人行步道太阳能灯安装”的统计选票总数则为697票。两项决定事项存在6票的计票误差。某小区在实际计票过程中已存在统计偏差而后再行复核计票的情况，然其最终计票结果仍存在错误，可见其计票程序存在明显问题，从而难以保证其计票结果的真实性。据此法院认定系争业主大会的决定尚不符合法律规定的程序。

上海市闵行区人民法院依照《最高人民法院关于适用〈中华人民共和国民法典〉时间效力的若干规定》第一条第二款，《中华人民共和国物权法》第七十六条、第七十八条的规定，判决如下：

撤销上海市闵行区某小区业主大会于 2020 年 9 月 2 日作出的确定小区 22 号西侧为建筑垃圾堆放点位的决定。

判决作出后，当事人未上诉，判决已经发生法律效力。

【法官后语】

本案所涉业主大会决定较为特殊，属事后追认型决定，原先既已存在的 22 号楼西侧建筑垃圾堆放点，在业主大会表决前已被行政机关认定违法，并责令拆除。但该小区欲通过业主大会表决通过的形式使其合法化。然而，业主自治权应当有其合法的边界。本案判决后，被告未上诉。行政部门亦在第一时间拆除了系争建筑垃圾堆放点，包括原告在内的少数业主的合法权益在司法裁判中得到了保护。

在审理业主撤销权案件时，其主要审理思路在于判断业主大会的决定是否符合法律规定的程序以及是否侵害业主的合法权益，且形式审查多于实质审查。故本案审理中曾出现的困境在于：从普通人最朴素的正义观来看，内容违法的决定应予撤销，但普通业主是否享有该项撤销权？

按照《物业管理条例》第十九条的规定，当业主大会决定违反法律、法规时，应由物业所在地的基层行政主管部门行使撤销权。在理解前述条例时，我们认为，就内容违法的撤销权赋予行政机关，其目的在于小区管理中涉及内容违法的事项常与行政规定相关联，行政审核在业主撤销权案件中无法实现，故有待行政机关就其合法性进行审核后才能确认。而本案的特殊之处在于，行政机关已就小区 22 号楼西侧建筑垃圾堆放点违法予以认定，其违法事实并非处于真伪不明的状态。故在此情形下，受业主大会决定影响的少数业主可以其合法权益受损提起业主撤销权之诉。

综合本案的审理，就业主撤销权案件，可提供以下审理思路：

1. 原告主体资格审查中的“诚实性”。根据诚实信用原则及禁止反言原则，在表决时投票赞成或未明确表示异议的业主不享有业主撤销权。但就异议的判断，不仅局限于原告的投票与否，还应综合考虑原告在其他途径提出异议的实际情况。

2. 表决程序审查中的“规则性与灵活性”。表决程序应以形式审查为主，对计票情况及每份投票是否符合业主真实意思不负有深入实质审查的职责。但在形式审查时，还应坚持规则性与灵活性相结合，避免过于机械。“灵活性”体现在轻微的程序瑕疵在不影响计票结果比例真实性的情况下，不宜认为程序不合法。“规则性”则体现在程序存在明显错误时，如本案系争表决事项在经历一次计票错误，二次复核再错误的情况下，已属明显的程序不规范，其计票结果的真实性已无法保障，此时应认定表决程序尚不符合法律规定。

3. 实体权益受损审查中的“合法性与容忍性”。在被表决事项已明确违法的情况下，即使实现“多数决”，仍然不能通过业主自治权使违法事项合法化，合法性是一切业主权益的基础，违法事项导致少数业主权益受损时，该部分业主应可通过业主撤销权对抗“多数人的暴政”。而在合法性得以满足的情况下，从全体业主共同利益及以该利益最大化的角度出发，在可能影响少数业主利益时，则该部分业主应在合理范围内加以容忍。

编写人：上海市闵行区人民法院　庄玲玲

（四）相邻关系纠纷

37

对于违法建筑物可否主张相邻权

——杨某国诉李某兰相邻关系案

【案件基本信息】

1. 裁判书字号

重庆市第二中级人民法院（2020）渝 02 民终 2502 号民事判决书

2. 案由：相邻关系纠纷

3. 当事人

原告（被上诉人）：杨某国

被告（上诉人）：李某兰

【基本案情】

2016 年 6 月 23 日，杨某国（乙方）与杨某华（甲方）签订《房屋购买合同》，双方约定甲方将重庆市城口县葛城街道城岚路××号后楼三间、6 楼一套未办理房产证的房屋（以下简称涉案房屋 1）卖给乙方，预计 150 平方米，每平方米售价为 3000 元，乙方预付订金 200000 元。余款一年内付清，房屋面积按实际面积计算，多退少补。另外花园（地坎）按 1000 元一平方米计算，具体面积按花园实际面积计算。另约定乙方已知购买房屋无产权证，不得要求甲方办理房屋产权证等内容。同日，杨某国通过银行向杨某华转账 200000 元。后杨某国搬进涉案房屋 1 入住。

2019年7月23日，重庆市城口县人民法院拍卖重庆市城口县葛城街道城岚路××号房屋1—5层（以下简称涉案房屋2），拍卖时，拍卖公告中《标的物调查情况表（房屋）》拍品介绍中第3条标的瑕疵及相关情况介绍载明：标的物有权利人搭建的屋顶花园，第6层只能通过第5层出入，根据购买方杨某国提供的《房屋购买合同》显示，第6层房屋建筑面积约150平方米，第5层搭建的屋顶花园及第6层搭建的建筑物合法性及权属问题未明确且不在拍卖范围内。

2019年7月31日，重庆市城口县人民法院作出的《执行裁定书》载明："一、注销被执行人杨某华位于重庆市城口县葛城镇1层房屋原产权证、注销2—5层房屋原产权证；二、被执行人杨某华位于重庆市城口县葛城镇1—5层房屋所有权归买受人李某兰所有，该房屋所有权自本裁定送达买受人李某兰时起转移；三、买受人李某兰可持本裁定书到登记机构办理相关产权过户登记手续。"该裁定已发生法律效力。8月30日，李某兰取得重庆市城口县葛城街道城岚路××号第1层及第2—5层的不动产权证。涉案房屋1、涉案房屋2的上楼通道包含在李某兰房屋产权证内。李某兰取得房屋产权证后，将上楼通道锁闭，致使杨某国无法通行，该通道系上楼的唯一通道。

【案件焦点】

对于违法建筑物可否主张相邻权。

【法院裁判要旨】

重庆市城口县人民法院经审理认为：相邻关系是指相互毗邻的不动产所有人、用益物权人或占有人之间在行使该不动产的所有权、使用权时，因用水、通行、采光等行为而相互间给予便利或接受限制所发生的权利义务关系，不动产的相邻权利人应当按照有利生产、方便生活、团结互助、公平合理的原则，正确处理相邻关系。本案杨某国按相邻关系主张权利，李某兰认为涉案房屋1系违法建筑，杨某国不享有该房屋所有权，也不是该房屋的实际占有使用人，双方不存在相邻关系，但经庭审查明，涉案房屋1虽未办理房屋产权登记，但杨某国作为该房屋的买受人，基于实际的管理与控制形成了占有的事实状态，其作为涉案房屋 1 的占有人，有权按相邻关系主张权利。李某兰取得涉案房屋 2 的所有权后，认为上楼通道包含在其房产证内，故将上楼的唯一通道锁闭，导致杨某国无法通行至涉案房屋 1，毗邻关系的实质是相邻一方的不动产权利在行使时需要扩张至相邻他方的不动产上，相邻他方应当容忍相邻一方不动产权利在行使方面的扩张，甚至需要提供便利。现该通道虽包含在李某兰的房产证内，但杨某国作为涉案房屋 1 的占有人，其基于相邻关系，请求李某兰排除其通行妨害，符合法律规定，予以支持。且杨某国购买涉案房屋 1 在前，李某兰取得涉案房屋 2 的所有权在后，于情于理，李某兰均应当打开共用通道。另李某兰在拍卖取得涉案房屋 2 时，拍卖公告是明确告知了拍卖物的瑕疵的，李某兰明知涉案房屋 1 的存在，仍购买了涉案房屋 2，其应当为杨某国的通行提供便利。对于杨某国购买的涉案房屋 1 是否属于违法建筑，应由行政部门依法认定并且予以处理，本判决并不影响今后有关部门依法对涉案房屋 1 进行定性或作出处理。

重庆市城口县人民法院依照《中华人民共和国物权法》第八十四条、第八十七条、第二百四十五条，《中华人民共和国民事诉讼法》第六十四条的规定，判决如下：

李某兰于本判决生效之日起五日内打开位于重庆市城口县葛城街道城岚路××号房屋一楼的通行通道。

李某兰不服一审判决，提起上诉。

重庆市第二中级人民法院经审理认为：在案涉房屋 1 没有被认定为违章建筑前，杨某国通过买卖的方式取得占有居住案涉房屋 1 的权利，且李某兰拍卖时，明知第 5 层搭建的屋顶花园及第 6 层搭建的建筑物合法性及权属问题未明确且不在拍卖范围内。在案涉房屋 1 没有被认定为违章建筑并拆除前，李某兰应当留出通道供杨某国通行，且留出通道并不影响政府职能部门对案涉房屋 1 是否为违章建筑的认定。

重庆市第二中级人民法院依照《中华人民共和国民事诉讼法》第一百七十

条第一款第一项规定，判决如下：

驳回上诉，维持原判。

【法官后语】

一、原告对于不动产基于占有的事实享有占有利益

在我们的生活实践中，未经城市规划部门的批准而擅自新建、扩建和改建建筑物的情形时有发生。这种建筑属于违法建筑，行为人并不能办理完成相应的不动产产权登记，故行为人不能取得违法建筑的所有权。但违法建筑占有人的合法利益并非不受法律保护。我国法律未对占有进行定义，根据《中华人民共和国民法典》第二十章“占有”的规定，占有系对于不动产或者动产事实上的控制与支配。占有人在主观上具有占有的意思，在客观上形成对物的控制。占有可以是有本权的占有，也可以是无本权的占有，即占有是一种事实状态，而非权利。法律之所以要保护占有，并不一定为了寻求对真正权利的保护，而是因为占有作为一种事实状态体现了财产秩序，占有的现状也构成了一种社会生活秩序，故法律需要维护这种财产秩序和生活秩序的稳定。本案中杨某国向建筑行为人购买涉案建筑物，虽不享有所有权（本权），但由于其实际的管理与控制，也形成了一种占有，对涉案建筑享有法律保护的占有利益，他人不得随意侵犯。

二、原告基于对不动产的占有可以主张相邻权

《中华人民共和国民法典》第七章对相邻关系进行了规定，行为人处理自身不动产时，不应以牺牲相邻方的权益为代价。不动产相邻权的实质是对不动产相邻各方行使不动产所有权或占有、使用权的合理延伸或必要限制。不动产相邻权是由法律所赋予的，它对相邻各方所有权或占有使用权的延伸和限制是法律所允许的，是有关各方的法定权利、义务。《中华人民共和国民法典》第二百九十一条规定：“不动产权利人对相邻权利人因通行等必须利用其土地的，应当提供必要的便利。”这里相邻权利人，不仅包括不动产的所有人，而且包括不动产的用益物权人和占有人。相邻权中要求他方提供必要的便利，这对于获得便利的一方而言，是对其权利的合理延伸，而对另一方而言，则是对权利

的必要限制，因此，应当注意：一是“提供便利”必须以确有必要为前提，如果这种利用不是必须的，权利人经过努力可以自己解决，相邻关系人可以拒绝向其提供便利；二是主张相邻权的一方应当选择给相邻他方造成损失最小的便利方法，必要时还应对所造成的他人损失予以适当补偿。相邻关系中通行权是公民的基本生存权利，在相邻一方的建筑物范围内历史形成的必经通道，权利人不应加以堵塞，以免妨碍相邻他方的生产、生活。本案中，杨某国是否享有相邻通行权，应结合双方房屋修建（占有）时间、通行的目的、通道的历史状况及现状来认定。由于该通道系历史形成，现为杨某国居住建筑物的唯一通道，李某兰应遵循公序良俗原则，为杨某国的通行提供便利。

三、占有人享有相邻权止于违法建筑拆除前

相邻权是两个相邻不动产之间产生的一种权利。相邻关系依附于不动产，不因不动产所有人或者占有人的变更而变更，但不动产灭失的，相邻关系也便不复存在。有观点认为违法建筑应由政府职能部门进行认定及拆除，当事人以享有违法建筑相邻权为由提起诉讼的，不属于法院民事案件受案范围，法院应不予受理。实际上，建筑物是否违建与相邻权被侵是两个法律问题，分属不同法律调整。建筑物毗邻各方当事人享有的相邻权不以建筑物合法为前提，在建筑物未被有关部门依法认定为违法建筑并合法拆除前，其占有建筑的事实状态及居住权应受法律保护，在相邻权被侵时，占有人仍可主张相应权利，但是该种相邻权因建筑物本身的违法性而受到一定限制，如权利人不能要求对方恢复原状（替代性的可以要求对方赔偿损失）。因此，当事人以享有违法建筑相邻权为由提起诉讼属于民事侵权范畴，人民法院应当依法受理以维护占有人的占有利益。本案中杨某国长期在涉案房屋中居住，因对涉案房屋的占有享有一定的合法权益，故在涉案房屋未被有关部门依法认定为违法建筑并合法拆除前，其居住权及相邻通行权应受保护。

编写人：重庆市第二中级人民法院　黄柏成

38

既有住宅加装电梯应把握遵从众意与私益保护间的平衡

——吴某诉王甲等相邻权案

【案件基本信息】

1. 裁判书字号

重庆市第二中级人民法院（2021）渝 02 民终 2590 号民事判决书

2. 案由：相邻权纠纷

3. 当事人

原告（上诉人）：吴某

被告（被上诉人）：王甲、宋某某、李某某

第三人（被上诉人）：陈甲等 17 人

【基本案情】

吴某与王甲等人均系某小区某楼梯房楼栋业主，吴某为一楼业主，王甲及陈甲等人为二楼以上业主。2019 年 11 月 30 日，该楼栋全体业主在《业主书面同意意见》中同意增设电梯，吴某前夫的母亲冉某某也在该书面同意书上签字。嗣后，该楼业主王甲等人作为牵头人向政府有关部门提出了申请。2020 年 1 月 15 日，重庆市某区规划和自然资源局对该楼栋增设电梯事项进行公示，公示期满无人提出异议。重庆某公司接受业主委托，对该增设电梯钢结构安装工程出具《质量安全论证报告》，论证了该工程具有可行性并对原建筑结构无影响。并在当地住房和城乡建设委员会进行备案，取得区规划和自然资源局同意增设电梯的复函。目前电梯已经安装完成，待质检部门验收后即可投入使用。吴某以新增电梯影响其一楼房屋的通风、采光、隐私权利等，要求楼上住户将电梯移位或拆除。

【案件焦点】

既有住宅加装电梯符合程序性要件是否就有修建的正当性。

【法院裁判要旨】

重庆市万州区人民法院经审理认为：某小区某楼梯房增设电梯事项，经过了该单元楼专有部分面积四分之三以上的业主参与表决且取得了参与表决人数四分之三以上的业主同意，并取得了政府相关部门的审批同意，该建设工程程序合法，也符合相应工程建设标准。吴某在工程规划、审批过程中没有提出异议，现工程竣工后也没有提供充分证据证明其采光、通风、通行等权利受到了侵害，故对其诉讼请求法院依法不予支持。吴某作为业主之一，应当本着有利生产、方便生活、团结互助、互谅互让的原则，对其他业主增设电梯的行为更加包容和理解。同样，部分业主在涉及本小区重大事项的决议及实施过程中，也应与其他业主积极沟通、统筹安排，尽量达成共识，共同营造和谐社区。

重庆市万州区人民法院依照《中华人民共和国民法典》第二百七十八条、第二百八十八条、第二百九十一条、第二百九十三条，《中华人民共和国民事诉讼法》第六十四条第一款之规定，判决如下：

驳回吴某的诉讼请求。

吴某不服一审判决，提起上诉。

重庆市第二中级人民法院经审理认为：本案系城区老旧小区加装电梯引发的相邻权纠纷。对于案涉单元楼是否加装电梯，已经该单元楼专有部分面积四分之三以上的业主参与表决且取得了参与表决人数四分之三以上的业主同意，吴某所有房屋 101 室系其婆婆冉某某签字同意。嗣后，经公示，亦已取得区规划和自然资源局、区住房和城乡建设委员会（消防科）等部门会审审批，在区住房和城乡建设委员会进行了备案，并由区规划和自然资源局出具复函。故，一审认定该单元楼加装电梯符合法律规定并无不当，吴某上诉主张违章搭建、占用安全通道等上诉理由不能成立。

吴某系本单元一楼业主，王甲等人系楼上业主，双方系楼上楼下邻里。作为生活在一栋楼的业主，邻里之间应互谅互让，互帮互助。对于是否加装电梯，业主间应充分沟通、协商，充分尊重业主意愿，换位思考，互相体谅。加装电梯后，高层业主居住生活品质必然有所提升，在告别爬楼难的同时，对于一楼业主的理解和支持亦应给予肯定，双方多一些交流和协调，多一分宽容和体谅，共建和谐邻里关系。

重庆市第二中级人民法院依照《中华人民共和国民法典》第二百七十八条、第二百八十八条、第二百九十一条、第二百九十三条，《中华人民共和国民事诉讼法》第六十四条第一款之规定，判决如下：

驳回上诉，维持原判。

【法官后语】

近年来，让高龄高层老人“落地”成为一种社会呼声，鼓励既有住宅加装电梯政策多次写入政府工作报告，可以说，既有住宅加装电梯系政府发挥公共服务职能、改善居民生活环境和提升居民生活质量的良好举措。但是，既有住宅加装电梯，高层住户乐见其成，低层住户的权利或多或少会受到影响，对于该类案件的审理，要秉承以下几个裁判思路：

第一，业主同意表决程序问题。既有住宅增设电梯属于改建建筑物，《中华人民共和国民法典》颁布后，第二百七十八条第一款第七项、第二款规定，改建、重建建筑物及其附属设施，在满足专有面积和人数“双三分之二”业主参与表决的前提下，应当经参与表决专有部分面积四分之三以上的业主且参与表决人数四分之三以上的业主同意。该规定降低了以往《中华人民共和国物权法》中建筑物区分所有权人对其使用共有部分管理权的难度，体现了鼓励“业主自治”的立法导向。本案中，该栋楼全体业主一致在增设电梯书面意见书上签字，一楼业主对于签字不知情的抗辩不能改变电梯增设意见书的程序合法性，况且案涉电梯符合行政法律法规的相关程序。

第二，不动产相邻关系。不动产相邻关系系相邻各方在对各自所有或使用的不动产行使所有权或使用权时，因相互间相邻关系依法应当给予对方方便或接受限制而发生的权利义务关系。既有住宅加装电梯，可能会影响部分业主的通行、采光、噪声、隐私权利，此时，基于不动产相邻关系，必须有部分住户作出让步，将自己排除妨害的相邻权让渡给加装电梯一事，为既有住宅增设众益而放弃部分私益。既有住宅增设电梯的性质属于众益项目而非公益项目，不适用“公共利益优先”原则，需倡导由相邻权人间协商解决，必要时进行适当利益补偿，避免以多数人意志代替少数人意志，多数人的权利使用以牺牲少数人利益为代价的情形出现。

第三，利益平衡与价值引导。相邻关系的意义不仅在于“调和个人所有之利害关系”，而且在于维护正常的社会秩序。相邻关系制度的核心在于对不同权利主体利益的平衡，裁量时必须考虑私权的不可侵原则和侵权行为的社会相当性、合法性、有用性、价值性等。大多数人都生活在住宅中，住宅中的邻里关系构建起社会关系的最小单元，通过地上构筑物的物理相邻关系构筑起社会关系上的生存空间，由每一个和谐相邻关系构筑起良好社会空间。法院的裁量正是需要带着“和谐”“友善”的社会价值观念去引导相邻关系利益平衡矛盾的解决，引导拥有共同空间的权利人通过充分意思自治协商处分自己的权利，共同营造和谐相处的邻里空间。

编写人：重庆市第二中级人民法院　付丽姝

39

居民楼饲养信鸽侵犯相邻权的认定与处理

——傅某1、傅某2诉徐某相邻关系案

【案件基本信息】

1. 裁判书字号

重庆市第一中级人民法院（2021）渝01民终2808号民事判决书

2. 案由：相邻关系纠纷

3. 当事人

原告（被上诉人）：傅某1、傅某2

被告（上诉人）：徐某

【基本案情】

傅某1、傅某2与徐某系楼下楼上的邻居。徐某在其房屋内饲养了十七八只信鸽，并以在阳台及卧室外的空调机位处加装金属防护网和透明塑料板的方式修建了一圈鸽舍；同时在防护网外搭建一个50cm×70cm的金属笼，作为信鸽每天起飞和降落的跳笼。

【案件焦点】

信鸽饲养人养鸽自由与相邻关系人容忍义务的边界认定。

【法院裁判要旨】

重庆市渝北区人民法院经审理认为：本案双方当事人为楼下楼上相邻关系，徐某在其卧室外空调机位处及阳台外搭建鸽舍饲养了十多只信鸽，影响了傅某1、傅某2的生活安宁，并带来一定的卫生问题，傅某1、傅某2请求徐某拆除鸽舍及附属设施，停止在此饲养信鸽以排除对其生活的妨害，并恢复原状，符合《中华人民共和国物权法》第八十四条和第八十九条规定。

重庆市渝北区人民法院依据《中华人民共和国物权法》第八十三条、第八十九条，《中华人民共和国民事诉讼法》第六十四条之规定，判决如下：

一、徐某在本判决生效后十五日内拆除其搭建在某小区13幢14-1号房屋卧室外空调机位处及阳台外搭建的鸽舍及附属设施，停止在此饲养信鸽以排除对傅某1、傅某2生活的妨害，并恢复原状；

二、驳回傅某1、傅某2其他诉讼请求。

徐某不服一审判决，提起上诉。

重庆市第一中级人民法院经审理认为：信鸽活动是一项有益的群众体育项目，不仅国内外有此项目比赛，而且对国防通讯、科学研究、地震预测、生态环境等均有实用价值，故徐某在取得相应资质后饲养信鸽不仅无可厚非，而且值得提倡和鼓励。但其应文明养鸽，尤其是在案涉居民集中聚居的高层住宅楼饲养十几只信鸽，更应当注意处理好相邻关系，避免对邻居的生活安宁造成不必要的妨碍。而徐某在阳台外搭建的跳笼并不符合重庆市体育局、公安局、规划局、市政管理委员会《关于加强信鸽管理的通知》中关于在阳台搭建鸽棚不得超越阳台扶手的要求。同时，虽然徐某享有无偿利用其卧室外空调机位的权利，但应当符合合理需要，不违反法律、法规、管理规约且不得损害他人合法权益。而徐某在本应安装空调的位置加装金属防护网修建鸽舍以及在阳台外搭建跳笼的行为，导致其饲养的十几只信鸽的叫声、起飞声、其清扫该鸽舍产生的噪声等，对傅某1、傅某2的安宁生活造成了较大影响；且十几只信鸽在阳台处掉落的羽毛、粪便以及由此产生的气味等，亦对傅某1、傅某2的正常生活及卫生环境造成了不利影响，超出了相邻关系人应当容忍的必要限度，故应当排除妨碍。

重庆市第一中级人民法院根据《中华人民共和国民事诉讼法》第一百七十条第一款第一项规定，判决如下：

驳回上诉，维持原判。

【法官后语】

据中国信鸽协会介绍，我国各级信鸽协会注册会员已逾40万人[①]。由于信鸽的群居性、需要定时放飞的习性以及发出的叫声、产生的粪便等往往会对相邻关系人的日常生活、环境卫生等造成一定影响，导致相邻权纠纷时有发生。本案折射出的法律问题具有一定典型性和代表性，对处理相邻纠纷案件有一定借鉴作用。

一、相邻关系中的容忍义务

相邻关系，是指相邻近的不动产所有者或者利用者之间，一方所有者或利

---

① 数据来源于中国信鸽协会网：载 http://www.crpa.cn/about-us.html，最后访问日期：2023年4月7日。

用者的支配力和另一方所有者自由力产生冲突时，为调和双方的矛盾以平衡两者的利益，由法律法规直接规范的权利义务关系。[①] 如果说所有权划定了相邻关系中双方权利的静态边界，那么容忍义务则划定了不动产权利人对不动产利用的动态边界，在一定程度上关系到权利的实现。[②] 相邻关系实质上是处理相邻不动产权利人之间提供便利与容忍损害之间的权利义务关系，所以，容忍义务是相邻关系的核心。

《中华人民共和国民法典》在所有权分编中专章规定了相邻关系，以相邻关系限制和延伸所有权人对不动产的适用。不论是《中华人民共和国民法典》第二百八十八条关于处理相邻关系的一般原则，还是第二百九十条、第二百九十一条、第二百九十二条中"提供必要的便利"的表述，以及第二百九十三条、第二百九十五条等条文中"不得违反规定"或"不得危及安全"的表述，均能够反映出容忍义务在我国民法相邻关系中的核心地位。

容忍义务在相邻关系处于核心地位是普遍的法律经验，古今中外概莫能外。但权利的限制和延伸均应有一定的限度，在以容忍义务划定相邻关系人权利的动态边界时，应注意控制容忍义务的合理限度。关于评判容忍义务合理限度的标准，学理上主要有实质性损害标准、过错判断标准和利益衡量标准三种标准：

1. 实质性损害标准。是指以社会正常的、一般人的容忍程度作为判断标准，是一种客观标准，即不考虑主观因素，仅以某种损害是否属于一般人所不能忍受的重大损害为标准。如法国的损害的"异常性"标准、德国的"场所惯行性"理论、日本的"忍受限度"论等。

2. 过错判断标准。是从侵权责任的角度出发，认为若行为人实施某种行为时具有过错，则相邻关系人不负有容忍义务。

3. 利益衡量标准。是指在相邻关系人之间发生利益冲突时，需要通过协调、权衡各种不同利益，以确定需要优先保护哪一种利益，也即德国民法中的"较大利益"原则，也是比例原则的体现。

---

① 史尚宽：《物权法论》，中国政法大学出版社2000年版，第87页。

② 王利明：《论相邻关系中的容忍义务》，载《社会科学研究》2020年第4期。

笔者认为，过错是侵权责任的归责原则，以过错作为相邻权人容忍义务的限度，显然忽略了相邻关系不同于一般法律关系的特殊性。因过错而对相邻不动产权利人造成损害，既然属于侵权行为，则相邻不动产权利人自无容忍之义务，但采用过错标准无法涵盖无过错而对相邻不动产权利人造成损害之情形，况且侵权责任也存在无过错责任。实质性损害标准，虽有利于法律适用统一，但其完全不考虑主观因素，可能对部分特殊案件不能妥当处理。利益衡量被法学家称为法律适用的“黄金方法”，但“利益衡量实质是一种价值判断和选择的主观行为”,[①] 在个案裁判中容易受法官个人主观价值判断的影响，可能会对利益误解误判。故此，在实践中，不应完全割裂上述三种标准，而应注重综合适用，从不同维度合理界定容忍义务的边界。

二、是否拆除鸽棚的审查

饲养信鸽纠纷案件中，原告通常要求判决拆除被告为饲养信鸽而搭建的鸽棚。对此，不应一概而论，而应区分不同情况：

1. 鸽棚搭建（含附属设施）未超出其建筑物专有部分。在建筑物专有部分搭建鸽棚本身并不影响相邻权人的正常生活。搭建鸽棚与饲养信鸽是相互独立的行为，在鸽棚搭建未超出其建筑物专有部分时，原则上对相邻权人要求拆除鸽棚的诉讼请求不予支持。但在鸽棚搭建危及建筑物安全，或造成屋顶漏水等损坏相邻权人合法权益时，应当根据具体情况判决行为人排除妨碍、修理或予以拆除等。

2. 鸽棚搭建超出其建筑物专有部分。《城市居住区规划设计标准》第四章第九条第二款规定，“在原设计建筑外增加任何设施不应使相邻住宅原有日照标准降低，既有住宅建筑进行无障碍改造加装电梯除外”。除前面提到的重庆市《关于加强信鸽管理的通知》外，上海等地区关于信鸽活动管理的文件中也明确，鸽舍及其附属设施不得超出建筑物外墙。据此，鸽棚搭建超出其建筑物专有部分，既违反各地关于鸽棚搭建的规定，也可能因导致相邻建筑物日照标准降低而妨碍其采光和日照。如果受到影响的相邻权人起诉侵权停止侵权的，

---

① 张光宏：《利益衡量中的司法公正》，载《法律适用》2009 年第 1 期。

原则上应判决行为人拆除超出建筑物专有部分的鸽棚。

本案中，徐某居住在居民楼中间楼层，搭建的鸽棚（用透明塑料板封闭的金属防护网）也在阳台外，且占用了空调机位的位置，既违反了重庆市《关于加强信鸽管理的通知》关于在阳台搭建鸽棚不得超越阳台扶手的规定，也违反了《城市居住区规划设计标准》第四章第九条第二款关于日照标准的规定，因此，法院判决其拆除卧室外空调机位处及阳台外搭建的鸽舍及附属设施，并恢复原状。

三、禁止或限制饲养信鸽的审查

法无禁止即自由，我国现行法律并无禁止饲养信鸽的规定。信鸽具有重要的实用价值，在不侵犯相邻权人合法权益的前提下，应当对饲养信鸽行为予以提倡和鼓励。只是在相关饲养行为给相邻关系人造成不利影响时，适当加以限制或禁止其在特定区域饲养，而非直接禁止饲养。但是，现行法中并无关于饲养信鸽的数量标准，法官应当依据《中华人民共和国民法典》关于相邻关系的立法本意、民法精神以及社会妥当性等基本原则，在利益权衡的基础上作出禁止或限制饲养信鸽的判决。具体判断相邻权人对饲养信鸽行为的合理容忍限度，应当考量如下因素：

1. 饲养信鸽所在小区具体情况，包括居民楼数量、居民楼间距、饲养人所在楼层及居民聚集程度等。

2. 饲养信鸽的数量，以及案涉房屋大小、鸽舍位置等。如有的案件中，行为人将鸽舍搭建在厨房阳台位置，或餐厅窗台位置，相比观景阳台可能对相邻关系人造成的不利影响会更大。

3. 饲养的信鸽是否有信鸽协会颁发的足环证，是否按照相关要求定期接种疫苗。

4. 放飞信鸽的时间是否过早或过晚，放飞的次数是否过多，影响相邻关系人的正常休息，是否加装隔音设施减少噪声污染。

5. 饲养人是否对鸽舍定时清扫、消毒，是否采取措施防止信鸽起飞时掉落羽毛或粪便，影响相邻关系人房屋的正常通风、采光、晾晒等；以及是否安装抽风系统减少气味污染。

除此之外，还要审查相邻双方当事人的基本情况，如被告是基于何种理由饲养信鸽，是个人兴趣爱好还是生存需要（依靠饲养信鸽为生）以及原告的年龄、身体健康状况、家庭成员情况（是否有年迈体弱的老人或孕妇、产妇或婴幼儿等）、居家休息时间等，作为准确判断个案中合理限度容忍义务的重要辅助。最终通过衡量各方利益，回归以人为本，实现个案实体正义，实现双方利益最大化。

本案中，徐某系在居民集中聚集的高层住宅楼中饲养约20只信鸽。虽然其信鸽均有足环证，但因其未采取有效措施导致信鸽起飞时掉落的羽毛、粪便以及由此产生的臭味，严重影响傅某1、傅某2房屋的通风、采光；同时，徐某未安装隔音设施，导致鸽子的叫声、起飞声，以及徐某清扫鸽舍的声音等产生的噪声，严重影响傅某1、傅某2的正常休息。本案综合考量上述各种因素，结合徐某搭建的鸽棚超出其建筑物专有部分的事实，仅判决禁止徐某在超出建筑物专有部分饲养信鸽，而未禁止徐某继续在案涉房屋内饲养信鸽，以期在饲养人的养鸽自由与相邻关系人的生活安宁之间找到平衡点。

编写人：重庆市第一中级人民法院　刘念弟　杨红平

40

相邻关系中的个人或集体权利应容忍基于社会公益的合理行为

——某房地产开发公司诉某医院、某医院有限公司相邻关系案

【案件基本信息】

1. 裁判书字号

广东省清远市清城区人民法院（2021）粤1802民初12230号民事判决书

2. 案由：相邻关系纠纷

3. 当事人

原告：某房地产开发公司

被告：某医院、某医院有限公司

【基本案情】

某医院有限公司申请设立某医院，某医院于 2000 年 10 月 23 日被批准成立。2002 年 6 月，根据城市规划局出具的《某医院总体规划平面图》，某医院开始拟建污水处理用房、“太平间”等医院设施。某房地产开发公司建设的某小区楼盘一期从 2017 年 11 月开始动工，2021 年 5 月竣工验收。

据平面图纸以及现场勘查，某医院污水处理用房、“太平间”所处位置现与某房地产开发公司建设的某小区一期毗邻。某房地产开发公司认为某医院、某医院有限公司在未征得其同意的情况下将“太平间”设置在仅邻其建设的居民楼十米的位置，违反了公序良俗，构成相邻侵权关系，请求某医院、某医院有限公司立即停止在“太平间”进行遗体暴露运输、棺木露天摆放及祭奠的行为，并立即停止在毗邻某小区一期的平房设置“太平间”。

【案件焦点】

某医院、某医院有限公司设置“太平间”的行为是否侵害某房地产开发公司及购房者的权益。

【法院裁判要旨】

广东省清远市清城区人民法院经审理认为：据本案《设置医疗机构批准书》《关于变更设置医疗机构批准书有关项目的复函》以及《某医院总体规划平面图》等文件显示，某医院于 2000 年被批准设置、于 2002 年拟建污水处理用房、“太平间”等医院设施，而某房地产开发公司的涉案楼盘从 2017 年 11 月才开始动工，亦即某医院建设在先、某房地产开发公司楼盘动工在后，某房地产开发公司在建设楼盘时必然已经知道该楼盘临近医院，亦必然知晓因临近污水处理用房、“太平间”位置兴建商品房而致可能影响景观美态与销售情况。且从更宏观的社会公益角度而言，生老病死是任何自然人的必经过程，进入该医院治疗的病人是全社会的不特定人，医院进行遗体停放、死者家属在医院范围内抬运遗体和祭拜，也均系在该医院范围内，该等行为也并没有违反公序良俗。此外，某房地产开发公司认为该“太平间”的建设属于违章建筑、其设置不符合有关规定需整改或拆除，亦应先由相关行政主管部门处理。故对某房地产开发公司要求某医院、某医院有限公司立即停止在“太平间”进行遗体暴露运输、棺木露天摆放及祭奠的行为、更改太平间位置的诉讼请求，不予支持。

广东省清远市清城区人民法院依照《中华人民共和国民事诉讼法》第六十四条、《最高人民法院关于适用〈中华人民共和国民事诉讼法〉的解释》第九十条的规定，判决如下：

驳回某房地产开发公司的诉讼请求。

判决后，双方当事人均未上诉，本判决现已生效。

【法官后语】

随着我国城镇化进程的不断加快，商品房建设的区域不断渗透向城市郊区脉络，一些原本“地处偏僻”的“太平间”或公墓都忽然与商品房“对峙”，由此引发此类相邻关系纠纷。本案中，如何合理界定相邻关系中的个人或集体权利界限成为审判焦点。

相邻关系是在双方的权利义务之间确立一条合理的平衡线，而划定、确立该平衡线的法律技术需通过容忍义务完成。从物权法演进至民法典时代，相邻关系法律规制的内容变化不大，对于容忍义务的规定更是一直处于宏观有余、具体不足的状态。根据《中华人民共和国民法典》第二百八十八条“不动产的相邻权利人应当按照有利生产、方便生活、团结互助、公平合理的原则，正确处理相邻关系”的规定，我们不能直接推导出某医院、某医院有限公司设置“太平间”的行为是否构成侵权或者是否已然超过某房地产开发公司及其购房者所应容忍的义务。为此，我们应着重比较双方法益、分析行为性质。

首先，某房地产开发公司建设楼盘的某小区一期毗邻被告医院的“太平间”，对于购买面向该“太平间”的部分商品房的购房者而言，确实可能产生一定的心理不适，即该行为一定程度上侵害了个人或部分购房者的安宁权，损害了个人或集体的权利。其次，某医院进行遗体停放、死者家属在医院范围内抬运遗体和祭拜是处理自然人死亡的常规步骤，也并不违反我国的风俗习惯，且尽管某医院、某医院有限公司都是一般的民事主体，但该医院接收的病人是全社会的不特定人，其服务对象是整个社会，即该医院建设、使用“太平间”是基于社会公益的合理行为。所以，本案一方是个人或集体权利，另一方是基于社会公益的合理行为，尽管《中华人民共和国民法典》对于相邻关系及其容忍义务没有进行详细规定，但是裁判时应综合衡量、顾全大局，个人或集体权利应在一定程度上服从社会公共利益，个人或集体权利界限不应逾越入侵社会公共利益，商品房的开发商、购房者对于楼盘附近的“太平间”、公墓应负有合理的容忍义务，尤其是医院“太平间”或公墓建设在前、商品房建设在后之时更应如此。值得一提的是，如果商品房建设在前、医院“太平间”或公墓建设在后，裁判时则还应考虑毗邻距离、行政审批程序以及医院“太平间”或公墓设立的必要性、紧迫性等因素。

编写人：广东省清远市清城区人民法院　肖颂洋

41

相邻通行权的行使限度的判定标准

——吴某玉、龙某凤诉廖某全相邻通行权案

【案件基本信息】

1. 裁判书字号

湖南省湘西土家族苗族自治州中级人民法院（2021）湘31民终1779号民事判决书

2. 案由：相邻通行权纠纷

3. 当事人

原告（上诉人）：吴某玉、龙某凤

被告（被上诉人）：廖某全

【基本案情】

吴某玉、龙某凤夫妻及廖某全均为湖南省凤凰县某镇某村同组村民。双方均在该村有承包或者管理的土地，并大致呈梯状依次分布，从上至下依次是廖某全的承包田、吴某玉夫妻的管理地、廖某全的承包田。吴某玉夫妻在其管理地种植生姜，从其管理地下坎便可至廖某全承包田的田坎，经过一段田坎往下走可行至日常生产通行的主干道。位于吴某玉夫妻管理地下面的该承包田的后坎有来自山林的沟渠，2019 年，廖某全沿其承包田后坎挖出一条排水通道，挖断田坎作为排水口的地方便处在从吴某玉夫妻管理地下坎至廖某全承包田处，该处设置排水口离沟渠处最近，最有利于排水。从吴某玉夫妻提供的照片来看，廖某全挖掘的排水通道的水量较大。此外，廖某全还在其承包田通往日常生产通行的主干道的小道上设置栅栏。吴某玉夫妻因通行问题与廖某全发生纠纷，其种植的生姜也未采收。2020 年 4 月，经所在镇人民调解委员会调解，双方未达成协议。

吴某玉夫妻以廖某全阻断的两处地方系村里历史机耕道，也是通往其他村民承包地的唯一通道为由，要求廖某全立即拆除阻碍通行的栅栏，并将挖断的历史通道恢复原状，以便其到时收获种植的生姜，遭拒绝。

受理本案后，一审法院在进行现场勘察，对双方当事人所在村村委会有关负责人调查询问时，村主任、村综治专干等人称廖某全设置栅栏的通道不是唯一通道，吴某玉夫妻可以从旁边一个通道进入其种植生姜的管理地。

【案件焦点】

廖某全设置栅栏和挖掘水沟系事出有因，对吴某玉夫妻的两项诉讼请求应否支持。

【法院裁判要旨】

湖南省凤凰县人民法院经审理认为：1. 从农业生产角度来看，廖某全设置栅栏防止牛羊等家畜啃食农作物及挖掘水沟排水防止农作物被水浸泡均具有合理性，符合农业生产之需。从现场周围环境来看，其他种植农作业的田地也有设置栅栏或挖掘排水沟的情况，故不能认定廖某全的行为属于蓄意而为的个别现象。从通行所需来看，廖某全本人需经过栅栏进入其承包田劳作，也需跨过排水沟爬坎经过吴某玉夫妻管理地再到其另一块承包田，故难以认定廖某全的行为系有意针对吴某玉夫妻而为之。从通行难易程度来看，此路通行最大的障碍不在于廖某全设置的栅栏和挖断的田坎，而在于吴某玉夫妻管理地与廖某全承包田之间近一米高的坎。综上，吴某玉夫妻主张拆除栅栏及恢复所挖断的田坎均超过了必要的限度，对其第一项诉讼请求不予支持。2. 虽然廖某全设置的栅栏及挖断的田坎在一定程度上增加了通行的难度，但并未达到不能通行以至于使吴某玉夫妻无法将生姜运出的程度。此外，也不能排除吴某玉夫妻种植生姜的损坏系其他原因造成。综上，从吴某玉夫妻提交的现有证据来看，不足以认定廖某全的行为与吴某玉夫妻的生姜损失存在因果关系。对吴某玉夫妻第二项诉讼请求不予支持。

湖南省凤凰县人民法院依照《中华人民共和国物权法》（以下简称《物权法》）第八十四条、第八十五条，《最高人民法院关于适用〈中华人民共和国民法典〉时间效力的若干规定》第一条第二款，《中华人民共和国民事诉讼法》第六十四条，《最高人民法院关于适用〈中华人民共和国民事诉讼法〉的解释》第九十条之规定，作出如下判决：

驳回吴某玉、龙某凤的诉讼请求。

吴某玉夫妻不服一审判决，提起上诉。

湖南省湘西土家族苗族自治州中级人民法院经审理认为：认可原审法院表述的判决理由，并强调虽然廖某全设置栅栏和挖掘水沟对吴某玉夫妻通行有一定影响，但不妨碍其通行，因而吴某玉夫妻主张的生姜损失与廖某全行为无直接的因果关系。

湖南省湘西土家族苗族自治州中级人民法院依照《中华人民共和国民事诉讼法》第一百七十七条第一款第一项规定，判决如下：

驳回上诉，维持原判。

【法官后语】

对于相邻纠纷的处理，我国法律及司法解释均规定得很原则，且多年没有变化。目前可以直接适用于处理相邻通行权（邻地通行权）纠纷的法律规定，只有《中华人民共和国民法典》（以下简称《民法典》）第二百八十八条（与《物权法》第八十四条相同）、第二百八十九条以及第二百九十一条（与《物权法》第八十七条相同）。当然，在适用这三个法条时，还应该充分考虑到《民法典》第三条至第十一条的规定，适用结果不违背民法基本原则之精神。

在我国国民权利意识兴起的当今，适用《民法典》来处理相邻通行权纠纷，对法官们正确理解《民法典》关于相邻通行权的相关法条，要求越来越高。

一、全面正确认识相邻通行权

首先，要从相邻关系角度来认识相邻通行权。所谓相邻关系，是指两个或者两个以上的相互毗邻的不动产所有人或者使用人，在行使对自己不动产的占有、使用、收益、处分等权益时，客观上必须对相邻的不动产产生影响时，相邻的不动产权利人必须承担最低限度的“容忍”义务。邻地通行关系是最常见的一种相邻关系，其设立的目的是调节相邻不动产所有人或使用人相互间对土地的利用，而对相邻不动产的权利的行使加以某种程度的限制，从而使邻地所有人或使用人充分发挥其对土地的利用效用。相邻通行权系法律对相邻通行关系最低限度的调节，为相邻权的一种。因此，应该坚持认为，不动产权利人对相邻人的通行权应该承担“容忍”义务，但也应该只承担最低限度的“容忍”义务，且只提供“必要的便利”。

其次，要从物权和物权保护角度来认识相邻通行权。物权是对世权、绝对权，具有优先性和排他性是其显著特征。相邻通行权只能是对不动产权利的必要限制，不是绝对的权利，不能与物权等量齐观。因此，对相邻通行权的司法保护不能绝对化，不能实质上否定或者相当程度上限制不动产权利人依法享有的物权，不能造成相邻通行权“反客为主”现象。

二、行使相邻通行权必须遵守基本原则并符合基本条件

首先，要符合我国法律规定的处理相邻关系的四项原则。这是根本前提。我国法律从《中华人民共和国民法通则》到《物权法》《民法典》，都要求不动产的相邻各方，应当按照有利生产、方便生活、团结互助、公平合理的原则来处理相邻关系。处理相邻通行权问题，当然要遵守该四项原则。

其次，要必须符合行使相邻通行权的基本条件。依照《物权法》《民法典》关于相邻关系及相邻通行权的相关规定，以及相邻通行权本来隐含的必备条件，应该认为，判决支持行使相邻通行权的基本条件主要是：1. 必须。一方权利的行使以利用相邻一方的土地为条件，若不利用邻地，就无法行使自己的民事权利，影响自己正常的生产和生活。2. 合理。通过邻地时，应当选择损害最小的处所和最为经济合理的路线。因客观环境发生变化可以改道通行时，应改由其他更为经济的线路通行。3. 保护。通过邻地时，要注意保护邻地的财产或者其他权益，尽量避免对相邻的不动产权利人造成损害。4. 赔偿。因通行等给不动产权利人造成损失的，应予赔偿。应该坚持认为，只有在完全符合这四个方面条件时，法院才能判决支持行使相邻通行权的诉求；在情况发生变化时，应该根据当事人请求及时作出变更判决，直至判决驳回通行人的诉求。

三、裁判相邻通行权纠纷须注意的几种情形

1. 原则上，只有在必须经过相邻地才能通行，或者虽然可以从其他地块通行但会经常性十分不便，或者虽然可以从其他地块通行但成本十分高昂时，才能判决支持相邻人提出的利用邻地通行的请求。

2. 不动产权利人有充分正当理由拒绝相邻人提出的利用邻地通行的请求，法院不宜判决支持相邻人提出的利用邻地通行的请求。

3. 不动产权利人的行为只在一定程度上妨碍了相邻人利用邻地通行，给其通行造成一定不方便的，法院不宜判决支持相邻人提出的消除妨碍的请求。本案就是这种情形。

四、考虑对因承担“容忍”义务而受到损害的不动产权利人予以救济之可能

不动产权利人依法享有请求相邻通行权人予以赔偿的权利须得到保证。在有充分理由可以认定相邻通行权人没有意愿或者没有能力承担赔偿责任的，原则上就不应该判决支持相邻人提出的利用邻地通行或者消除妨碍的请求。本案属于这种情形。本案中，如果判令廖某全拆除简易栅栏，虽然完全方便了吴某玉夫妻的通行，但廖某全所种植的农作物会因牛羊等家畜啃食而遭受经济损失。故法院最终没有判决支持吴某玉夫妻提出消除妨碍的请求，也是有这方面考虑。

编写人：湖南省凤凰县人民法院　刘席宏

湖南省湘西土家族苗族自治州中级人民法院　胡基厚

（五）共有纠纷

42

当事人请求对未取得产权证的农村拆迁安置房屋确认居住、使用权的，法院应当支持

——赵某森等诉王某林等共有案

【案件基本信息】

1. 裁判书字号

山东省济南市长清区人民法院（2020）鲁0113民初4195号民事判决书

2. 案由：共有纠纷

3. 当事人

原告：赵某森、任某、赵某坤

被告：王某林、卢某某、王某欣

【基本案情】

王某林系长清区某村村民，2011年王某林与卢某某登记结婚，卢某某系再婚。结婚后卢某某携子赵某森、女王某欣将户口随迁至该村。2013年赵某森、任某结婚并于2014年生育一子赵某坤。任某此后于2017年9月15日将户口也迁至该村。2018年3月15日长清区某街道实施黄河滩区迁建工作，该村在迁建范围之内。根据拆迁政策，人均安置住房面积40平方米，安置人员分为正式安置人员及随迁安置人员，正式安置人员以成本价获得安置，随迁安置人员以购置价获得安置。2018年4月11日，王某林之父王某轩作为户主，代表其家庭（共8人，分别为：王某林的父母王某轩、郭某英，王某林及妻子卢某某、女儿王某欣，赵某森及妻子任某、儿子赵某坤）与村委会签订《安置及拆迁协议》。根据协议内容，王某林家庭共安置8人，包括正式安置人员7人，随迁安置人员1人（任某），共获得安置房3套，其中80平方米户型1套、120平方米户型2套。正式安置人员用上级补助资金、宅基地及地上建筑物作价款抵顶总房款后，每人交纳群众自筹资金10000元；随迁安置人员交纳45000元。拆迁安置补偿协议签订后，王某林家庭按照户口8人向村委会交纳了80000元群众自筹基金。其中赵某森交款50000元，赵某森认可除为其一家三口交纳每人10000元群众自筹基金外，另20000元是为其母亲卢某某及妹妹王某欣交纳。另，根据拆迁安置政策，任某系2017年6月5日后户口迁入村民，为随迁安置人员，另向村委会缴纳35000元群众自筹资金。

2020年4月11日，王某林代表家庭参加安置房选房大会，并经公证处公证，王某林家庭共取得安置房三处，其中包括本案所诉争的案涉房屋（120平方米）。现该房屋钥匙已由赵某森取得，但因双方当事人对上述安置房的分配问题产生争议，该房屋一直闲置，任某、赵某坤、赵某森遂诉至法院要求确认上述房屋归其居住使用。

【案件焦点】

任某、赵某坤、赵某森是否享有涉案房屋的居住、使用权。

【法院裁判要旨】

山东省济南市长清区人民法院经审理认为：黄河滩区居民迁建工作，是政府为了造福滩区群众，优化黄河滩区生态环境，改善滩区群众的居住条件而开展的。《拆迁指导意见》规定，人均安置住房面积为40平方米。另根据本案双方当事人家庭与所在村委会签订的安置及拆迁协议记载，双方家庭需安置人员共8人，其中包括赵某森等人，因此赵某森等人共需安置的住房面积为120平方米。政府对黄河滩区居民进行迁建安置，首先是为了保障滩区群众住有所居，现安置房屋已分配到户，双方家庭共取得安置房3套，其中涉案诉争房屋为120平方米，恰好满足赵某森等人的安置需要，且目前赵某森等人业已实际取得该房屋钥匙。根据法律规定，民事主体的合法权益应受法律保护，而本案所涉黄河滩区居民迁建安置房的居住、使用权，显然属于被迁建居民应当享有的合法权益，赵某森等人作为被迁建安置居民，当然有居住、使用安置房屋的权利，现其要求确认案涉房屋由其居住使用，法院予以支持。关于赵某森等人主张垫付的20000元群众自筹资金，赵某森认可系替其母亲卢某某及妹妹王某欣垫付，因此其要求王某林返还该款的诉讼请求，无事实及法律依据，法院不予支持。另需说明的是，因本案所涉安置房屋尚未取得不动产登记证书，本案并非对案涉安置房屋的所有权归属进行处理。关于王某林主张其位于原村内的旧房产作价用于抵顶安置房价款的情况，因王某林在本案中并未提供证据证实，本案不予处理。至于王某林在答辩状中所主张的其为赵某森找对象、结婚、生子所花费的款项，因与本案并非同一法律关系，亦不予处理。根据《最高人民法院关于适用〈中华人民共和国民法典〉时间效力的若干规定》第二条，本案法律事实虽然发生在《中华人民共和国民法典》实施以前，但适用《中华人民共和国民法典》的规定更有利于保护民事主体合法权益，更有利于维护社会和谐、稳定，因此本案适用《中华人民共和国民法典》的相关规定。

山东省济南市长清区人民法院依照《中华人民共和国民法典》第三条、第二百九十九条，作出如下判决：

一、济南市长清区案涉房屋由赵某森、任某、赵某坤居住使用；

二、驳回赵某森、任某、赵某坤的其他诉讼请求。

判决作出后，当事人未上诉，判决已经发生法律效力。

【法官后语】

当事人请求确认对尚未取得产权证的农村拆迁安置房屋享有所有权的，人民法院暂不予支持，但其要求确认居住、使用权的，人民法院应当予以支持，不应以未取得产权证或者权属状态不明不予处理。理由如下：

一、农村拆迁安置房屋的物权属性目前缺乏明确的规定

1. 农村拆迁安置房屋是因政府对农村居民原有的宅基地拆迁后安置所得，目前我国实行的是"一户一宅"制度，而拆迁安置补偿后，一户农村居民往往可以分得多处安置房屋，因此农村拆迁安置房屋并非目前法律意义上的"宅基地"，且拆迁安置房屋无论从居住形态、市场流通属性等与原先的"宅基地"也有所区别；2. 拆迁安置房屋也不属于"商品房"。商品房，是指建设在国有土地上，经过政府相关部门规划、批准，能够取得不动产权登记证书的房屋。而无论是城中村改造安置的房屋还是合村并居安置的房屋，仍然建设在集体土地之上，未经过国有土地征收及出让手续，无法和商品房一样，通过目前的不动产登记机关进行登记、交易及流通。3. 拆迁安置房屋与所谓"小产权房"亦有所不同。严格意义上的小产权房是指在未经过国有土地征收和出让，未经政府相关部门审批，有关单位或个人私自在集体土地上开发的住宅，此类房屋属于违法建筑，不受法律保护，更无法办理产权登记；但农村拆迁安置房屋虽然同样未经过国有土地征收和出让，但确是由政府主导建设，经过相应的审批手续，具有合法性。

二、农村拆迁安置房屋暂不宜由人民法院通过判决的方式予以确权

由于农村拆迁安置房屋的上述特殊性质，暂不宜由人民法院通过判决的方式予以确权。理由是由于我国目前不动产物权的设立实行统一登记制度，如果由法院通过判决形式直接确定此类房屋的所有权归属，因此类房屋存量基数巨

大，可能会引起大量的案件涌进法院，从而变相对此类房屋进行了确权，并导致不动产登记制度的混乱。另外，在处理过程中，有可能会存在将一些违法的小产权房予以合法化的风险。

三、当事人请求对其获得的农村拆迁安置房屋确认居住、使用权并予以分割的，人民法院不应以未取得产权证或者权属状态不明等理由不予处理

住有所居是每个自然人都应当享有的基本生存权利，虽然由于不动产登记制度的限制，无法直接确认所有权归属，但被拆迁人享有对拆迁安置房屋的居住、使用权，显然是法律应予以保护的合法权益。值得注意的是，因拆迁安置房屋尚未取得产权登记，因此本案所涉“居住、使用权”并非基于所有权，也与《中华人民共和国民法典》物权编第十四章所规定的“居住权”并非同一概念。在没有具体的法律规范条文对本案所涉这样一种“居住、使用”的权利形态予以明确规定的情况下，为了更好地保护当事人的合法权益，本案适用《中华人民共和国民法典》总则第三条的规定，将对农村拆迁安置房屋的“居住、使用”的权利，认定为《中华人民共和国民法典》所保护的一种合法权益，不仅化解了纠纷，有利于社区的和谐稳定，而且具有鲜明的引导效果。判决作出后，双方当事人均服判息诉，取得良好的法律效果和社会效果。

编写人：山东省济南市长清区人民法院　吴开龙

43

当事人共有物分割请求权的限制

——黄某红等诉余某祥共有物分割案

【案件基本信息】

1. 裁判书字号

广西壮族自治区天等县人民法院（2021）桂 1425 民初 994 号民事判决书

2. 案由：共有物分割纠纷

3. 当事人

原告：黄某红、余某瑄、余甲、余某飞、余某静

被告：余某祥

【基本案情】

黄某红与余某祥系夫妻关系，先后生育余某飞、余某静、余某瑄、余甲。2018 年 6 月 6 日 20 时许，余某祥、陈某仁因与冯某权发生争吵继而引发双方持械打斗，导致冯某权重伤。2018 年 9 月 25 日，法院以余某祥犯故意伤害罪，判处有期徒刑三年零四个月。2019 年 5 月 6 日，冯某权提起民事赔偿诉讼，法院作出民事判决，判决余某祥赔偿冯某权因伤经济损失 111047.55 元。判决生效后，余某祥没有履行赔偿义务，冯某权申请强制执行。在执行过程中，查明被执行人余某祥除天等县天等镇龙蟠路××号房子及其名下位于天等县天等镇镇南新区××号面积为 72 平方米的宅基地，无其他财产可供执行。法院遂依法查封余某祥的涉案宅基地并进行司法拍卖。2021 年 5 月 28 日，黄某红、余某瑄、余甲对法院拟拍卖的涉案宅基地提出执行异议，2021 年 5 月 31 日法院作出执行裁定，驳回黄某红、余某瑄、余甲的异议申请。2021 年 6 月 16 日，黄某红、余某瑄、余甲、余某飞、余某静提起案外人执行异议之诉，后于 2021 年 9 月 6 日申请撤诉，9 月 8 日，法院裁定准许黄某红、余某瑄、余甲、余某飞、余某静撤诉。后黄某红等诉请分割涉案宅基地，要求将 72 平方米的涉案宅基地按南北向分成 2 份，其中一份 60 平方米归黄某红等 5 人共同所有，另一份 12 平方米归余某祥所有，完成分割后各自进行产权登记。余某祥同意并接受分割方案。为依法合理分割涉案宅基地，主办法官多次向双方当事人释明对涉案宅基地进行物理分割将会产生的法律后果，建议当事人采取变价或折价方式进行分割，但双方当事人坚持对涉案宅基地进行物理分割。

【案件焦点】

双方自愿达成的宅基地分割协议应否予以支持。

【法院裁判要旨】

广西壮族自治区天等县人民法院经审理认为：民事主体从事民事活动，不得违反法律，不得违背公序良俗。双方为涉案宅基地的共有人，可以协商确定分割方式，但分割协议应以不减损共有物价值及整体使用功能为限。根据《中华人民共和国民法典》第三百零四条第一款“共有人可以协商确定分割方式。达不成协议，共有的不动产或者动产可以分割且不会因分割减损价值的，应当对实物予以分割；难以分割或者因分割会减损价值的，应当对折价或者拍卖、变卖取得的价款予以分割”的规定，虽双方协商一致将涉案宅基地分割给余某祥 12 平方米，但 12 平方米的地皮明显不具备建筑房子的基本要求，12 平方米的地皮只有依附于整块宅基地才能满足建房功能的完整性，才能充分发挥宅基地的使用价值，双方的物理分割协议会导致涉案宅基地价值的严重减损。鉴于涉案宅基地不宜进行物理分割，法院反复释明物理分割的法律后果，建议双方对涉案宅基地采取对折价或者拍卖、变卖取得的价款予以分割，但双方均予拒绝，因双方的分割协议不符合法律规定，法院依法不予确认。

双方协议物理分割涉案宅基地将影响法院关于申请人执行人冯某权与被执行人余某祥健康权纠纷案件的顺利执行，并会导致冯某权欲通过法院依法拍卖涉案宅基地获赔的预期权益难以实现。法院查封涉案宅基地并公告司法拍卖后，黄某红、余某瑄、余甲即向法院提起执行异议和案外人执行异议之诉，以阻止法院处分余某祥名下的涉案宅基地，在执行异议被法院裁定驳回后，黄某红等又提起诉讼，请求对涉案宅基地进行物理分割，不能排除双方通过诉讼方式拖延和阻却法院执行，从而损害冯某权合法权益的合理推定。黄某红等的诉讼目的显然违反了《中华人民共和国民法典》第一百三十二条“民事主体不得滥用民事权利损害国家利益、社会公共利益或者他人合法权益”的规定。综上，黄某红等的诉讼请求因缺乏物理分割的基础条件，亦不符合法律规定，法院依法不予支持。

广西壮族自治区天等县人民法院依据《中华人民共和国民法典》第八条、第一百三十二条、第三百零四条第一款，《中华人民共和国民事诉讼法》第六十四条规定，判决如下：

驳回黄某红、余某瑄、余甲、余某飞、余某静的诉讼请求。

判决作出后，当事人未上诉，判决已经发生法律效力。

【法官后语】

本案是一起因相邻琐事引发互殴，导致受害人冯某权重伤，侵权人余某祥被判刑，冯某权提起民事赔偿诉讼，法院判令余某祥承担赔偿责任，冯某权申请法院强制执行后衍生的民事诉讼案件。案件执行中，查明余某祥除涉案宅基地外，无其他财产可供执行，法院遂依法查封并公告拍卖涉案宅基地。余某祥的妻子黄某红等其他家庭成员认为涉案宅基地虽然登记在余某祥名下，但该宅基地权属家庭共同所有，为此，提出执行异议。经调查，涉案宅基地是政府预留分配给余某祥户的宅基地，余某祥一家至今居住于天等县天等镇龙蟠路××号房屋，涉案宅基地不是余某祥户的唯一宅基地和生活必需的房屋用地，故驳回黄某红等的执行异议。2021年6月16日黄某红等提起案外人执行异议之诉，后于2021年9月6日申请撤回执行异议之诉。黄某红等认为72平方米的涉案宅基地为6个家庭成员共同共有，每人享有12平方米份额，同意将涉案宅基地后段的12平方米分割给余某祥，其余60平方米归黄某红等5人所用，为此，黄某红等于2021年7月19日起诉要求分割涉案宅基地。

本案中，当事人虽然就涉案宅基地分割达成一致意见，但分割给余某祥的12平方米宅基地明显不具备建房的基础条件，如此分割出来的12平方米宅基地便成了一块失去建筑价值的“废地”，涉案宅基地价值会因此严重减损，这与《中华人民共和国民法典》第三百零四条第一款“共有人可以协商确定分割方式。达不成协议，共有的不动产或者动产可以分割且不会因分割减损价值的，应当对实物予以分割”的规定明显相悖。为合理合法地处理本案，法院反复释明并建议当事人采取变价或折价方式处理涉案宅基地，但当事人仍坚持物理分割涉案宅基地。同时，结合余某祥拒绝履行赔付义务，且多次阻挠执行工作，法院启动拍卖涉案宅基地后，又起诉要求分割宅基地，显然想借所谓的“权利救济”途径继续阻挠法院执行，最终导致冯某权的预期权利难以实现，由此可推定当事人滥用诉权，其滥诉行为损害了国家利益、社会公共利益和他人合法权益。法院正是结合本案的历史背景、发案原因，深入分析当事人的诉讼目的，从而认定当事人达成的分割协议不具合法性，因此驳回其诉讼请求。

共有物分割诉讼是共有人利用诉讼程序请求法院确定分割方法，对于不宜分割的共有物如何处理？根据《中华人民共和国民法典》第三百零四条的规定，在不符合产权分割标准，致使无法对共有财产进行物理分割的情形下，各共有人对共有财产的份额，只能是一种抽象的归属关系。各份额对应的权利只能抽象地存在于共有物的整体，其所分割的是权利，而不是共有的特定财产，并非对共有财产进行实际分割。如果各共有人针对共有物具体部分享有份额，那么该份额上的权利与独立完整的所有权并没有什么实质性的区别，共有的价值无从体现。此外，共有的价值是由共有物的内在粘合性所决定的，各份额之价值依附于共有物的总体价值。因此，各份额的对应为所有权的抽象分割，如果需要进行实体分割，一般应采取对折价或者拍卖、变卖取得的价款予以分割的方式。当事人不要求以价款的方式分割，则应从当事人分割之诉请的本质目的出发进行合理裁判。

《中华人民共和国民法典》第八条规定："民事主体从事民事活动，不得违反法律，不得违背公序良俗。"法律不认可公民违反法律、违背公序良俗无序扩张私权的行为。民事权利的行使就是民事权利内容的实现，不仅关系到权利人的利益，而且也关系国家、社会及他人利益，按照法律规定，当事人必须在不损害国家利益、社会利益和他人合法权益的限度内行使权利。在审理宅基地、房屋等不动产分割诉讼时，是否支持分割请求，要重点审查分割后不动产是否符合构造上的独立性、利用上的独立性、登记的可行性等标准，物理分割是否减损共有物的价值等。对不符合分割标准的，应做好当事人的释明工作，引导其选择折价分割或变价分割的方式处理；如当事人坚持物理分割共有物，则其诉请属权利之行使客观上无法实现仍执意为之，超出了法定自由处分的限度，构成权利滥用，依法不予支持。

编写人：广西壮族自治区天等县人民法院　农绍成

44

宅基地使用权人认定的“三维度”标准

——张某骞诉赵某录等共有物分割案

【案件基本信息】

1. 裁判书字号

北京市第三中级人民法院（2021）京 03 民终 14212 号民事裁定书

2. 案由：共有物分割纠纷

3. 当事人

原告（被上诉人）：张某骞

被告（被上诉人）：赵某录、赵某环、赵甲钢（赵甲钢于 2021 年 10 月去世，二审追加其妻杨某琴、之子赵丙）、赵某湘、赵乙钢、赵某刚、赵某玲

被告（上诉人）：王某艳

【基本案情】

赵某录与张某萍系夫妻关系，二人生育子女七人，即赵某东、赵某环、赵甲钢、赵某湘、赵乙钢、赵某刚、赵某玲。赵某东与张甲原系夫妻关系，二人于 1991 年 2 月 2 日生育张某骞。1995 年 6 月 8 日，赵某东与张甲经法院调解离婚，协议张某骞由张甲抚育，赵某东按月支付抚养费。1995 年 9 月 29 日，赵某东与王某艳结婚。2001 年 10 月 22 日，赵某东因死亡注销户口。2010 年 6 月 18 日，王某艳再婚。2015 年 11 月，张某萍去世。

1993 年 2 月 19 日，赵某东取得北京市朝阳区三间房乡东柳巷××号院（下称涉案院落）的集体土地使用权证。在《农村宅基地发证审批表》中记载土地使用者赵某东，家庭人口：2 人，人口情况：之子，总使用面积 115 平方米。

2017 年 9 月 22 日，乡政府与赵某录签订《三间房乡绿化隔离地区集体土地腾退安置协议书》，认定实际腾退人为户主赵某录，所有权补偿款 103124 元、使用权补偿款 171930 元、其他补偿款 1175874 元，扣除安置楼房购房款，腾退安置补偿差价款为 1221328 元。

2019 年 2 月 15 日，村民委员会出具《房屋翻建证明》，证明涉案院落中正房两间由赵某录与张某萍于 1978 年建造，1993 年登记在赵某东名下，2002 年赵某录又出资翻建，之后一直由赵某录居住直至 2019 年房屋拆迁。

庭审中，张某骞提交《赠与协议》一份，该协议记载赵某录、张某萍将所有的涉案院落内房屋赠与张某骞，协议上有赵某录、张某萍、张某骞、赵某刚、张某革的签字；提交《证明》一份，其上记载赵某录建筑房屋两间，让赵某东与王某艳夫妻居住，现赵某东不幸病逝，所以老人把房屋收回，与王某艳无关。

诉讼中，为查明案件事实，法院通知张甲到庭。张甲陈述与赵某东于 1990 年结婚，当时赵某录已在涉案院落内建有两间正房、两间厢房，因经济条件有限，婚后并未对房屋进行翻建，其间赵某东取得涉案院落宅基地使用权证；1993 年二人离婚，约定张某骞归张甲抚养，无须赵某东支付抚养费，张甲对院落内的房屋也不主张权利；不久双方复婚，之后二人也并未对房屋进行翻建；1995 年 6 月 8 日双方离婚，法院判决了张某骞抚养问题，双方均未主张财产分割。

另，赵某录、赵某环、赵甲钢、赵某湘、赵乙钢、赵某玲在三间房乡东柳村均另有宅基地，且宅基地均进行了拆迁安置，赵某刚、王某艳在该村没有宅基地。

【案件焦点】

1. 宅基地使用权人的认定标准及拆迁利益分配规则；2. 赠与合同的效力认定及任意撤销权的行使。

【法院裁判要旨】

北京市朝阳区人民法院经审理认为：1. 关于拆迁利益分配。第一，关于所有权补偿款。所有权补偿是对涉案院落地上物的补偿，故应当明确房屋所有权人。涉案院落内房屋系由赵某录建设，因张某萍于 2015 年 11 月去世，故房屋所有权人应当为赵某录和张某萍，属于张某萍的部分，由其法定继承人依法继承。第二，关于使用权补偿款。使用权补偿是对涉案院落宅基地使用权的补偿，故应当明确宅基地使用权人。首先，1993 年的《农村宅基地发证审批表》和集体土地使用权证上均显示涉案院落的土地使用者为赵某东。其次，赵某录在同村另有宅基地，按照"一户一宅"原则，赵某录不可能在该村同时拥有两块宅基地。再次，涉案院落的集体土地使用权证系赵某东和王某艳结婚之前取得，故王某艳并非该权利共有人。虽然张甲称该证系其与赵某东婚姻关系存续期间取得，但《农村宅基地发证审批表》中的家庭人口并不包括张甲，而且张甲自认二人离婚时其不对涉案院落主张权利，故张甲亦并非权利共有人。最后，虽然《农村宅基地发证审批表》中的家庭人口中显示为"2 人""之子"，但宅基地使用权具有极强的人身依附性，其是以权利人具有农村集体经济组织成员的身份为基础，张甲与赵某东离婚时约定张某骞由张甲自行抚养，之后张某骞也不是该村村民，故其亦不具备共有权人身份。综上，涉案院落的宅基地使用权人应为赵某东，故使用权补偿款应为赵某东的遗产，由赵某东的法定继承人共同继承。第三，关于其他补偿款。根据拆迁协议和拆迁政策，因搬迁而发生的实际费用损失及配合拆迁的奖励，应归属于实际居住人赵某录；按照房屋情况进行的相关补偿应属于赵某录和张某萍所有，属于张某萍的款项应作为遗产进行分割。2. 关于赠与合同效力的认定。赠与合同属于不要式诺成合同，考察其效力应当适用区分原则，即合同成立与否与物权变动无关。本案中赠与协议成立并生效，但赠与房屋的所有权未发生转移，赵某录以其实际行为及庭审陈述表示涉案房屋系其所有，不愿意将房屋赠与原告，可视为赵某录作出撤销赠与的意思表示，故张某骞依据《赠与协议》获得涉案院落拆迁利益的依据不足。

北京市朝阳区人民法院依据《中华人民共和国继承法》第三条、第十一条、第二十六条，《中华人民共和国合同法》第一百八十五条、第一百八十六条、第一百八十七条，《中华人民共和国物权法》第九条、第二十三条之规定，《最高人民法院关于适用〈中华人民共和国民法典〉时间效力的若干规定》第一条之规定，判决如下：

一、赵某录、赵某环、赵甲钢、赵乙钢、赵某刚于本判决生效后七日内给付张某骞拆迁补偿款 122073.94 元；

二、驳回张某骞之其他诉讼请求。

王某艳不服一审判决，提出上诉，后王某艳撤回上诉，北京市第三中级人民法院依法裁定准许。

【法官后语】

《中华人民共和国民法典》第三百六十二条规定，宅基地使用权人依法对集体所有的土地享有占有和使用的权利，有权依法利用该土地建造住宅及其附属设施。故要厘清宅基地使用权人的范围，首先要从宅基地使用权的取得上着手。用益物权的取得方式包括原始取得和继受取得，关于宅基地使用权的继受取得，主要包括继承、互易、买卖、赠与等特殊形式，这里不过多讨论。

关于宅基地使用权的原始取得。《中华人民共和国土地管理法》第六十二条规定，农村村民一户只能拥有一处宅基地，其宅基地的面积不得超过省、自治区、直辖市规定的标准。《中华人民共和国土地管理法实施条例》第三十四条规定，农村村民申请宅基地的，应当以户为单位向农村集体经济组织提出申请，且经农村村民集体讨论通过并在本集体范围内公示后，报乡（镇）人民政府审核批准。按照上述规定，宅基地使用权的取得应当具备以下条件：一是申请人必须具备村民资格；二是以户为单位，并坚持一户一宅原则；三是申请人提出申请；四是履行一定的审批手续。

但在实践过程中，户籍有迁出亦有迁入，有的户口性质从农村户口变为城镇户口。这些变动的因素都导致宅基地使用权人发生变动，以致使用权人的认定在分家析产案件中成为难点。笔者认为，按照上述规定，宅基地使用权人的界定应当一并考量以下因素：

一是“户”中人。法律并没有对户进行明确的规定，自然资源部在《宅基地和集体建设用地使用权确权登记工作问答》文件中指出，地方对“户”的认定有规定的，按地方规定办理。地方未作规定的，可按以下原则认定：“户”原则上应以公安部门户籍登记信息为基础，同时应当符合当地申请宅基地建房的条件。根据户籍登记信息无法认定的，可参考当地农村集体土地家庭承包中承包集体土地的农户情况，结合村民自治方式予以认定。

二是“村”中人。《中华人民共和国土地管理法实施条例》中对宅基地申请人明确限制为农村村民，即必须具有农村村民资格，在此情况下，若村民户籍迁出本村或者由农户变为非农户都不能再原始取得宅基地使用权。

三是“表”中人。由于宅基地的取得还需要履行一定的审批手续，所以在认定宅基地使用权人时，还应当查看宅基地的申请审批表，表中的人在没有发生户籍变化、村民身份变化的情况下应属于宅基地使用权人。

本案中，第一，赵某录已经在本村另有宅基地，根据一户一宅的原则，涉案宅基地使用权不可能属于赵某录；第二，涉案院落的集体土地使用权证系赵某东和王某艳结婚之前取得，且王某艳未举证证明婚后取得本村村民身份，故王某艳并非该权利共有人；第三，《农村宅基地发证审批表》中的家庭人口并不包括张甲，且张甲自认二人离婚时其不对涉案院落主张权利，故张甲亦并非权利共有人；第四，《农村宅基地发证审批表》中的家庭人口虽显示为“2人”“之子”，但张甲与赵某东离婚时约定张某骞由张甲自行抚养，之后张某骞也不是朝阳区三间房乡东柳村村民，故其亦不具备共有权人身份。综上，本案中认定涉案院落宅基地使用权人应为赵某东。

编写人：北京市朝阳区人民法院　胡莉芬　崔铖

45

婚前加名赠与为共同共有的房产，离婚后分割的认定标准

——梅某诉莫某某共有物分割案

【案件基本信息】

1. 裁判书字号

广东省广州市中级人民法院（2021）粤 01 民终 29111 号民事裁定书

2. 案由：共有物分割纠纷

3. 当事人

原告（被上诉人）：梅某

被告（上诉人）：莫某某

【基本案情】

2006 年 1 月 15 日，莫某某、梅某共同作为买受人与某公司签订《商品房买卖合同》。购房款均由莫某某父母出资。莫某某表示其父母原意将上述房产赠与其个人。2006 年 11 月 8 日，莫某某、梅某取得产权证，登记共同共有。2008 年 4 月 18 日，莫某某、梅某登记结婚。2017 年 9 月 28 日，因赠与合同纠纷，莫某某父母向法院提起诉讼，认为涉案房屋由其全额出资，请求撤销赠与，判令莫某某及梅某返还涉案房屋并办理房屋的产权变更登记手续。莫某某表示其已赠给梅某的部分是不能撤的，梅某应当有一半权利。其后，莫某某父母撤诉。

梅某于 2018 年 1 月 3 日向法院提起诉讼，请求法院判决离婚并分割涉案房屋。法院经审理认为：涉案房屋购置于莫某某、梅某结婚登记或共同生活之前，不属于双方的夫妻共同财产或因同居关系而共同购置的财产，双方对财产权属存在争议的纠纷不应在离婚案件中一并处理，可另案诉讼。2019 年 9 月 16 日，

莫某某另案提起诉讼，请求确认登记在双方名下的涉案房屋归其一人所有被驳回。二审法院于2020年9月28日判决驳回上诉，维持原判。

2021年8月16日，梅某提起本案诉讼，请求按双方各50%比例分割涉案房屋。莫某某不同意梅某诉请，请求按照出资额及贡献度因素，以二八比例分割涉案房屋。

【案件焦点】

因婚前赠与加名为共同共有的房产，分割时是否需考量出资额及贡献度。

【法院裁判要旨】

广东省广州市越秀区人民法院经审理认为：案涉2206房为莫某某、梅某共同共有，现二人的婚姻关系已解除，共有的基础已丧失，故梅某有权要求分割涉案房屋。关于分割方式，各方当事人未能协商一致，且各方均表示无能力购买对方的产权份额。梅某主张对涉案房屋进行拍卖或变卖后分割价款符合《中华人民共和国民法典》第三百零四条的规定。

关于涉案房屋的分割比例。首先，经生效判决认定，案涉2206房不属于双方的夫妻共同财产或因同居关系而共同购置的房产。莫某某在接受父母的赠与后，自愿在房产证上加上梅某的名字，是以实际行为将涉案房屋的部分权益赠与梅某，该赠与行为已经履行完毕。其次，莫某某在《答辩意见书》中明确“我已赠给第三人梅某是不能撤的，梅某应当有一半权利”，可见莫某某自认其将案涉2206房一半的权属赠与梅某。最后，查册表显示案涉2206房为莫某某、梅某共同共有，莫某某没有证据证明双方就共有的份额比例有过明确约定。莫某某要求2206房应视为按份共有，占有份额按照出资额确定，及按照夫妻对家庭的贡献度对案涉2206房以二八比例分割等主张均缺乏理据，法院不予支持。

广东省广州市越秀区人民法院依照《中华人民共和国民法典》第三百零三条、第三百零四条，《最高人民法院关于适用〈中华人民共和国民法典〉时间效力的若干规定》第一条第三款之规定，作出如下判决：

一、莫某某与梅某各享有案涉2206房50%权属份额；

二、莫某某与梅某各在本判决发生法律效力之日起三十日内，共同拍卖或变卖案涉2206房，所得价款由莫某某与梅某各占二分之一。

莫某某不服一审判决，提起上诉。

莫某某未在规定的期间内交纳二审案件受理费，不履行法定的诉讼义务。广东省广州市中级人民法院依法裁定按莫某某自动撤回上诉处理。

【法官后语】

随着离婚后房产分割案件数与日俱增，因婚前加名赠与为共同共有的房产，房产赠与的份额如何确定，共有关系丧失后共有房产如何分割，实务中仍然存在一定争议。本案尊重赠与无偿性特征，按照物权公示公信原则和诚实信用原则，判令均等分割共同共有房产，对同类型下共有房产分割纠纷的处理具有一定的借鉴意义。

一、婚前一方父母出资购房的权属认定

《最高人民法院关于适用〈中华人民共和国民法典〉婚姻家庭编的解释（一）》第二十九条第一款规定："当事人结婚前，父母为双方购置房屋出资的，该出资应当认定为对自己子女个人的赠与，但父母明确表示赠与双方的除外。"涉案房屋是婚前莫某某的父母出资购买，没有明确表示赠与双方，根据上述法律规定，莫某某父母的出资应当认定为对莫某某个人的赠与。

二、遵循诚信原则，明确赠与的真实意思

《中华人民共和国民法典》第六百五十七条规定："赠与合同是赠与人将自己的财产无偿给予受赠人，受赠人表示接受赠与的合同。"第六百五十九条规定："赠与的财产依法需要办理登记或者其他手续的，应当办理有关手续。"婚前购置房屋并在房管部门办理加名手续的行为，实际是加名方对被加名一方的赠与行为。本案中，一方面，莫某某曾在诉讼中明确表示其赠与梅某房屋一半的产权份额。另一方面，赠与人莫某某直接将房屋登记为共同共有，并没有明确赠与份额，可以证明其赠与的真实意思表示为赠与一半的份额。换言之，莫某某在房产办理赠与更名手续过程中可以明确对梅某的赠与份额，加名登记为按份共有。

三、离婚后共同共有财产的分割标准

《中华人民共和国民法典》第二百九十九条、第三百零三条、第三百零四条对共同共有及共有物的分割和分割方式作出规定，共同共有人对共同共有的不动产共同享有所有权，在共有基础丧失后可以请求对共有房屋进行分割。共同共有物的分割以等额分割为原则，以差额分割为例外。需要特别指出，婚前因加名赠与为共同共有的房产，房产登记早于结婚登记，在房产分割时的处理原则应与《中华人民共和国民法典》第一千零六十二条规定的婚姻存续期间夫妻取得的共同财产相区别。申言之，与能相对明确出资额的合资购房不同，婚前房产加名的行为涵摄于无偿性的赠与合同，若在此类案件中一味地适用《中华人民共和国民法典》第一千零八十七条规定按照婚姻存续期间所得财产的分割原则，不仅会与赠与的无偿性特征背道而驰，也与《中华人民共和国民法典》的“帝王条款”——诚实信用原则相悖。

经类案检索，各级法院处理婚姻存续期间购置的共同房产及同居期间合资购置的财产时，以均等分割为原则，参考出资额及婚姻中的贡献度差额分割为补充。该审判思路起到了纠正婚恋不正之风、维护公序良俗的正面作用。婚前加名赠与为共同共有的房产类案件的处理，因其原因行为具有无偿性特征，遵循诚信原则以等额分割为原则更为适宜。

编写人：广东省广州市越秀区人民法院　戴鹏　杨迎春

46

不具有独立性的按份共有不动产不能实物分割

——芮甲涛诉芮乙涛共有物分割案

【案件基本信息】

1. 裁判书字号

江苏省宜兴市人民法院（2021）苏0282民初228号民事判决书

2. 案由：共有物分割纠纷

3. 当事人

原告：芮甲涛

被告：芮乙涛

【基本案情】

芮甲涛与芮乙涛系兄弟，芮某飞系芮甲涛与芮乙涛之父。案涉房产系芮某飞所有，于 1994 年 12 月 5 日领取房屋所有权证。2017 年 6 月 14 日，芮某飞死亡。2019 年 11 月，芮甲涛、芮乙涛因案涉房产继承问题诉至法院，法院在审理过程中主持双方调解并达成调解协议，同时出具了民事调解书，该调解书载明案涉房产归芮甲涛与芮乙涛各半所有。后由于芮乙涛不愿分割房产，故芮甲涛诉至法院，请求法院判令分割按份共有房产：房产两间三层，南向一间（一楼至三楼）归芮甲涛，北向一间（一楼至三楼）归芮乙涛。芮甲涛在审理中表示如法院认定案涉房产不能进行实体分割，则变更诉请为对房屋折价或者拍卖、变卖取得款项进行分割。芮乙涛不同意归并。

该房产土地性质为农村集体土地，芮甲涛与芮乙涛户籍均不在房屋所在地村集体中，无法办理产权变更手续。该房产现由芮乙涛占有使用，并开办了宾馆。房屋有南北两间，共计三层，楼梯位于南面一间内，厨房、卫生间位于北面一间内。

【案件焦点】

1. 案涉房产能否实物分割；2. 如果不能实物分割，应采取何种方式分割案涉房产产权。

【法院裁判要旨】

江苏省宜兴市人民法院经审理认为：芮甲涛、芮乙涛对案涉房产各半所有，且没有约定不得分割，故芮甲涛可以随时请求分割。但对案涉房产分割，芮甲涛、芮乙涛并未达成一致意见，芮乙涛既不同意分割也不同意归并。在此情况下，需要考虑案涉房产是否可以分割或者分割是否会减损价值。根据房屋现状，案涉房产本系一个整体，当初建造时并未考虑将来南北独立分割的情况，且现作为宾馆在使用，如对该房产进行南北分割，必然对该房屋的功能性产生影响，减损房屋价值。故在此情况下，应当对该房屋折价或者拍卖、变卖，所得款项由芮甲涛、芮乙涛各半享有。鉴于芮乙涛不同意归并，双方无法就折价金额达成一致意见，故应当采取拍卖、变卖方式进行分割。拍卖、变卖所得价款由芮甲涛、芮乙涛各享有50%，拍卖、变卖所产生的相关税、费由芮甲涛、芮乙涛各负担50%。综上，芮甲涛诉请依法有据，应予支持。

江苏省宜兴市人民法院依照《中华人民共和国民法典》第三百零三条、第三百零四条之规定，作出如下判决：

自本判决生效之日起，芮甲涛可向法院申请拍卖、变卖案涉房产，所得价款由芮甲涛、芮乙涛各得50%（由此产生的税费由芮甲涛、芮乙涛各负担50%）。

判决作出后，当事人未上诉，判决已经发生法律效力。

【法官后语】

1. 本案审判的关键点在于案涉房产能否实体分割，这可以从“建筑构造独立区分性”“是否能满足独立使用需要”“分割后登记的可行性”三个方面来综合把握：

分割后的房屋是否具有构造上的独立性，即在建筑区划上能够明确区分其范围。通俗地理解为，建筑构造上与其他建筑物部分有“隔墙”。就本案中的此类居民用房而言，应包含卧室、厨卫、过道等基本部分，并有有形的隔离墙壁。本案中的南间、北间不是被有形墙壁隔离的独立的部分，不具备构造的独立性。

分割后的房屋是否有利用上的独立性，即是否能在使用功能上独立满足居住者的生活需要。具体而言，包括分割后房产各部分应具有独立的水、电、厨等配套设施，且有独立的出入口与公共通道联通。本案中房产的楼梯在南间，厨卫在北间，房屋的设计规划就是作为整体使用，其使用上具有不可分割性。

分割后的房屋是否具有登记的可行性，即能否经过登记公示。而登记上的可行性也是以构造独立性、使用独立性为基础来判断分割后能否登记的。本案中的南间、北间不具备登记独立门牌号的条件，也就无法通过登记公示。

2. 本案判决具有社会、经济的双重意义，对共有物分割中的矛盾化解、资源的优化利用意义深远。法律具有重要的社会功能，通过其自身运行，有助于化解矛盾、维护社会稳定，促进社会变迁。本案中按份共有房屋的情形在生活中较为常见：各按份共有人常常具有亲属关系，是居住在同一“屋”檐下的大家庭，家务事纷纭复杂，各个按份共有人常常处于矛盾激化的边缘，尤其在面临房屋修缮、处置等重大事项时更是难以形成最终决定，引发的诸如此类的纠纷更是司空见惯。而共有人将纠纷诉诸法律，利用司法资源，通过诉讼消除共有状态，解决了家庭矛盾、和谐了邻里关系、消除了社会纷争。

法律更具有重要的经济功能，能够提高资源利用效率、合理配置资源、发挥物的效用。现实生活中的按份共有情形屡见不鲜，既有共同建造或购买房屋的共同共有，也有因婚约、家庭、继承形成的共同共有（解除后转化为按份共有），而其中较为常见的就是本案中的情况：兄弟姐妹共同继承了父母的房屋，遗产分割后，共同共有转化为按份共有。而这种共有房屋会因为共有人之间的摩擦矛盾、部分共有人失联等情形，导致共有房屋长期空置，造成社会财富的浪费。当物处于共有状态下，所有权的主体具有非单一性，在物的使用、处置上的冲突将导致“物”难尽用。法律的制度设计对经济活动具有重要的指引效果，从按份共有人的优先购买权的规定有利于实现“共有”变“独有”，到各共有人管理共有物的权利保障了“最大化”资源的利用率。

编写人：江苏省宜兴市人民法院　吴旻昊　张馨元

47

共有物分割纠纷中死亡赔偿金的性质认定及分配

——李某某、刘某某诉朱某某共有物分割案

【案件基本信息】

1. 裁判书字号

山东省高唐县人民法院（2022）鲁1526民初796号民事判决书

2. 案由：共有物分割纠纷

3. 当事人

原告：李某某、刘某某

被告：朱某某

【基本案情】

林某某于1993年出生，李某某系死者林某某生母，林某某生父于2006年去世。刘某某系死者林某某继父，李某某与刘某某于2014年办理结婚登记，之后林某某跟随母亲李某某与刘某某一起生活。林某某与刘某某已经在2021年的民事判决中被认为存在事实上的抚养关系。朱某某与林某某于2020年11月办理结婚登记。2021年5月，派出所对朱某某母亲出具了《家庭暴力告诫书》，显示自2020年12月至2021年5月3日，朱某某母亲多次对其儿媳林某某实施殴打，林某某脖子处有抓痕、屁股处有淤青，朱某某母亲家庭暴力成立。2021年6月1日，案外人程某某与林某某发生交通事故，造成林某某死亡。2021年6月2日凌晨朱某某确认了林某某死讯，并于2021年6月2日下午着手处理林某某后事。2021年9月13日朱某某向法院提起机动车交通事故责任纠纷的诉讼，法院依法追加本案刘某某、李某某为第三人参加诉讼，2021年10月22日

法院作出民事判决，判决某保险公司赔偿朱某某、刘某某、李某某死亡赔偿金、丧葬费共计 770715.6 元。

【案件焦点】

死亡赔偿金的性质以及如何在死者近亲属之间进行分配。

【法院裁判要旨】

山东省高唐县人民法院经审理认为：李某某、刘某某以自己系死者林某某母亲与继父的名义，向法院起诉分割已赔付林某某家属的死亡赔偿金，并以继承纠纷为由诉至法院，但经审理查明死亡赔偿金不属于死者的遗产，本案不应定性为继承纠纷，案由的确定应准确反映当事人的诉辩，故本案案由应为共有物分割纠纷。

死亡赔偿金在内容上是对构成“经济性同一体”的受害人近亲属未来收入损失的赔偿，是受害人近亲属具有人身专属性质的法定赔偿金。属于死者近亲属共有，在分配时，首先应由死者的近亲属协商分配，协商不成的可以按照赔偿权利人与死者生活和经济依赖关系的紧密程度进行分配。结合本案分析，李某某作为林某某的母亲对林某某的抚养时间最长，付出得最多，与林某某之间的关系也最为亲密，理应多分得该笔赔偿金，法院酌定李某某分得死亡赔偿金总额的 50%。

朱某某作为林某某的丈夫，双方共同生活并相互扶持，死亡赔偿金是对近亲属未来收入损失的赔偿，从该层面看林某某的死亡，朱某某在未来收入预期上损失最大。但是从结婚及双方共同生活时间看，朱某某对林某某承担扶养义务仅半年时间，在与林某某关系紧密程度上不如李某某。法院酌定朱某某分得死亡赔偿金总额的 30%。

刘某某作为林某某的继父，在 2014 年和李某某结婚后，与李某某共同承担起了抚养林某某的义务，与林某某形成了事实上的抚养关系，对于死亡赔偿金应当分得一定的比例，刘某某既不如李某某与林某某之间的关系亲密，也不如朱某某因林某某的死亡对未来收入损失大。因此法院酌定刘某某分得死亡赔偿金总数的20%。朱某某主张林某某曾经与某村的一男性有四年之久的婚姻，与刘某某生活时间很短，但经法院依法调取林某某婚姻情况仅与朱某某存在婚姻关系，因此法院对朱某某的该主张不予采信。

关于要求剥夺朱某某继承权的诉讼请求，本案案由已经更改为共有物分割纠纷，要求剥夺继承权既不符合法律规定，也不属于共有物分割项下内容，法院对此不予支持。综上，李某某、刘某某主张分割的死亡赔偿金总额为726841.1元，三人按照上述确定的比例分配。

山东省高唐县人民法院依照《中华人民共和国民法典》第三百零四条之规定，作出如下判决：

一、李某某分得的死亡赔偿金数额为363420.55元，朱某某分得的死亡赔偿金数额为218052.33元，刘某某分得的死亡赔偿金数额为145368.22元；

二、驳回李某某、刘某某的其他诉讼请求。

判决作出后，当事人未上诉，判决已经发生法律效力。

【法官后语】

本案主要涉及如何对死亡赔偿金的性质进行认定以及死亡赔偿金如何分配的问题。死亡赔偿金属于财产损害赔偿金还是精神损害抚慰金，死亡赔偿金与被扶养人生活费之间的关系以及死亡赔偿金是否属于遗产。

一、关于死亡赔偿金属于财产损害赔偿金还是精神损害抚慰金

《最高人民法院关于审理人身损害赔偿案件适用法律若干问题的解释》（法释〔2022〕14号）第十五条摒弃了之前《最高人民法院关于确定民事侵权精神损害赔偿责任若干问题的解释》（法释〔2001〕7号）第九条所采取的将死亡赔偿金界定为精神损害抚慰金的立场，将死亡赔偿金解释为财产损害赔偿金。死亡赔偿金是受害人应增加而未增加的利益，属于可期待利益，而非现实利益的减损，该可期待利益的范围是受害人家庭作为“经济同一体”的未来可预期的收入损失，因此死亡赔偿金的性质是财产损害赔偿。

二、死亡赔偿金与被扶养人生活费的关系

死亡赔偿金在内容上是对受害人近亲属未来收入损失的赔偿。其在赔偿范

围上区别于被扶养人生活费范围，被扶养人生活费的赔偿范围是受害人残疾或者死亡时，有需要扶养的未成年人以及无劳动能力又无其他生活来源的其他近亲属。但死亡赔偿金不需要以受害人子女为未成年人以及无劳动能力又无其他生活来源为前提，单纯是对经济统一体的受害人近亲属的补偿。

三、死亡赔偿金区别于遗产

遗产继承的范围中包括被继承人死亡后可以获得的有价证券以及履行标的为财物的债权等。有价证券及债权作为自然人死者生前虽尚未取得的现实利益，但通过死者生前约定可以取得，这属于被继承人依法享有的固有利益，死亡赔偿金正是以其可期待利益的特征区别于遗产的现实利益或固有利益的属性。另外自然人的权利能力始于出生，终于死亡。受害人一旦死亡，其权利能力即行终止，不再享有民事权利、承担民事义务，死者无法享有死亡赔偿金的赔偿请求权，死亡赔偿金并不是赔给死者的。死亡赔偿金是由于受害人死亡，在其死亡后，加害人进行的赔偿。受害人已经死亡，不能认为他本人还取得了财产，向不存在的民事主体赔偿，这样讲从法学理论上存在障碍。从另一个角度看，若把死亡赔偿金作为遗产，会有矛盾，遗产除法定继承外，可以用遗嘱处理，有可能继承在法定继承人之外。死亡赔偿金存在按照遗嘱来执行的可能，若作为遗产，随着法律规定越来越完备，公民对自己的民事权利的处分受到的保护会越来越充分，若自然人死亡时有可能使其近亲属得不到该笔死亡赔偿金。这就与设立死亡赔偿金对死者近亲属逸失利益的补偿的本意大相径庭。社会效果也不好。死亡赔偿金不宜作为遗产，这样也可以体现以人为本，处理起来更人性化、更公平合理、更加体现一种人道主义的精神，体现了法律对处于弱势地位的受害人近亲属基本生存权利的保护，保证其基本生活不受影响，保护死者近亲属的发展机会，也有利于维护社会稳定。

四、死亡赔偿金的分配

首先应由死者的近亲属进行协商，协商不成的可以按照赔偿权利人与死者生活和经济依赖关系的紧密程度进行分配。根据上述分析，死亡赔偿金不属于死者的遗产，本案李某某要求剥夺朱某某法定继承遗产的继承权没有事实和法律依据，法院对该诉讼请求予以驳回。李某某作为死者母亲对死者的抚养时间最长、付出最多，与死者之间的关系也最为亲密，理应多分得该笔赔偿金。朱某某作为林某某的丈夫，双方共同生活并相互扶持，从死亡赔偿金是对近亲属未来收入损失赔偿的性质层面看，朱某某在未来收入预期上损失最大。但双方结婚及共同生活时间仅半年，在与死者关系紧密程度上不如李某某，故朱某某分得死亡赔偿金比例应低于李某某。刘某某作为死者的继父与死者形成了事实上的抚养关系，在死亡赔偿金的分配上，刘某某既不如李某某与林某某之间的关系亲密，也不如朱某某因林某某的死亡对未来收入损失大。因此刘某某分得死亡赔偿金比例最小。本案判决既符合当事人的心理和情感预期，又在数额分配上符合公平原则，兼顾了情理与法理，裁判文书生效后主审法官积极协助当事人领取赔偿款，真正做到了案结事了，取得法律效果与社会效果的统一。

编写人：山东省高唐县人民法院　乔振政

48

离婚后夫妻财产份额如何认定

——朱某青诉宣某英债权人代位析产案

【案件基本信息】

1. 裁判书字号

浙江省绍兴市中级人民法院（2021）浙06民终4623号民事判决书

2. 案由：债权人代位析产纠纷

3. 当事人

原告（被上诉人）：朱某青

被告（被上诉人）：宣某英

第三人（上诉人）：赵某

【基本案情】

宣某英与赵某原系夫妻，两人按揭购买了案涉房屋，并于2010年9月27日办理了权属登记；该房屋总价为135万元，其中贷款85万元，按等额本息还款，贷款期限为228个月，第一期还贷时间为2011年2月4日。2016年4月19日，宣某英与赵某协议离婚，约定：1. 案涉房屋归赵某所有，银行按揭由赵某继续缴纳；2. 某大药房的经营权、所有权归赵某经营、所有、所得；3. 夫妻双方无共同债权债务，双方签字所借债务由各自独立承担归还、互不牵连等内容。离婚后，案涉房屋按揭一直由赵某予以归还。2019年2月18日，朱某青与宣某英民间借贷纠纷经人民调解委员会调解，达成如下协议：宣某英应返还朱某青借款75万元，并支付25万元自2015年1月3日起、50万元自2015年11月24日起，均至借款还清日止按月利率1%计算的利息，借款定于2019年5月18日前付清；如宣某英未按期履行，则上述利息计算方式变更为25万元按月利率1.5%计算、50万元按月利率1.3%计算。2019年2月26日，法院作出民事裁定书，确认上述调解协议有效。2019年2月21日，赵某以宣某英为被告向法院起诉，要求确认离婚协议书有效。法院作出判决确认赵某与宣某英于2016年4月19日所签订的离婚协议书有效。因宣某英未能履行还款义务，经朱某青申请，法院于2019年6月5日立案执行，并于2019年11月12日查封案涉房屋。其后，赵某向法院提出执行异议，认为案涉房产虽未办理产权变更手续，但实际归赵某所有，法院查封不当，应解除对案涉房屋的查封。2020年2月21日，法院作出执行裁定书，认为虽涉案房屋在宣某英、赵某离婚时，被协议分归赵某所有，但由于至今仍登记于两人名下，依法应认定为两人共同共有。因法院只执行涉案房屋中属于宣某英所有的份额，但涉案房屋有购房抵押贷款，离婚后抵押贷款由赵某归还，故法院无法判断宣某英对涉案房屋所占之具体份额。因此，在依法确定宣某英所占份额之前，法院可以继续查封，但不得处分，遂裁定中止对案涉房屋的处分。

【案件焦点】

宣某英对涉案房屋享有的份额如何确定。

【法院裁判要旨】

浙江省诸暨市人民法院经审理认为：朱某青与宣某英之间的债权债务已进入执行程序，法院依法查封了案涉房屋，现朱某青不认可宣某英与第三人赵某之间达成的分割协议，故朱某青有权对宣某英共有的财产代位提起析产诉讼。根据当事人的诉辩主张，本案的争议焦点在于案涉房屋的份额如何确定。法院认为，案涉房屋登记为宣某英与赵某共同共有，虽两人在离婚时协议约定将房屋分给赵某，但该约定只能对协议双方发生约束力，不得对抗其他人。朱某青现认为该处分行为损害了其权益，从协议内容上看宣某英亦确有不当处分，在赵某提供的证据尚不足以认定其向宣某英支付了等额对价的情形下，法院对宣某英夫妻离婚时对房屋现存价值的处分予以否定；至于离婚后部分，鉴于后期按揭贷款确由赵某继续归还，依据权利义务相对等原则，该部分对应的房屋份额归赵某所有，亦不损害朱某青的权益。综上，考虑到案涉房屋可能在执行过程中予以拍卖，在拍卖款扣除剩余未付贷款的前提下，结合婚内共同还款份额及婚后赵某单独还款份额等因素，法院酌定宣某英对案涉房屋享有 35%的所有权。

浙江省诸暨市人民法院依照《中华人民共和国民法典》第二百零九条，《最高人民法院关于人民法院民事执行中查封、扣押、冻结财产的规定》第十二条，《中华人民共和国民事诉讼法》第一百四十四条之规定，作出如下判决：

一、宣某英对涉案房屋享有 35%的所有权份额；

二、驳回朱某青的其余诉讼请求。

赵某不服一审判决，提出上诉。

浙江省绍兴市中级人民法院同意一审法院裁判意见，依照《中华人民共和国民事诉讼法》第一百七十条第一款第一项之规定，作出如下判决：

驳回上诉，维持原判。

【法官后语】

实践中，共有权人通过内部约定的方式将共有财产进行处分的情形较为常见。只要该处分行为不违反法律、行政法规的禁止性规定，原则上应认定为有效，对全部共有权人均具有约束力；但当该共有权人同时也是债务人时，其处分共有财产的效力能否对抗债权人，则需要进一步判断。我国法律规定，债权人撤销权行使条件有三：一是债务人有减少财产权益的行为；二是该行为有损其债务清偿能力，有害于债权人实现债权；三是若处分财产权益是以有偿方式进行的，则需要债务人和受让人具有恶意。是故，如受让人受让该共有财产时支付了相等对价，债权人的利益并不会因该处分行为受损，则仍应认定该处分行能对抗债权人；反之，债权人有权请求人民法院撤销该行为。需要注意的问题是，如该共有财产尚未发生物权变动，仍为债务人共有状态，债权人可直接提起代位析产之诉，明确债务人所享有的份额；如该共有物已经发生了物权变动，则债权人须先提起撤销之诉，待财产恢复到共有状态后再另行提起代位析产之诉。

债权人代位析产纠纷是依据《最高人民法院关于人民法院民事执行中查封、扣押、冻结财产的规定》第十二条专门增设的一个案由。设立该制度的目的是在于解决执行过程中因共有财产份额不清致使无法继续执行，故而从实体上对债权人的执行权利进行救济。需要注意的几个问题：1. 债权人代位析产产生的诉讼利益并不归该债权人享有，不能用于清偿该债权人的个人债务，而是应当归入债务人的责任财产，再通过执行分配的方式明确各债权人享有的利益；同时，在执行程序终结后，如属于债务人的财产仍有剩余的，应该返还给债务人。2. 债权人提起代位析产所涉及的财产，不应受该债权人所享有的债权为限。如前所述，该制度仅系对原有共有关系的解除，进而对基于共有关系存在而共有的财产进行析产，其并不会改变该共有财产的权属份额及性质。3. 债权人在提起代位析产之诉时，应当将该共有财产的全部共有权人均列入诉讼；法院在审查时发现尚有其他共有人的，也应当及时通知参加诉讼，进而保障其他共有权人的合法权益。

编写人：浙江省诸暨市人民法院　陈浩

三、用益物权纠纷

（一）土地承包经营权纠纷

49

土地补偿费分配应遵循“主要用于被征地农户”原则

——周某验诉某村村民委员会、某村 1 组承包地征收补偿费用分配案

【案件基本信息】

1. 裁判书字号

重庆市潼南区人民法院（2021）渝 0152 民初 7664 号民事判决书

2. 案由：承包地征收补偿费用分配纠纷

3. 当事人

原告：周某验

被告：某村村民委员会、某村 1 组

【基本案情】

周某验系某村 1 组的农村土地承包经营户。周某验自 2015 年起系当地农村五保供养对象（特困人员）。2016 年，重庆市潼南区某水库建设指挥部与某村 1 组签订了《重庆市潼南区某水库征收土地协议书》及《补充协议》拟征收某

村1组部分土地，并约定征收耕园地的土地补偿费及安置补助费按33822元/亩标准补偿。2018年，市政府作出相关批复，对潼南区建设某水库淹没区工程土地征收进行了批复同意。周某验被征收耕地1.4422亩。同时，《潼南区某水库工程征地补偿和移民安置实施方案》第七条第二款规定，征收耕地的土地补偿费为16911元/亩，安置补助费为16911元/亩，两项合计为33822元/亩。第十七条规定，土地补偿费为被征地的农村集体经济组织所获得的补偿。农转非人员被征地土地补偿费总额的80%首先统筹用于被征地农转非人员参加城镇企业职工基本养老保险，按程序划拨到劳动保障部门指定账户；其余20%支付给被征地农村集体经济组织，用于发展集体经济和安排集体经济组织成员的生产、生活。2019年6月20日，某村1组召开了征地分配会议，会议中确定了用于分配的土地补偿费为耕地补偿费的20%及林地、其他土地补偿费共计1392181元，并全票通过了将该社3个五保老人（包括周某验）的土地款纳入集体资金进行分配的决议。某村1组将相关补偿款共计1555530元对该社74户285名社员进行了平均分配，每人获得5458元。周某验被征土地补偿费总额的另外80%亦被纳入了集体资金，未向其支付。

【案件焦点】

征收农村集体土地的土地补偿费应当如何分配。

【法院裁判要旨】

重庆市潼南区人民法院经审理认为：根据《最高人民法院关于审理涉及农村土地承包纠纷案件适用法律问题的解释》第二十二条的规定，农村集体经济组织或者村民委员会、村民小组，可以依照法律规定的民主议定程序，决定在本集体经济组织内部分配已经收到的土地补偿费。虽然集体经济组织可以通过民主议定程序决定如何分配土地补偿费，但民主议定的决定应当公平公正地进行合理分配，同时不得违反法律法规及国家政策的要求，不得侵犯村民的合法权利。土地补偿费为被征地的农村集体经济组织所获得的补偿，但土地补偿费应主要用于被征土地的农民生产生活需要。本案中，周某验作为某村1组的土地承包经营户，其承包地被征收，失去了主要生产生活资料，为了不降低其生活水平，土地补偿款按照其被征土地面积计算由承包经营户享有更为妥当。周某验现已得到包括其土地补偿款20%在内的按人数平均分配的5458元，周某验被征地面积1.4422亩的另外80%土地补偿费，某村1组亦应按相关标准予以支付，即1.4422亩×80%×16911元/亩=19511.24元。某村村民委员会并非周某验农村承包经营户所在的农村集体经济组织，周某验起诉要求该村委会共同支付没有事实和法律依据，不应支持。

重庆市潼南区人民法院根据《最高人民法院关于审理涉及农村土地承包纠纷案件适用法律问题的解释》第一条第一款第六项、第二十二条，《中华人民共和国民事诉讼法》第六十七条、第一百三十七条的规定，作出如下判决：

一、某村1组于本判决生效之日起十五日内向周某验支付未获得的土地补偿费19511.24元；

二、驳回周某验的其他诉讼请求。

判决作出后，当事人未上诉，判决已经发生法律效力。

【法官后语】

本案原告农村承包经营户与被告集体经济组织之间的意见分歧主要集中在土地补偿费的归属和分配问题上。

我国实行土地所有权归国家和集体所有的基本制度。农民集体所有的土地属于该集体成员集体所有。国家为了公共利益的需要，依照法律规定的权限和程序可以征收集体所有的土地。征收集体所有的土地，应当依法及时足额支付土地补偿费、安置补助费等补偿费用，保障被征地农民的生活，维护被征地农民的合法权益。其中，征收农民集体所有土地所支付的土地补偿费是对集体土地所有权丧失的补偿，受益主体是农民集体，集体经济组织是经营、管理主体。但是集体经济组织取得土地补偿费后应当如何管理，以及在农民集体和被征地农户之间如何分配的问题并没有明确规定，导致实践中土地补偿费分配成为被征地农户和集体经济组织之间征地纠纷的主要形态，亦是涉农纠纷的焦点。

根据《中华人民共和国民法典》第二百六十一条及《中华人民共和国村民委员会组织法》第二十四条的规定，土地补偿费分配属于村民自治事项，由农民集体成员通过民主决议的方式制定在本集体成员间如何分配土地补偿费的方案。虽然农民集体作为村域范围内所有成员组成的团体，对集体事务享有充分的自治权利，但是村民会议或者村民代表会议的决定不得与宪法、法律、法规和国家的政策相抵触，不得有侵犯村民的人身权利、民主权利和合法财产权利的内容。集体土地被征收，集体土地所有权消灭时，相应被征收土地上的承包经营权也随之消灭，并且土地承包经营权的灭失将直接影响到被征地农户今后的经济收入和生活保障。为了确保被征地农户生活水平不因征地而降低，2004年10月21日国务院在《关于深化改革严格土地管理的决定》（国发〔2004〕28号）中要求“省、自治区、直辖市人民政府应当根据土地补偿费主要用于被征地农户的原则，制订土地补偿费在农村集体经济组织内部的分配办法”。上述规定虽然未改变土地补偿费的归属，但是为土地补偿费的分配原则指明了方向，亦是国家加强对农村集体经济组织内部征地补偿费用分配和使用监督的具体表现。本案中，基于周某验系五保供养对象的原因，某村1组召开分配方案会议决定将其被征地土地补偿费的80%纳入集体资金，违反了“土地补偿费应主要用于被征地农户”的原则，侵害了周某验因失去承包地平等获得合理补偿的合法权益，依法应当予以纠正并支付。

编写人：重庆市潼南区人民法院　周燕

50

承包户内的成年人全部死亡的情况下，以该经济组织承包地作为基本生活保障的未成年人集体经济组织成员资格的认定

——马某涵诉甲村村民委员会承包地征收补偿费用分配案

【案件基本信息】

1. 裁判书字号

新疆维吾尔自治区石河子市人民法院（2021）兵 9001 民初 2173 号民事判决书

2. 案由：承包地征收补偿费用分配纠纷

3. 当事人

原告：马某涵

被告：甲村村民委员会

第三人：马某河

【基本案情】

马某礼、尚某文系夫妻关系，二人育有一子马某峰、一女马某玲，四人系甲村村民。1999 年二轮土地承包，马某礼一家自甲村分得承包地 25.1 亩，该承包土地与乙村接壤，为便于耕种，马某礼一家在乙村购买房屋并居住，于 2006 年 8 月 4 日将户籍迁入乙村，服务处所仍为甲村，未在乙村分得土地。

2009 年 11 月 24 日，马某峰与谢某娜结婚（谢某娜在原居住地的承包地未被收回），2010 年 5 月 20 日，马某涵出生，落户至乙村。同年 6 月 4 日，马某峰去世，马某涵随其母谢某娜至河南省杞县丙村四组生活。

另查，1. 马某玲于 2005 年 4 月 22 日死亡，尚某文于 2010 年 9 月 28 日死

亡，马某礼于2014年8月9日死亡；2. 马某礼去世后，案涉承包地由其弟马某河对外出租，所收租金每年支付马某涵3000元。2019年，甲村认为马某礼一户整户消亡，遂将案涉承包地收回，继续交由案外人陈某生租种；3. 2020年，甲村土地被依法征收，马某礼户上的承包地在征收过程中实测面积为23.2747亩；4. 2011年，市政府下发文件，规定土地补偿费按1650元/亩标准的8倍赔偿，安置补助费按1650元/亩标准的12倍赔偿。2017年5月12日，市国土资源局下发文件，将安置补助费倍数由12倍调整为17倍。

【案件焦点】

1. 本案是否属于人民法院受理范围；2. 马某涵是否具有甲村集体经济组织成员资格。

【法院裁判要旨】

新疆维吾尔自治区石河子市人民法院经审理认为：本案为承包地征收补偿费用分配纠纷，依照《最高人民法院关于审理涉及农村土地承包纠纷案件适用法律问题的解释》第一条第一款第六项“下列涉及农村土地承包民事纠纷，人民法院应当依法受理：……（六）承包地征收补偿费用分配纠纷”、第二十二条中“征地补偿安置方案确定时已经具有本集体经济组织成员资格的人”的规定，本案属于人民法院审理承包地征收补偿费用分配纠纷时进行审查认定的内容，集体经济组织一方对原告的成员资格提出异议的，法院有权对原告是否具有集体经济组织成员资格进行审查和认定，进而对原告的实体权利主张能否得到支持进行裁判。因此，本案属于人民法院受理范围。

关于马某涵是否具有甲村集体经济组织成员资格。农村集体经济组织成员资格的认定，应当综合考虑当事人生产、生活状况、户口登记状况，农村土地对其所具有的基本生活保障功能等因素综合判断。本案中，首先，马某礼一家虽然于2006年将户口迁出甲村，但仍在该村生产、生活，以该村承包地为其基本生活保障，仍是该村集体经济组织成员。马某涵作为马某峰之子，出生时，父亲马某峰系甲村集体组织成员，故马某涵因出生取得甲村集体经济组织成员资格；其次，马某涵出生后，甲村村民委员会在其准生证上加盖印章，同意马某涵落户该村，但因在其出生前，马某礼一家已搬迁至乙村，在甲村没有可供登记的处所，遂落户至马某礼一家在乙村所购房屋；最后，马某涵系未成年，出生不足一月时父亲马某峰去世，马某涵随其母亲回到河南生活，以其母亲的收入以及案涉承包地的租金为基本生活来源，不存在丧失村集体经济组织成员资格的情形，在无证据显示马某涵已脱离案涉承包地的基本生活保障需求的情况下，马某涵有权主张获得案涉承包地的征收补偿费用。

新疆维吾尔自治区石河子市人民法院依照《中华人民共和国物权法》第四十二条第二款、第一百三十二条，《中华人民共和国农村土地承包法》第十六条，《最高人民法院关于审理涉及农村土地承包纠纷案件适用法律问题的解释》第一条第一款第六项、第二十二条，《中华人民共和国民事诉讼法》第六十四条第一款之规定，作出如下判决：

一、石河子市石河子镇甲村村民委员会于本判决生效之日起十日内支付马某涵承包地征收补偿费用960081.38元；

二、石河子市石河子镇甲村村民委员会于本判决生效之日起十日内支付马某涵利息损失21561.83元；

三、驳回马某涵的其他诉讼请求。

判决作出后，当事人未上诉，判决已经发生法律效力。

【法官后语】

一、关于农村集体经济组织成员身份的确认标准

目前关于农村集体经济组织成员身份的确认标准，在实践中，各省多以颁布地方性法规的方式来统一裁判尺度，地方性立法中对该问题的确认标准虽然存在差异，但均采取复合型标准，即以户籍、生产生活、权利义务、基本生活保障等多种因素相结合作为农村集体经济组织成员身份的认定标准，且各地所确定的复合型标准要素中均包括户籍因素。那么，集体经济组织成员将户籍迁出本集体经济组织，但仍在本集体经济组织生产、生活，且以承包地为其基本

生活保障的，是否丧失集体经济组织成员资格。在各省级高院规定的复合性标准中，对户籍因素与其他因素在成员资格认定中的功用进行了区分，前者是资格认定的形式标准、次要标准，后者尤其是“基本生活保障”是资格认定的实质标准、主要标准；当户籍与生活保障不一致时，应当根据实质标准来认定集体成员资格。例如，《重庆高院关于农村集体经济组织成员资格认定问题的会议纪要》（渝高法〔2009〕160 号）规定，集体经济组织成员认定的基本原则“应当以是否形成较为固定的生产、生活，是否依赖于农村集体土地作为生活保障为基本条件，并结合是否具有依法登记的集体经济组织所在地常住户口，作为判断农村集体经济组织成员资格的一般原则”。具体到本案中，马某礼为户主的家庭承包户作为甲村的集体组织成员，依法分得承包地，后因在别处购买房屋而将户籍迁出甲村，但仍以其在甲村的承包地作为其家庭生产经营的基础和生活保障，故该家庭承包户仍系甲村集体经济组织成员。

二、父母分属于不同集体经济组织，一方家长死亡，未成年子女农村集体经济组织成员资格的认定

因出生而取得集体经济组织成员资格存在两种情形，一种是父母双方均具有本集体经济组织成员资格，其子女也具有集体经济组织成员资格的情形，对此，实践中不存在争议；另一种是父母一方具有本集体经济组织成员资格而另一方为非农业人口或者是其他集体经济组织成员的情形，对其子女的集体经济组织成员资格确定，应当结合其出生时的实际落户情况来确定。

本案中，马某涵父母系不同集体经济组织成员，其父马某峰系以马某礼为户主的家庭承包户成员，为甲村集体经济组织成员，马某涵出生后落户至以其祖父马某礼为户主的户内，其因出生而原始取得甲村集体组织成员资格，故马某涵应为该村集体经济组织成员。根据《中华人民共和国农村土地承包法》第十六条规定：“家庭承包的承包方是本集体经济组织的农户。农户内家庭成员依法平等享有承包土地的各项权益。”虽然在马某涵出生后，马某礼一户中的成年家庭成员陆续死亡，但马某涵作为该承包户的家庭成员、甲村的集体经组织成员，有权继续承包土地，且甲村通过民主议定程序同意由其监护人代为耕

种，将所得收入用于马某涵生活费用，故马某涵并不存在丧失集体经济组织成员资格的情形，在其所承包的土地被征收时有权要求甲村支付相应的征收补偿费用。

编写人：新疆维吾尔自治区石河子市人民法院　田梦秋

51

不同类型外嫁女集体经济权益的判定

——郭某香诉某村民小组承包地征收补偿费用分配案

【案件基本信息】

1. 裁判书字号

江西省宜春市袁州区人民法院（2021）赣 0902 民初 1408 号民事判决书

2. 案由：承包地征收补偿费用分配纠纷

3. 当事人

原告：郭某香

被告人：某村民小组

【基本案情】

某村民小组综合楼系某村民小组于 1993 年自行出资承建。2018 年 12 月 25 日因政府征收该房屋，某村民小组与房屋征收与补偿安置办公室签订了两份《中心城区棚户区改造项目房屋征收与补偿协议》，该协议约定某村民小组综合楼折迁补偿 33209666. 18 元，另补偿店面歇业款 423978. 3 元。该拆迁补偿款于 2020 年 1 月 18 日支付至某村民小组银行账户。2020 年 6 月 8 日，某村民小组通知该组各户参加会议，讨论上述拆迁补偿款的分配方案，并未通知全组村民开会。会议通过了《某村民小组有关综合楼拆迁补偿款的分配方案》，内容有：

经本小组全体户主（村民）讨论决定，就综合楼拆迁补偿款按如下方案进行分配：1. 原有优先分配的居民为 194 人，每人分配拆迁款为人民币 130000 元；2. 除 194 人以外的所有小组在册的居民每人分配拆迁款为人民币 54000 元；3. 本小组在岗在编的公职人员，每人分配人民币 10000 元；4. 综合楼拆迁款到账后于本小组出生的居民按本分配方案第二条的 80%分配，即每人分配人民币 43200 元。对以上分配方案有异议的户主（村民）可在分配方案公示后 30 天内提起诉讼，领取了前述款项的户主（村民），或在规定时间内未提起诉讼的，视为同意该分配方案。次日，某村民小组公布了《2020 年某村民小组现关于综合楼拆迁款支出的明细说明》。随后，某村民小组对分配到拆迁补偿款的人员名单进行了公示。由于上述分配方案中并没有包括郭某香在内的 9 户外嫁女的丈夫及子女，9 户外嫁女的丈夫和子女不服分配方案，与某村民小组产生纠纷。2020 年 6 月 19 日、2020 年 6 月 20 日，某村民小组按分配方案约定的金额向居民发放拆迁补偿款。2020 年 6 月 21 日，某村民小组经开会讨论后，决定将包括郭某香在内的 9 名外嫁女的拆迁补偿款全部予以扣留。

【案件焦点】

外嫁女是否具有原农村集体经济组织成员资格，在农村集体土地被征收后能否获得补偿分配款。

【法院裁判要旨】

江西省宜春市袁州区人民法院经审理认为：郭某香虽系某村民小组的外嫁女，但户口仍登记在该组，未予迁出，就某村民小组综合楼的拆迁补偿款分配问题，某村民小组已经通过召开本组全体户主大会的方式通过了拆迁补偿款的分配方案，并就分配人员名单和拆迁补偿款的金额进行了公示。本案中，双方当事人也未提供证据证明该分配方案存在程序违法或分配不合理和有失公平，某村民小组应履行该份分配方案的付款义务。该分配中已确定了郭某香可以分配到 130000 元拆迁补偿款，某村民小组即应将该 130000 元拆迁补偿款支付给郭某香。郭某香诉请要求某村民小组向其支付拆迁补偿款 130000 元，有事实和法律依据，法院予以支持。

江西省宜春市袁州区人民法院依照《中华人民共和国民事诉讼法》第六十四条、第一百四十四条之规定，判决如下：

限某村民小组于本判决生效之日起十日内向郭某香支付拆迁补偿款130000 元。

宣判后，双方当事人均未上诉，判决已发生法律效力。

【法官后语】

本案系关于外嫁女集体经济组织成员权益判定问题的典型案例，2022 年新修订的《中华人民共和国妇女权益保障法》中明确了妇女在农村集体经济组织成员身份确认、土地征收补偿安置或征用补偿等方面享有与男子平等的权利。在此原则下，针对外嫁女是否享有集体经济组织成员权益的问题，应根据外嫁女的不同类型，结合《中华人民共和国农村土地承包法》等有关规定进行综合判定。

一、"农嫁农"型外嫁女权益的认定标准

"农嫁农"情形，应当以其是否在嫁入地承包了土地为主要判断标准，无论其户口是否迁出原农村集体经济组织。比如，结婚后，外嫁女在嫁入地承包了土地，但仍在娘家生产生活，不论其户籍是否迁出原农村集体经济组织，均应当认定其丧失了原农村集体经济组织成员资格，这样判断的目的在于防止出现外嫁女"两头占"的情形。如果结婚后，外嫁女未在嫁入地承包土地，不论其户口是否迁出原农村集体经济组织，不论其长期居住在娘家或是夫家，均应当认定外嫁女仍享有原集体经济组织成员资格，这样判断的目的是防止出现"两头空"的情形。

二、"农嫁城"型外嫁女权益的认定标准

此种情形，若无丧失农村集体经济组织成员资格的情形，应当认定外嫁女仍享有原集体经济组织成员资格。"农嫁城"的外嫁女，除非存在"城中村"等特殊情形，一般在嫁入地的城镇无集体经济组织。在此种情形下，即使外嫁女户籍已迁出到嫁入地或长期居住在城镇，只要其未纳入到当地城镇居民社会保障体系中，应仍认定其享有原农村集体经济组织成员资格。

三、“离异、丧偶、离异或丧偶后再嫁”型外嫁女权益的认定标准

离异、丧偶的外嫁女，存在其户籍在嫁入地或嫁出地或者迁入嫁入地后又迁回嫁出地等情形；离异或丧偶后再婚的外嫁女，其户籍更是可能存在于嫁入地、嫁出地、再嫁入地等多种情形。不论在何种情形下，应当以是否在集体经济组织承包土地为基本判断标准，此判断标准的目的在于避免存在“两头占”“三头占”或“两头空”“三头空”等情形。

四、其他型外嫁女权益的认定标准

在司法实践中，亦存在外嫁女纳入公务员序列、进入国有（集体）企事业单位工作等情形。有观点认为，在上述情形下，不论是“农嫁农”“农嫁城”、还是离婚、丧偶等情形，均不能享有集体经济组织成员资格。笔者认为不能一概而论，外嫁女纳入公务员序列或进入国有（集体）企事业单位工作，并不是其丧失集体经济组织成员资格的法定事由，不能当然地剥夺其集体经济组织成员权益，而应当根据其户口登记状况以及农村土地承包经营权情况等进行综合认定。

具体到本案中，郭某香等人属于典型的“农嫁城”情形，其虽外嫁到城镇生活，但其户籍仍登记在某村民小组处，在某村民小组处享有土地承包经营权，故其仍具有某村民小组集体经济组织成员资格。村民小组在集体经济组织成员大会通过的分配方案中，已确认了其享有分配权利，后又不予发放分配拆迁补偿款，显然侵犯了郭某香等外嫁女的权益。

编写人：江西省宜春市袁州区人民法院　周顺　周钊

（二）居住权纠纷

52

对居住权的认定及居住权益的保护

——王某诉陆某 1、施某居住权案

【案件基本信息】

1. 裁判书字号

江苏省南通经济技术开发区人民法院（2021）苏 0691 民初 495 号民事判决书

2. 案由：居住权纠纷

3. 当事人

原告：王某

被告：陆某 1、施某

第三人：陆某 2

【基本案情】

王某是陆某 1 的母亲。陆某 1 与施某原系夫妻关系，现已离婚。陆某 2 是陆某 1 与施某的女儿。2008 年，因家中旧房拆迁，王某夫妇与拆迁公司签订房屋拆迁补偿安置协议。同年 10 月 13 日，王某夫妇与陆某 1、施某及其他子女就王某夫妇的财产分配及住处等养老事项向街道所在调处中心申请调解，并签订了一份协议书，约定王某夫妇今后由陆某 1、施某负责购买拆迁安置房（套型不得小于二室一厅，层次基本上不得高于三层）居住，陆某 1、施某以王某夫妇的名义购买的房屋产权证过户后交由王某女儿保管直至王某夫妇全部千年

（去世）。王某其他子女分得相应拆迁款，与陆某1共同承担赡养义务。

2009年10月21日，陆某1、施某以王某的名义购买了位于南通开发区某小区74幢406室房屋及车库21室（以下简称案涉房屋），并登记在王某夫妇名下，房屋面积75.24平方米，车库面积8.86平方米。2010年2月8日，王某夫妇与陆某2签订了一份房屋买卖合同，将案涉房屋过户登记至陆某2名下。陆某1与施某于2018年3月26日协议离婚，离婚协议约定共同财产某小区65幢206室房屋及26号车库归施某所有，后经法院另案判决并强制执行过户登记至施某名下。王某夫妇自取得案涉房屋后一直居住其中，直至2019年王某丈夫去世。2020年2月中旬，王某依陆某1、施某要求临时搬至某小区65幢206室居住，施某搬至案涉房屋内居住。后施某不同意王某居住在某小区65幢206室内也不同意其居住在案涉房屋内。

【案件焦点】

1. 王某对案涉房屋是否享有居住权；2. 王某对案涉房屋是否享有居住权益，该权益是否具有排他性；3. 陆某1、施某及陆某2是否为适格主体，并有义务向王某交付案涉房屋。

【法院裁判要旨】

江苏省南通经济技术开发区人民法院经审理认为：居住权是指居住权人对他人所有房屋的全部、部分及附属设施，所享有的占有、使用的权利，是一种独立的用益物权。《中华人民共和国民法典》（以下简称《民法典》）规定，居住权人有权按照合同约定，对他人的住宅享有占有、使用的用益物权，以满足生活居住的需要。设立居住权的，应当向登记机构申请居住权登记。居住权自登记时设立。

关于争议焦点一，《民法典》对居住权的规定不具有溯及力，且居住权自登记时设立。协议书中关于王某夫妇今后由陆某1、施某负责购买拆迁安置房居住的约定，事实上是王某对将来安置的房屋享有居住权益的约定，并非法律定义上的“居住权”，故不能确认王某对案涉房屋享有居住权。

关于争议焦点二，案涉协议既约定了王某夫妇对后期购置的拆迁安置房不管是在其名下还是过户给他人都享有居住的权利，也约定了王某夫妇可以居住到终老的居住期限。王某已至耄耋之年，处分掉唯一住房后现无任何不动产，案涉房屋对王某而言确有不同寻常的意义，是其视为养老送终的归属之地。同时协议对王某夫妇将来居住房屋的位置、居住条件、居住期限等作出了约定，结合王某夫妇长期单独居住及王某丈夫在案涉房屋内终老的事实可以认定，王某对案涉房屋享有的居住权益是独立的、排他的，是能保障其权利的稳定和安全的。

关于争议焦点三，陆某1是合同义务人和案涉房屋购买和处置的实际参与者，其同意王某诉请也是其履行义务的表现。施某作为协议书上的义务人及案涉房屋的实际控制人，亦是适格主体并有义务向王某交付房屋供其居住。陆某2是案涉房屋的所有权人，其对案涉房屋享有的所有权系继受取得，其应对王某在房屋内长期居住的现状予以尊重，其对物权的行使不得损害王某的居住权益。综上，陆某1、施某和陆某2均是适格主体，均有义务向王某交付房屋供其居住到老。

江苏省南通经济技术开发区人民法院依照《中华人民共和国民法典》第三百六十六条、第三百六十八条、第五百零九条、第一千一百六十五条，《最高人民法院关于适用〈中华人民共和国民法典〉时间效力的若干规定》第一条、第二条、第二十四条之规定，判决如下：

一、陆某1、施某和陆某2于本判决生效后十五日内将南通开发区某小区74幢406室房屋及车位21室交付王某居住；

二、驳回王某的其他诉讼请求。

判决作出后，当事人未上诉，判决已经发生法律效力。

【法官后语】

《民法典》施行以前，未有法律对居住权制度作出规定。虽然在婚姻法及司法解释中对居住权一词有所提及，但对其概念、特征、设立条件等均未有明确完整的阐述。《民法典》首次提出了居住权的概念，并对居住权的设立、居住权的转让及消灭等作出了规定。本案作为《民法典》施行后的居住权典型案例，从居住权的认定、法律是否具有溯及力、老年人居住权益的保护等方面，判决王某对案涉房屋所享有的并非《民法典》所规定的居住权，但陆某1、施某、陆某2仍应向王某交付案涉房屋供其居住到老，以保障王某对案涉房屋享有独立、排他的居住权益。本案判决宣扬了我国社会主义核心价值观中平等、公正、尊老的价值理念，维护了老年人老有所居的合法权益，对今后此类型案件的裁判起到了一定的示范作用。

一、居住权的概念、特征及法律溯及力的问题

居住权是指居住权人对他人所有房屋的全部或者部分及其附属设施，所享有的占有、使用的权利，是一种独立的用益物权。居住权具有物权对世性、绝对性、直接支配性等特征，居住权人对房屋可以进行专属的、排他的利用，以从根本上有效地保障居住权的稳定和安全。根据《民法典》规定，居住权人有权按照合同约定，对他人的住宅享有占有、使用的用益物权，以满足生活居住的需要。《民法典》关于居住权的立法目的之一，是为充分发挥居住权扶弱、施惠的社会保障功能，保护弱势群体的居住权益。在居住权的期限内，如果没有法定的或约定的事由，房屋的所有权人不能要求居住权人搬离。同时，约定居住权，应当包含当事人姓名或具体住所、住宅的位置，居住条件和期限等，以明确居住权的具体指向和便于权利的实现。设立居住权的，应当向登记机构申请居住权登记。居住权自登记时设立。

《最高人民法院关于适用〈中华人民共和国民法典〉时间效力的若干规定》第一条第一款、第二款规定，民法典施行后的法律事实引起的民事纠纷案件，适用民法典的规定。民法典施行前的法律事实引起的民事纠纷案件，适用当时的法律、司法解释的规定，但是法律、司法解释另有规定的除外。本案中，《民法典》对居住权的规定不具有溯及力。首先，居住权是《民法典》新设立的用益物权，该法典施行前，我国未有对居住权的法律规定。案涉协议书的签订时间远在《民法典》施行前，对居住权的现有规定无法溯及当时。其次，《民法典》规定居住权自登记时设立。王某因协议书约定享有对案涉房屋居住

的权利，其如果要设立居住权，应当向登记机构申请居住权登记，以取得该用益物权。王某并未申请居住权登记，因此其对案涉房屋所享有的居住权并非法律定义上的“居住权”。

二、王某对案涉房屋是否享有居住权益及该权益是否具有排他性

首先，案涉协议书关于王某夫妇今后由陆某1、施某负责购买拆迁安置房居住的约定，事实上是王某对将来安置房屋享有居住权益的约定。房屋的居住权益，顾名思义就是对房屋居住的权利，是基于合同、取得所有权或受赠等方式取得的对房屋占有、使用的权利，可以指向自有房屋，也可指向他人房屋。本案中，王某夫妇与包含陆某1、施某在内的所有子女签订的协议书，对王某夫妇的拆迁所得权益进行了分配，也对其今后的赡养问题进行了具体的约定，相当于是一份分家析产协议。该协议既约定了王某夫妇对后期购置的拆迁安置房不管是在其名下还是过户给他人都享有居住的权利，也约定了王某夫妇可以居住到终老的居住期限。后陆某1、施某为王某购置了案涉房屋，先登记到王某夫妇名下，后过户给陆某2，并将房屋交由王某夫妇长期居住且对其予以适当照顾，直至王某丈夫过世，进一步说明陆某1、施某及陆某2均按照协议内容在一定期限内保障了王某对案涉房屋的居住权益。

其次，协议书中载明“套型不得小于二室一厅、层次基本上不得高于三层”“由丙方负责购买”“至甲方全部千年”等，是对王某夫妇将来居住房屋的位置、居住条件、居住期限等的约定，结合王某夫妇长期单独居住、王某丈夫在案涉房屋内终老的事实可以认定，王某对案涉房屋享有的居住权益是独立的、排他的，是能保障其权利的稳定和安全的。故案涉房屋的实际控制人施某及所有权人陆某2均不应妨碍王某对房屋享有独立、排他的居住权益。

最后，从公序良俗及维护老年人合法权益的角度来看，王某已至耄耋之年，处分掉唯一住房后现无任何不动产，其将来的生老病死不可避免，案涉房屋对王某而言确有不同寻常的意义，是其视为养老送终的归属之地。如果老人家出于大家庭的稳定，提前将老房拆迁所得的唯一住房处置给亲人，最终却落得无房可住，是有悖于平等、公正及尊老等社会主义核心价值观的，不宜支持和倡导。

三、继受取得的房屋所有权不得对抗在先的居住权益

用益物权作为物权的内容之一，旨在通过对他人之物的利用，来实现自身的目的，这就易出现用益物权与所有权发生冲突的问题。《民法典》第三百二十六条规定了用益物权人行使权利时，所有权人不得干涉。居住权作为一种用益物权，决定了居住权人和所有权人不是同一主体。一方面，居住权人在合理范围行使居住权的情况下，所有权人应采取容忍态度；另一方面，针对设立居住权的住宅实现抵押债权、对设立居住权的房屋进行买卖的情形，居住权作为一种独立物权，一经当事人约定或法律规定设立后，便可以对抗第三人，甚至是所有权人。因此，居住权对房屋受让人依然有效。此时第三人受到的损害可以依据合同请求所有权人承担违约责任。所有权人在已设立居住权的房屋上设立抵押权的，根据物权优先效力原则，即同一物上设立多个物权的，先设立的物权优先于后设立的物权。抵押权实现时，居住权对受让人仍有效。

本案中，陆某2是案涉房屋的所有权人。根据陆某1的陈述，案涉房屋过户至陆某2名下时其尚未成年，当时家人口头约定王某可以继续居住到老。虽然陆某2否认其知晓该口头约定，但作为王某的孙女，其目睹了王某在过户前及过户后持续十余年居住在案涉房屋内的事实。陆某2对案涉房屋享有的所有权系继受取得，非原始取得，其应对王某在房屋内长期居住的现状予以尊重，其对物权的行使不得损害王某的居住权益。陆某2辩称，因其母亲施某无房可住，要对其保留居住权利的理由与施某拥有自有房屋的事实不符；其提出王某如居住案涉房屋就无法老有所养，而应居住到其他子女房屋内的意见，更无事实和法律依据。因此，陆某2作为案涉房屋的所有权人，有义务向王某交付房屋供其居住。

综上，作为用益物权的居住权不具有法律溯及力，王某因有协议约定和实际居住的事实以及居住权益被侵害的现实，应认定其对案涉房屋享有独立地居住权益。陆某2对案涉房屋的所有权系继受取得，应对王某长期居住的现状予以尊重，其对物权的行使不得损害王某的居住权益。

编写人：江苏省南通经济技术开发区人民法院　施永华　徐晔桦

53

以合同方式设立的居住权应自登记时成立

——卢某碧诉王甲、刘某琴居住权案

【案件基本信息】

1. 裁判书字号

重庆市第一中级人民法院（2021）渝01民终5623号民事判决书

2. 案由：居住权纠纷

3. 当事人

原告（上诉人）：卢某碧

被告（被上诉人）：王甲、刘某琴

【基本案情】

卢某碧与王甲系母子关系，王甲与刘某琴原系夫妻关系。2001年11月21日，王甲、刘某琴修建案涉房屋时，与卢某碧达成协议，协议载明："一、由王甲、刘某琴修建新房，卢某碧要求住一间房、一个厕所，卢某碧自愿给王甲一万元；二、王甲收到钱后，此间房便由卢某碧住到过世为止。"同日，卢某碧向王甲、刘某琴支付了一万元，王甲、刘某琴向卢某碧出具收条，收条载明："今收到卢某碧人民币壹万元整。"房屋修建后，卢某碧一直居住在该房屋中至今。后来，王甲与刘某琴离婚，民事调解书载明：案涉房屋一套（权利人：王甲、刘某琴，建筑面积95.47平方米），由刘某琴占有该房屋89%的份额，由王甲占有该房屋11%的份额。卢某碧一直居住的房间及使用的厕所系配套，与该房屋其他部分可独立分开使用。刘某琴不同意进行居住权登记，故卢某碧诉至法院，请求确认居住权协议成立生效、卢某碧对涉案房屋享有居住权、卢某碧有权向登记机构申请居住权登记。

【案件焦点】

1. 未经居住权登记，法院能否仅凭居住权合同判定一方享有居住权；2. 在《中华人民共和国民法典》颁布前已订立相关居住协议，施行后一方申请对方配合办理居住权登记相关事宜的，对方是否有配合登记义务。

【法院裁判要旨】

重庆市合川区人民法院经审理认为：卢某碧与王甲、刘某琴签订的关于居住房屋的协议系双方真实意思表示，不违反法律的强制性规定，卢某碧诉请确认该协议成立并生效，应当予以支持。但双方于2000年订立关于居住的协议，但至今未向登记机构登记，居住权并未设立。由于订立居住协议时没有登记制度，并且协议中并未约定登记义务，双方关于居住的协议在双方当事人之间是合同关系，是债权，而如果进行了居住权登记，则变更为物权，给王甲、刘某琴对其房屋享有的所有权增加了权利负担，因此，要求王甲、刘某琴进行居住权登记，增加了其法定义务，不予支持。

重庆市合川区人民法院依照《中华人民共和国合同法》第三十二条、第四十四条，《中华人民共和国民法典》第三百六十八条，《最高人民法院关于适用〈中华人民共和国民法典〉时间效力的若干规定》第三条之规定，判决如下：

一、确认卢某碧与王甲、刘某琴于2000年11月21日签订的关于居住部分房屋的协议成立并生效；

二、驳回卢某碧的其他诉讼请求。

卢某碧不服一审判决，提起上诉。

重庆市第一中级人民法院经审理认为：虽然案涉居住协议合法有效，但居住权自登记时设立，本案未经登记，则居住权未设立。因此，对于卢某碧提出的要求确认其享有居住权的请求，不应予以支持。设立居住权的当事人有义务向登记机构申请居住权登记，若房屋所有人在签订居住权合同后拒不履行登记义务，则居住权人有权向其行使履行请求权。案涉居住协议签订之时，就约定卢某碧自愿给付王甲一万元，卢某碧对一间房和一间厕所有权住到过世。卢某碧依据该协议居住案涉房屋直至过世即为双方当事人签订合同的合理预期。现卢某碧请求王甲、刘某琴配合办理居住权登记手续，并未明显减损王甲、刘某琴的合法权益或增加二人的法定义务，亦未背离当事人合理预期，因此应当支持卢某碧的该项诉讼请求。

重庆市第一中级人民法院依照《中华人民共和国民法典》第三百六十八条、第五百零九条，《最高人民法院关于适用〈中华人民共和国民法典〉时间效力的若干规定》第三条、第二十条，《中华人民共和国民事诉讼法》第一百七十条第一款第二项之规定，判决如下：

一、维持一审民事判决第一项；

二、撤销一审民事判决第二项；

三、王甲、刘某琴于本判决生效后十日内配合卢某碧到登记机构办理居住权登记；

四、驳回卢某碧的其他诉讼请求。

【法官后语】

《中华人民共和国民法典》在用益物权编新增居住权规定，其目的在于认可和保护民事主体对住房保障的灵活安排，以满足人民群众生活居住的需要。这一制度有利于发挥房屋的效用，使房屋的居住权价值得以发挥。

在具体的司法裁判中，以合同方式设立居住权的，合同成立生效时，居住权是否同时成立？针对这一问题，《中华人民共和国民法典》第三百六十八条规定的“设立居住权的，应当向登记机构申请居住权登记。居住权自登记时设立”给出了答案。可见，以合同方式设立的居住权实行登记生效主义。[①] 居住权本身独立于设立居住权的基础法律关系，指向了居住权人对房屋的自由支配。[②] 约定不能直接产生物务即物上之债，是否登记是区分物务和债务的关键。[③] 居住权合同成立生效时，居住权并未设立。原因在于居住权合同仅产生债权，合同约定仅在合同主体之间发生债的效力，居住权人拥有对所涉房屋进

① 房绍坤：《民法典用益物权规范的修正与创设》，载《法商研究》2020 年第 4 期。
② 申卫星、杨旭：《中国民法典应如何规定居住权？》，载《比较法研究》2019 年第 6 期。
③ 汪洋：《民法典意定居住权与居住权合同解释论》，载《比较法研究》2020 年第 6 期。

行占有、使用的请求权。但是此种请求权仅是一种债权，仅产生“对人的权利”，意味着居住权人仅能请求合同相对人履行交付居住房屋的义务。如果房屋所有权人将房屋转让，则居住权合同约定并不能成为对抗房屋受让人的理由。房屋一旦转让，根据合同取得的居住权利难以得到保障。

登记是居住权作为物权设立的要件，也是债权向物权转变的必经程序。物权法与债法的相互衔接和配合照样具有必要性，奉行意思自治原则的合同法恰恰能完成受法定主义羁绊的物权法“不可做”之事。[①] 未经登记的部分为属人状态的债之关系，而登记后物化的部分交易关系，具有“对世的权利”。登记后的约定发生绝对效力，既维持了原有利益格局，不至于因第三人介入而重新洗牌，又为第三人提供了全面信息，保障其有效自主决策。[②] 居住权合同经过房屋登记管理部门登记后，物权意义上的居住权就成立了，形成了区别于基于租赁、借用等合同关系而产生的居住他人住宅的权利。即使此后发生了所涉住宅的转让，受让人不能以享有住宅房屋的所有权而对抗居住权人的居住权。此时住宅的所有权为保障居住权而虚空化。这也提醒人们在进行房屋买卖时，房屋受让人应当查清住宅房屋的权利状况，一旦所涉房屋上设有居住权并进行登记，房屋受让人应当容忍居住权的行使。

值得注意的是，司法裁判不能直接设立居住权。基于居住权经登记而设立的规定，在进行司法裁判时，法院不能以双方的居住权合同而直接确认居住权。这并不意味着在当事人不配合履行登记程序时，法院可以置之不理。居住权合同成立生效后，就产生了配合居住权登记的义务。虽然《中华人民共和国民法典》第三百六十八条的规定并未具体指明负有登记义务的主体，但申请登记的义务构成合同的主给付义务，所有权人基于居住权合同，有义务将住宅交付给居住权人占有、使用等并办理居住权设立登记。[③] 假如所有权人不履行申请登记的主给付义

---

① 崔建远：《物权编对四种他物权制度的完善和发展》，载《中国法学》2020 年第 4 期。

② 常鹏翱：《物上之债的构造、价值和借鉴》，载《环球法律评论》2016 年第 1 期。

③ 申卫星：《〈民法典〉居住权制度体系的展开》，载《吉林大学社会科学学报》2021 年第 3 期。

务，根据《中华人民共和国民法典》第五百八十条第一款关于非金钱债务之规定，居住权人有权请求其继续履行义务，法院有权判决一方履行登记协助义务。

因此，本案中，法院并未支持卢某碧要求确认居住权的请求，而是通过判令王甲、刘某琴履行登记协助的义务来保障当事人卢某碧的权利。判决生效后，如果当事人拒绝履行判决所确定的义务，可以通过强制执行程序进行登记，为卢某碧设立居住权。

编写人：西南政法大学　梁桂平

重庆市合川区人民法院　王萍

54

因遗嘱取得的居住权自遗嘱生效时设立

——柯某粒诉李某亮居住权案

【案件基本信息】

1. 裁判书字号

福建省厦门市中级人民法院（2021）闽 02 民终 6710 号民事判决书

2. 案由：居住权纠纷

3. 当事人

原告（被上诉人）：柯某粒

被告（上诉人）：李某亮

第三人：陈某兰

【基本案情】

李某德于 2003 年申购一处住改房，即案涉房产 202 室房屋，并于 2004 年 9 月 2 日登记产权在自己名下。此前，李某德与陈某兰于 2004 年 4 月 22 日登记结婚；此后，李某德与陈某兰于2005年11月29日协议离婚，离婚协议约定：双方婚后无子女，离婚时无财产债务问题，家庭事务经协商已经妥善处理完毕。李某德与柯某粒于2012年1月4日登记结婚，婚后共同居住于案涉房产内。李某德于2021年1月21日去世。

李某德生前曾于2015年9月11日立有公证遗嘱一份（以下简称案涉遗嘱），声明：案涉房产属于李某德的产权份额由其与原配之子李某亮继承，李某亮继承房产后，有义务将该房产其中一间居室留给柯某粒居住至其去世。2017年2月14日，李某德与李某亮签订《存量房买卖合同》，约定以10万元的价格将案涉房产出售给李某亮，经某不动产登记中心询问，陈某兰同意李某德的上述出售行为。2017年2月24日，案涉房产所有权变更登记至李某亮名下。2017年11月28日，李某亮的配偶万某燕向李某德转账支付22万元，备注为“寄存款”。

2018年6月，李某德曾向当地基层组织递交两份亲笔书写的书面材料，先后反映其儿媳万某燕等人与李某德、柯某粒夫妇发生冲突，取走钱财并声称要赶走柯某粒，送李某德去养老院，变卖案涉房产支付养老院费用一事以及李某亮以办理继承为由骗李某德过户案涉房产、企图变卖房产获利一事，请求当地基层组织帮助解决追讨被儿女取走的财物和返还被过户的房产，并妥善解决继续安置柯某粒在案涉房产中居住等问题。

柯某粒以被李某亮逼迫其搬离案涉房产为由，诉求确认柯某粒享有案涉房产中一间房屋的居住权，并要求李某亮配合办理居住权登记手续。

【案件焦点】

1. 案涉遗嘱能否成为柯某粒在案涉房产上设立居住权的依据；2. 案涉房产现登记在李某亮名下的法律事实是否影响柯某粒在案涉房产上设立居住权。

【法院裁判要旨】

福建省厦门市思明区人民法院经审理认为：1. 案涉遗嘱可以成为柯某粒在案涉房产上设立居住权的依据。李某德的公证遗嘱合法有效，该遗嘱为柯某粒设立居住权的意思表示清晰完整，柯某粒对案涉房产的居住权在该遗嘱生效时已经设立享有。2. 李某德与李某亮之间并不存在真实的房屋买卖关系。案涉房产买卖价款约定反常，且未见价款实际支付的确凿凭证，出售人在房屋过户前没有明确的出售动机，在房屋过户后又表达了相反的意思表示，依目前在案证据，实难认定李某德与李某亮之间存在真实的房屋买卖关系。3. 案涉房产已登记在李某亮名下的事实并不影响在案涉房产上为柯某粒设立居住权。李某德将案涉房产过户给李某亮的行为，并未实际撤回其为柯某粒安排居住问题的遗嘱内容，李某亮作为知悉或者应当知悉柯某粒系居住权益的所有权人，不得拒绝柯某粒行使其依法取得的用益物权。

总而言之，案涉房产在案涉遗嘱创立之时并无除李某德外的其他共有权人，李某德依其个人意志对案涉房产所作出的遗嘱安排合法有效；在案涉房产过户前后，李某德为柯某粒在案涉房产上设立居住权的意思表示连贯一致，未见撤回变更该遗嘱安排的明确表态或实际行为，案涉遗嘱为柯某粒设立居住权的安排对现实际取得案涉房产所有权的李某亮具有约束力，故对柯某粒依据案涉遗嘱安排要求确认其在案涉房产上居住权以及要求李某亮协助办理居住权登记的诉讼请求，法院予以支持。值得说明的是，虽然案涉遗嘱仅为柯某粒在案涉房产的其中一间卧室设立居住权，但考虑到柯某粒在案涉房产中正常生活势必需要通行、使用案涉房产其他公共区域，参照相邻关系的处理原则以及柯某粒多年来在案涉房产中的居住习惯，法院认定柯某粒的居住权涵盖案涉房产与厕所相邻的一间卧室及该房屋的共用区域；相应地，柯某粒对案涉房产的居住使用也不得妨害所有权人李某亮对案涉房产另一间卧室及房屋共用区域的处置使用。

福建省厦门市思明区人民法院依照《中华人民共和国民法典》第一百四十三条、第一百四十六条、第二百八十八条、第二百三十条、第三百六十六条、第三百六十七条、第三百七十一条、第六百六十一条、第一千一百三十三条第一款，《中华人民共和国民事诉讼法》第十三条、第六十四条，《最高人民法院关于适用〈中华人民共和国民事诉讼法〉的解释》第一百零五条之规定，判决如下：

一、柯某粒对案涉房产202室房屋享有居住权，居住范围包括该房屋临近厕所的一间居室及除该房屋另一间居室以外的共用区域，居住权期限为2021年

1月21日起至柯某粒去世之日止；

二、李某亮应于判决生效之日起十日内配合柯某粒到不动产登记机关办理上述居住权登记手续。

李某亮不服一审判决，提出上诉。

福建省厦门市中级人民法院同意一审法院裁判意见，依照《中华人民共和国民事诉讼法》第一百四十四条、第一百七十条第一款第一项规定，判决如下：

驳回上诉，维持原判。

【法官后语】

随着《中华人民共和国民法典》的颁布，居住权入典而生，并明确了居住权可以通过合同约定或者遗嘱方式设立，居住权的设立采登记生效主义模式，设立居住权应当登记，居住权自登记时设立。从《中华人民共和国民法典》第三百六十八条的文本表述上看，似乎居住权的设立生效时间并未因设立方式不同而有所差别。但结合《中华人民共和国民法典》第三百七十一条“以遗嘱方式设立居住权的，参照适用本章的有关规定”的条文表述看，以遗嘱方式设立居住权是“参照”适用而非直接适用民法典其他关于居住权的相关规定，因此以遗嘱方式设立居住权的，不能当然地认为居住权的设立时间也系登记时间。

实际上，以遗嘱方式设立居住权时，可能因居住权人自身怠于办理居住权登记、继承权人拒绝配合或恶意阻挠居住权人办理居住权登记等情形导致居住权人不能实现遗嘱为其设立的居住权利。本案即一起继承权人拒绝配合居住权人办理居住权登记，导致居住权人的居住权利受损的典型案例。

一、如何理解《中华人民共和国民法典》第三百七十一条规定的“参照适用”

准确理解以遗嘱方式设立居住权的规则，必须要以《中华人民共和国民法典》第三百七十一条中的“参照适用”为关键词进行理解。该条为准用性法条，即没有明确规定行为规则的内容，但明确指出可以援引其他规则来使本规则的内容得以明确。“参照适用”不等同于“直接适用”，意指可变通地有选择地援引，表明以遗嘱方式设立居住权的具体规则，可以有选择地、有目的地援引适用其他居住权相关法条。

《中华人民共和国民法典》第三百七十一之所以规定“参照适用”，表明遗嘱设立居住权与合同设立居住权仍然存在一定差别，故不可直接适用以合同方式设立居住权的全部规则。因居住权的客体是不动产，故居住权的变动本质是一种物权变动。而遗嘱设立居住权与合同设立居住权的主要差别，在于二者设立居住权的物权变动规则不尽相同。以合同设立居住权是基于双方法律行为的物权变动，我国法律对于不动产的物权变动原则上依据《中华人民共和国民法典》第二百零九条，即经依法登记发生效力。故以合同设立居住权时，居住权的设立时间为登记时间，符合我国法律对于不动产物权变动规则。

二、以遗嘱方式设立居住权的物权变动规则

（一）以遗嘱设立居住权的，居住权人存在现实风险

设立遗嘱是立遗嘱人单方作出的法律行为。此时作为将来可通过遗嘱受益的居住权人，存在事先不知晓遗嘱为其设立居住权的可能性；而当立遗嘱人死亡时，继承人因继承的发生当然取得遗产的所有权，且因继承权人处分遗产本身为有权处分，故可能导致在办理居住权登记之前继承权人即将继承的不动产出售而使得居住权人的居住利益无法实现的现实风险。

因此，在被继承人死亡后至居住权登记完成这段时间内，居住权人的权利如何能够最大限度地受到保护，是如何认定居住权的设立时间所必须考虑的问题。苛求居住权人必须办理居住权登记才能取得居住权，不利于对居住权人利益的保护，亦与立遗嘱人的意愿背道而驰。

（二）遗嘱设立居住权与合同设立居住权之差异

以遗嘱方式设立居住权，不同于以合同方式设立居住权。以合同方式设立居住权的，如果相对人不配合登记，只要居住权合同成立，居住权人在无法实现其物权权益时，物权权益可相应转化为合同项下的债权权益，即受债法的保护。然而，以遗嘱设立居住权时，是立遗嘱人的单方法律行为，且居住人是纯受益人，在遗嘱人已经死亡后，如果继承人不配合办理居住权登记或者继承人提前处置已经设立居住权的房产，那么居住权人的利益将受到重大侵害。因此，

从保护居住权人的角度出发，以遗嘱方式设立居住权不能采取登记生效主义，以登记时间作为认定居住权的设立时间。

（三）以遗嘱设立居住权的，居住权自遗嘱生效时设立

通过遗嘱方式设立居住权的，是基于继承发生的物权变动。遗嘱虽然是民事法律行为，但使遗嘱生效的法律事实是立遗嘱人的死亡，即立遗嘱人死亡的事实是导致物权变动的原因。因此，以遗嘱设立居住权的，可以参照《中华人民共和国民法典》第二百三十条的规定，认定居住权的设立时间。根据该条规定，因继承取得物权的，自继承开始时发生效力。可以认为，被继承人死亡后，继承开始，遗嘱生效，此时遗嘱安排的居住权人即取得居住权，办理登记并非遗嘱设立居住权的要件，而是房屋继承权人应当配合居住权人履行的义务。

编写人：福建省厦门市思明区人民法院　张希华　洪瑾君

55

居住权人对住宅的占有、使用不能超出居住范畴

——许某敏诉许某韬、许甲居住权案

【案件基本信息】

1. 裁判书字号

浙江省台州市中级人民法院（2022）浙 10 民终 726 号民事判决书

2. 案由：居住权纠纷

3. 当事人

原告（上诉人）：许某敏

被告（被上诉人）：许某韬、许甲

【基本案情】

许某敏与洪某燕原系夫妻关系，许某韬、许甲系其子女。2016 年 6 月 12 日，许某敏与洪某燕协议离婚，《离婚协议》载明：位于天台县赤城街道××路四间房屋归许某韬、许甲所有，许某敏、洪某燕均有居住的权利，经营权归许某敏，但不得出卖。双方于 2016 年 8 月 25 日签订《离婚补充协议》一份，约定上述房屋归许某韬、许甲所有，许某敏拥有经营权和居住权，洪某燕在未找到对象之前拥有居住权。2016 年 10 月 1 日，双方又签订《离婚补充协议》一份，约定涉案房屋归许某韬、许甲所有，许某敏拥有居住权，洪某燕放弃居住权，房屋抵押贷款到期后不得再贷款或者出卖。涉案房屋共四间五层，原登记所有权人为许某敏、洪某燕。2021 年 5 月 6 日，各方当事人因所有权确认产生纠纷，许某韬、许甲提起诉讼，法院于 2021 年 12 月 15 日判决许某敏协助许某韬、许甲办理天台县赤城街道××路 13 号、13-1 号房地产的过户登记手续。现涉案房屋已变更登记至许某韬、许甲名下。此外，许某敏曾与案外人徐某兵签订《民房租赁合同》，将涉案房屋 1-3 层出租给徐某兵，租赁期限为 2019 年 7 月 15 日至 2029 年 7 月 14 日，租金每年 150000 元。审判人员于 2022 年 2 月 23 日对涉案房屋进行了现场踏勘，许某韬、许甲、洪某燕未在此居住，许某敏居住在房屋第 4 层。

【案件焦点】

居住权人登记居住的范围如何确定。

【法院裁判要旨】

浙江省天台县人民法院经审理认为：居住权人有权按照合同约定，对他人的住宅享有占有、使用的用益物权，以满足生活居住的需要。本案中，许某韬、许甲系许某敏、洪某燕的子女，二人对于许某敏、洪某燕之间居住权的约定应当知晓。涉案房屋原先的所有权人为许某敏、洪某燕，现已按约定变更登记所有权人为许某韬、许甲。民事主体行使权利时，应当履行法律规定的和当事人约定的义务。根据权利和义务相一致的原则，许某韬、许甲无偿获得房屋所有权后，应当履行与当事人关于居住权的约定，故对许某敏请求判令许某韬、许甲协助办理涉案房屋居住权登记手续的诉讼请求，法院予以支持。关于登记居住的范围问题。《离婚补充协议》中并未约定居住范围，许某韬、许甲辩称房屋1—5层面积远超一人居住所需，愿意提供第5层供许某敏居住。法院认为法律创设居住权旨在扶弱、施惠，居住权人对他人的住宅仅享有占有、使用的权利，以满足生活居住的需要，法律明确排除了收益权。许某敏与洪某燕在最后约定居住权后，又将房屋1—3层出租给案外人，租赁期限为10年，许某敏居住在第4层。据此，若将涉案房屋1—5层全部确认为登记居住的范围，将远超许某敏个人生活居住所需，侵害房屋所有权人利益。综合考虑许某敏目前的居住现状和现场踏勘情况，法院将登记居住的范围确定为第4层。另，许某敏请求确认许某韬、许甲无权对涉案房屋进行抵押、转让，没有法律依据，法院不予支持。

浙江省天台县人民法院依照《中华人民共和国民法典》第一百三十一条、第三百六十六条、第三百六十八条，《最高人民法院关于适用〈中华人民共和国民法典〉时间效力的若干规定》第三条之规定，判决如下：

一、限许某韬、许甲于本判决生效之日起十日内协助许某敏办理位于天台县赤城街道××路13、13-1房屋的居住权登记手续，居住范围为上述房屋第4层；

二、驳回许某敏的其他诉讼请求。

许某敏不服一审判决，提出上诉。

浙江省台州市中级人民法院同意一审法院裁判意见，认为虽然《离婚补充协议》中居住权的范围没有明确约定，但许某敏主张对涉案的全部房屋享有居住权，已经明显超出生活居住的需要。

浙江省台州市中级人民法院依照《中华人民共和国民事诉讼法》第一百七十七条第一款第一项的规定，判决如下：

驳回上诉，维持原判。

【法官后语】

《中华人民共和国民法典》新增了居住权这一新型用益物权的规定，其存在的必要性主要表现在充分发挥房屋的效能，充分尊重权利设定人的意志和利益，以及充分发挥家庭职能，展现人与人之间的互帮互助。居住权制度对于解决非继承人的居住问题、弱势群体居住保障问题、离婚后需要经济帮助的一方的居住问题以及老年人“以房养老”问题等，均具有重要的现实意义。

根据《中华人民共和国民法典》第三百六十六条规定，居住权人有权按照合同约定，对他人的住宅享有占有、使用的用益物权，以满足生活居住的需要。由此可知，居住权具有以下特征：1. 居住权的基本属性是具有独立性的他物权；2. 居住权是为特定自然人基于生活用房需要设立的物权，具有人身属性；3. 居住权的设定是一种恩惠行为，具有不可转让性。上述条文还可以从以下三个层面加以精细化理解：第一，关于“他人的住宅”。“他人的住宅”主要指非居住权人自己的住宅，但当事人也可以约定居住权人在目前属于自己的住宅、将来属于他人的住宅上设立居住权，就如本案，许某敏与洪某燕离婚时约定将原本属于夫妻共同财产的住宅留给两个孩子，并设立了居住权。住宅有别于商铺、厂房、办公楼等，是指用于自然人居住生活的房屋。第二，关于“占有、使用”。居住权人仅享有占有、使用标的物住宅的权能，法律规范明确排除了居住权人享有收益权和处分权，体现了法律对于居住权保障弱势群体功能的定位。许某敏将房屋1—3层出租用于收取租金，系行使收益权，而要求许某韬、许甲不得对房屋进行抵押和转让，系要求限制原本属于所有权人的处分权，均超出了居住范畴，不是居住权正确行使的应有之义，故难以得到法院支持。第三，关于“满足生活居住的需要”。从常理分析，将住宅用于睡眠休憩是生活居住，用于写作、绘画、运动等也是生活居住，但生活居住之处不应该理解为将住宅当作生产经营的场所，如使用住宅仅仅用于堆放物资、改造住宅用于出租等，均超出了居住权人的权利范围。居住权人有其权利，亦有其义务：居住权人不得将房屋用于生活消费以外的目的，虽然可以对房屋进行合理装饰装修以及必要的维护，但不得改建、改装和作重大的结构性改变，此为合理使用房屋的义务；如果房屋存在毁损的隐患，居住权人应尽到善良管理人的注意义务，及时通知所有权人进行修缮或者采取必要措施，此为合理保管房屋的义务；居住权存续期间，除另有约定外，居住权人不能利用住宅进行经营活动，居住权也不能成为遗产，此为不得转让、继承和出租的义务。

总而言之，居住权人对于住宅的占有、使用，不能超出人们通常认知意义上居住的范畴，避免假借居住权之名，行所有权之实，背离居住权制度设立的初衷。

编写人：浙江省天台县人民法院　钱鑫

56

房屋受赠人要求对被强制执行房屋确认居住权的司法审查

——董某震诉刘某兰、董某军居住权案

【案件基本信息】

1. 裁判书字号

北京市第二中级人民法院（2021）京02民终16359号民事判决书

2. 案由：居住权纠纷

3. 当事人

原告（上诉人）：董某震

被告（被上诉人）：刘某兰、董某军

【基本案情】

刘某兰与董某军原系夫妻，育有一子董某震。婚姻关系存续期间购买了619号房产。2012年12月11日，该房屋上设立抵押。2014年3月18日，双方协议离婚，619号房产约定为董某军所有。同年6月7日，双方出具“更改声明”将619号房产归董某军所有变更为“归董某震所有”。2019年6月，董某震向北京市丰台区人民法院起诉刘某兰、董某军请求确认二人赠与其619号房

产行为有效。北京市丰台区人民法院于2019年8月22日民事判决书确认上述赠与协议有效。2020年3月，董某震起诉董某军要求其协助办理619号房产的过户手续，法院于2020年6月29日出具民事调解书，载明董某军于2020年7月25日前还清619号房产上的抵押贷款并解除抵押手续并于同月31日前协助办理619号房产至董某震名下。上述法律文书均已生效。现619号房产被河北省高碑店市人民法院及北京市西城区人民法院查封，董某震未办理所有权转移登记手续。故为实现其受赠权利，董某震请求法院判决其对涉案房屋享有居住权。另查明，董某震、董某军并未就设立居住权签订书面协议，亦未向登记机构进行登记。

【案件焦点】

董某震要求确认对案涉房屋享有居住权是否能被支持。

【法院裁判要旨】

北京市丰台区人民法院经审理认为：设立居住权，当事人应当采用书面形式订立居住权合同。设立居住权的，应当向登记机构申请居住权登记。居住权自登记时设立。本案中，619号房产虽于刘某兰、董某军离婚时协议赠与董某震，但居住权的设立须符合法定形式要件，董某震、董某军并未就设立居住权签订书面协议，亦未向登记机构进行登记，故董某震要求判决享有619号房产居住权的诉讼请求，法院不予支持。

北京市丰台区人民法院依照《中华人民共和国民法典》第三百六十七条、第三百六十八条，《最高人民法院关于适用〈中华人民共和国民法典〉时间效力的若干规定》第一条第一款之规定，判决如下：

驳回董某震的全部诉讼请求。

董某震不服一审判决，提起上诉。

北京市第二中级人民法院经审理认为：董某军与刘某兰的离婚协议及双方出具的更改声明中，均是对619号房产的所有权作出的约定与处理，并未对居住权进行约定。董某军、刘某兰未对董某震在619号房产的居住权存在争议。

董某震上诉要求确认其对619号房产享有居住权，法院不予支持。

北京市第二中级人民法院依照《中华人民共和国民事诉讼法》第一百七十条第一款第一项规定，判决如下：

驳回上诉，维持原判。

【法官后语】

本案为当事人通过诉讼要求确认居住权的典型案例，结合居住权制度具体分析如下：

一、居住权制度的立法宗旨

《中华人民共和国民法典》第三百六十六条规定，居住权人有权按照合同约定，对他人的住宅享有占有、使用的用益物权，以满足生活居住的需要。法律设立居住权制度的根本目的在于保障特定主体的居住生存权益，让其住有所居，同时为发挥居住权制度投资性价值，目前按照应用场景将其可分为社会性与投资性居住权两类。社会性居住权以无偿方式设立，居住权人与居住权设立人之间往往具有较为密切的身份关系，包括家庭成员间的约定或国家层面设立的社会性居住权等；投资性居住权以有偿形式设立，一般是将完整的所有权分割为附义务的所有权和居住权，如“以房养老”的保留居住权的住宅所有权买卖等。

二、居住权合同的构成要件和法律后果

根据《中华人民共和国民法典》第三百六十六条、第三百七十一条规定，居住权的设立方式有两类：一是以合同方式设立；二是以遗嘱方式设立。本案涉及的是前者。以合同方式设立居住权，首先当事人应当采用书面形式订立居住合同，其次应当向登记机构申请居住权登记。

《中华人民共和国民法典》第三百六十七条规定，设立居住权应当以书面形式订立居住权合同。该条文明确了居住权合同属于要式合同。《中华人民共和国民法典》对于合同以不要式为原则，以要式为例外。法律要求书面形式的规定，是源于某些合同相对来说比较重要，因而应当慎重，要求当事人应当采用书面形式。要式合同与不要式合同的主要区分意义在于若要式合同不符合

“形式要件”则会发生特别的法律效果。如居住权合同未采用书面形式订立的，原则上不发生效力。但是，合同之根本目的在于降低交易成本，促成社会交易。因此，欠缺形式要件的合同，法律也设计了补救措施。主要包括两个方面，一是通过当事人自认，弥补欠缺“形式要件”的合同效力。如诉讼中的自认，或事后的书面承认。二是通过履行治愈合同效力。如《中华人民共和国民法典》第四百九十条第二款之规定，“法律、行政法规规定或者当事人约定合同应当采用书面形式订立，当事人未采用书面形式但是一方已经履行主要义务，对方接受时，该合同成立”，如双方虽未签订书面居住权合同，但是已经交付房屋，办理居住权登记的，应当认定居住权合同成立并生效。

居住权属于用益物权，适用不动产物权变动规则。《中华人民共和国民法典》第二百零九条第一款规定，不动产物权的设立、变更、转让和消灭，经依法登记，发生效力；未经登记，不发生效力，但是法律另有规定的除外。《中华人民共和国民法典》第三百六十八条之规定，涉及居住权的，应当向登记机构申请居住权登记。依据上述条文可知，居住权设立采用登记生效主义。当事人仅订立居住权合同之后，未依法办理登记，依据区分原则，居住权合同成立生效，但不产生居住权效力。此时，居住权的需方可以依据合同请求供方履行办理登记的义务，以此维护其自身合法权益。

三、延伸思考：居住权合同的当下难题

居住权是“以满足生活居住的需要”设立的用益物权。2001年颁布实施的《最高人民法院关于适用〈中华人民共和国婚姻法〉若干问题的解释（一）》第二十七条第三款规定“离婚时，一方以个人财产中的住房对生活困难者进行帮助的形式，可以是房屋的居住权或者房屋的所有权”，这被普遍认为是我国首次提出居住权制度。此后几经周折，2021年开始实施的《中华人民共和国民法典》第三分编“用益物权”部分第三百六十六至第三百七十一条才正式确立居住权。居住权合同作为一种新兴事物，在司法实践中，要谨慎处理以下问题：

1. 所有人在住宅上为自己设立居住权。《中华人民共和国民法典》明确规定居住权是对他人住宅享有占有、使用权能的用益物权。通常来说，居住权的客体为“他人住宅”，“他人”这一限制条件符合居住权的他物权属性，所有权人是无法在自己住宅上设立“居住权”。所有权人为自己设立居住权常见于“以房养老”的情形。但在“以房养老”模式下房屋所有权人将房屋出售、赠与同时保留自身居住权，若无法从变更登记技术上实现预先设立居住权的情形，则所有人只能在所有权移转后才能再行登记居住权，将会增加权利人居住权益保障的风险。因此，人民法院应当慎重处理因居住权人和住宅所有权人混同的情形。尤其是家事纠纷中涉老年人居住权案件，要注意充分运用伦理道德和公序良俗的理念，保护老年人的合法权益，保障“老有所居，老有所养”。

2. 居住权人与第三人之间的利益冲突问题。基于居住权制度社会保障属性和物权属性，《中华人民共和国民法典》赋予该权利较强的对抗效力。司法实践中开始出现了滥用居住权制度、恶意排除他人权利的情况，比如通过设定居住权限制其他权利人对房屋的占有使用、借助居住权逃避债务执行等情形。一方面，要从居住权合同和债务形成时间、当事人主观意图、居住权合同对价等方面进行全面审查。谨慎认定当事人之间有无设立居住权的真实意愿，是否存在通过订立居住权合同或申请居住权登记逃避债务的行为。另一方面，由于居住权往往涉及权利人的生存利益，当生存利益与债权人经济利益发生冲突需要权衡时，应当正视我国现阶段居住权制度不完善和部分当事人法律意识有待提高的现状，在兼顾双方利益的前提下向相对弱势方适度倾斜。

四、回归本案

本案中，董某震系刘某兰、董某军之子。刘某兰、董某军系案涉房屋所有权人，二人离婚时在离婚协议中明确将房屋赠与董某震。因债务原因案涉房屋被执行且轮候查封，董某震未能依法过户顺利取得房屋所有权。根据已查明事实和现有证明，刘某兰、董某军对董某震居住使用619号房产并未存有争议。董某震在此情形下提起诉讼要求确认其对房屋享有居住权不合常理，亦不符合居住权本身“保障特定主体生存权益”的立法初衷。庭审中，董某震主张其曾与父母就设立居住权作出过约定，但并未提交证据予以证明。虽刘某兰、董某军的自认构成对合同未完成必要形式的补救，但双方并未在相关部门进行登记，故居住权并未设立。本案中，董某震的诉讼请求是判决其享有对案涉房屋的居住权，属于确认之诉。因居住权未登记，董某震自然未取得相关权利，其要求确认享有居住权的请求不能成立，故法院驳回董某震的诉讼请求。

编写人：北京市丰台区人民法院 李冬冬 毕凯丽

57

未进行登记的居住权能否对抗第三人

——王某生、娄某诉熊某、赵某英居住权案

【案件基本信息】

1. 裁判书字号

北京市第二中级人民法院（2021）京02民终9951号民事判决书

2. 案由：居住权纠纷

3. 当事人

原告（上诉人）：王某生、娄某

被告（被上诉人）：熊某、赵某英

【基本案情】

2015年，王某生起诉熊某才、刘某兰民间借贷纠纷，2016年一审法院作出判决书：1. 熊某才、刘某兰于该判决生效后十五日内偿还王某生借款1892750元；2. 熊某才、刘某兰以该借款1892750元为基数，自2015年6月9日起按年利率6%计算，向王某生支付借款利息至付清时止，于该判决生效后十五日内履行；3. 驳回王某生的其他诉讼请求。判决生效后，王某生申请强制执行。

2016年5月，王某生、娄某（甲方）与刘某兰、熊某才、赵某英、熊某

（乙方）签订《执行和解协议》，协议约定："甲乙各方达成如下和解协议：1. 乙方同意将刘某兰名下位于北京市甲小区 29 号院 1 楼 4 单元 202 号房屋与赵某英、熊某名下诉争房屋，在 2016 年 6 月 1 日之前腾空，让甲方及家人入住。2. 上述刘某兰名下房屋与赵某英、熊某名下房屋在房产证下发之日起一年内，熊某才、刘某兰为甲方在北京市丰台区乙小区及新发地范围之内购买一套不小于 89 平方米的两居室，购房款及购房过程中产生的一切费用由熊某才、刘某兰承担，该房屋登记在甲方或甲方指定的人名下。熊某才、刘某兰为甲方购买的两居室房屋交房并过户之后，甲方及家人搬出上述乙方名下房屋。3. 若熊某才、刘某兰在约定的一年期限内未能购买一套两居室，熊某才、刘某兰同意将刘某兰名下的北京市甲小区 29 号院 1 楼 4 单元 202 号房屋过户到甲方或甲方指定的人名下，过户产生的一切费用由熊某才、刘某兰承担。刘某兰名下房屋过户到甲方名下之后，熊某才、刘某兰仍需为甲方在本协议约定地点购买一套两居室房屋，两居室房屋登记在甲方或甲方指定的人名下之后，甲方同意将刘某兰名下房屋返还并配合过户，房屋过户登记期间产生的一切费用由熊某才、刘某兰承担。4. 熊某才、刘某兰未能为甲方在约定的地点购买两居室之前，甲方及家人有权无限期居住在上述刘某兰及赵某英、熊某名下的两套房屋。5. 赵某英为熊某才母亲，熊某为熊某才、刘某兰的儿子，赵某英、熊某同意上述约定，并积极配合。"一审法院作出执行裁定书：本次执行程序终结。经法院询问，双方一致认可诉争房屋已转让给案外人，现不在熊某、赵某英名下。

【案件焦点】

1. 本案能否适用《中华人民共和国民法典》关于居住权的规定；2. 本案中是否设立了居住权；3. 本案能否实际履行。

【法院裁判要旨】

北京市丰台区人民法院经审理认为：1. 关于本案能否适用《中华人民共和国民法典》关于居住权的规定。《中华人民共和国民法典》中的第三百六十六条对居住权进行了规定。在此之前，居住权不属于我国法律限定的物权权利的类型。物权法定原则，本案中，双方的《执行和解协议》于2016年5月6日签订，而《中华人民共和国民法典》于2021年1月1日开始实施，根据《最高人民法院关于适用〈中华人民共和国民法典〉时间效力的若干规定》第一条第二款之规定，本案并不适用《中华人民共和国民法典》关于居住权的规定。2. 关于本案中是否设立了居住权。《中华人民共和国民法典》规定设立居住权的条件。本案中，王某生、娄某并未向登记机构申请居住登记，因此，居住权并未设立。3. 关于本案能否实际履行。本案中，诉争房屋现已不登记在熊某、赵某英名下，故现实履行不能。王某生、娄某以《中华人民共和国民法典》为依据，要求确认其对诉争房屋享有物权意义上的居住权，法律依据不足，故法院不予支持。

北京市丰台区人民法院依照《最高人民法院关于适用〈中华人民共和国民法典〉时间效力的若干规定》第一条第二款、《中华人民共和国物权法》第五条规定，判决如下：

驳回王某生、娄某的诉讼请求。

王某生、娄某不服一审判决，提出上诉。

北京市第二中级人民法院经审理认为：王某生、娄某有权居住使用涉案房屋，该权利来源于约定，毋庸置疑，应当受到保护。在《中华人民共和国民法典》实施后，虽然双方没有根据居住权有关规定通过登记设定属于用益物权性质的居住权，但是不影响王某生、娄某根据约定居住使用涉案房屋的权利。然而，赵某英、熊某将涉案房屋转让给案外人，《执行和解协议》的履行基础不存在了，王某生、娄某无权继续居住使用涉案房屋。王某生、娄某认为赵某英、熊某转让涉案房屋的合同无效，在没有生效法律文书确认该合同无效的情况下，涉案房屋当前权属登记的公示和公信力应当受到尊重。王某生、娄某若认为赵某英、熊某转让涉案房屋的行为侵害其合法权益，或认为执行程序终结的和解基础不存在了，可另行解决。

北京市第二中级人民法院依照《中华人民共和国民事诉讼法》第一百七十条第一款第一项规定，判决如下：

驳回上诉，维持原判。

【法官后语】

居住权，是指居住权人对他人所有的住房以及其他附着物所享有的占有、使用的用益物权。居住权的设立有两种方式，包括合同和遗嘱。居住权的设立应当满足两个要件：一是应当采用书面形式订立居住权合同；二是应当向登记机构申请居住权登记。居住权自登记时设立。

当事人订立合同设立居住权，但未向不动产登记机构申请居住权登记的，居住权不发生物权效力。当事人在《中华人民共和国民法典》实施前设立居住权的，由于不动产登记机构尚未开展居住权登记业务，如居住权未登记，不宜认为居住权未设立，但如果所有权人转让房屋所有权的，居住权合同相对人能否对抗房屋受让人取决于房屋受让人是否为善意，如果房屋受让人为善意，则居住权合同相对人不能对抗，原因如下：

第一，居住权合同成立生效不以居住权设立为条件。《中华人民共和国民法典》第二百一十五条规定当事人之间订立有关设立、变更、转让和消灭不动产物权的合同，除法律另有规定或者当事人另有约定外，自合同成立时生效；未办理物权登记的，不影响合同效力。根据该规定，王某生、娄某与熊某才、刘某兰、赵某英、熊某签订的《执行和解协议》具有居住权合同的性质，该合同自签订时成立、生效，并不因为未办理登记而不成立或者无效。

第二，因居住权自登记时设立，故王某生、娄某没有设立居住权。根据物权法定原则，物权的种类和内容，由法律规定，《中华人民共和国民法典》规定设立居住权的，应当向登记机构申请居住权登记。登记生效主义是我国不动产物权变动的基本原则，《中华人民共和国民法典》第二百零九条规定，不动产物权的设立、变更、转让和消灭，经依法登记，发生效力；未经登记，不发生效力，但是法律另有规定的除外。“抽象的物权要在现实中实现其绝对性和排他性，就必须有可被识别的外观形式。而且这些形式必须是刚性的，当事人不能擅自修改”。[①] 居住权自登记时设立，因此要限制当事人对其未经登记的居

① 常鹏翱：《体系化视角中的物权法定》，载《法学研究》2006年第5期。

住权之处分权能,[①] 由于王某生、娄某并未将该居住权予以登记，因此该居住权没有设立。

第三，物权是绝对权，必须经一定形式予以公示才能产生对抗第三人的效力。房屋受让人能对抗居住权合同相对人必须要援引不动产善意取得的三个要件：一是受让人为善意；二是支付合理对价；三是已经办理产权变更登记手续。房屋受让人具有善意，并通过产权变更登记的方式予以公示，当然可以对抗没有经过登记的居住权人。

如果房屋受让人为非善意，则居住权合同相对人可以对抗，这主要是无论房屋受让人没有支付合理对价抑或在房屋受让前知道居住权合同的存在，说明房屋受让人在知晓房屋所有权的瑕疵的基础上同意接受该不利权利，视为其选择容忍该居住权，居住权合同相对人可以请求登记。

本案中，王某生、娄某并未向登记机构申请居住登记，因此，居住权并未设立，且诉争房屋现已不登记在赵某英、熊某名下，故现实履行不能，不能实现其居住的权利。

编写人：北京市丰台区人民法院　罗兆英

---

① 曾大鹏：《居住权的司法困境、功能嬗变与立法重构》，载《法学》2019 年第 12 期。

四、担保物权纠纷

58

非法吸收公众存款罪被告人之抵押权效力认定

——郭某忠诉某装潢公司抵押权案

【案件基本信息】

1. 裁判书字号

上海市浦东新区人民法院（2020）沪0115民初13422号民事判决书

2. 案由：抵押权纠纷

3. 当事人

原告：郭某忠

被告：某装潢公司

【基本案情】

2016年3月16日，郭某忠（甲方）和某资产管理公司（乙方）签署了两份《债权转让之服务协议合同书》（以下简称《债权转让合同书》），包括：1.《债权转让之服务协议》，约定甲方受让债权100万元，预期收益率为18%/年；不论何种情况造成甲方预期收益和到期债权的受让本金不能及时收回的，乙方必须在三个工作日内全额先行垫付给甲方；某装潢公司名下的永德路房屋作为抵押。2.《债权回购协议》（郭某忠、某资产管理公司分别系受让人、回购人），主要约定回购对象为协议所受让的债权100万元；回购费率18%/年。郭某忠向某资产管理公司支付200万元。

永德路房屋于2016年3月15日被登记至某装潢公司名下。3月21日，郭某忠与某装潢公司签订《房地产抵押借款合同》，约定：借款金额200万元，利率为年化18%，抵押物为永德路房屋，价值280万元。3月23日，永德路房屋抵押权被登记。

2014年、2016年，案外人柳某成立某资产管理公司与案外公司。2015年1月至2016年6月，两公司及柳某虚构债权转让等项目，指使业务人员骗取社会公众投资。郭某忠作为某资产管理公司区域经理，参与非法吸收公众资金。2018年3月20日，上海市第一中级人民法院判决：某资产管理公司犯集资诈骗罪；柳某犯集资诈骗罪；郭某忠犯非法吸收公众存款罪；违法所得予以追缴发还被害人，不足部分责令退赔等。2018年11月23日，上海市高级人民法院裁定驳回上诉、维持原判。2016年6月17日，公安部门对永德路房屋进行了查封。2019年1月24日，法院裁定将永德路房屋等房产予以拍卖、变卖，所得钱款发还被害人。

另查明，根据《司法会计鉴定意见书》，柳某用投资者投入的款项以他人名义购买了永德路房屋等七套房屋，均已抵押或被查封；“某资产”等非法吸收资金最终去向，包含柳某购房的钱款；郭某忠销售理财产品及未兑付的金额均已扣除自投订单。

【案件焦点】

1. 郭某忠与某装潢公司的法律关系如何认定；2. 郭某忠就永德路房屋的抵押权是否有效。

【法院裁判要旨】

上海市浦东新区人民法院经审理认为：关于本案的争议焦点一，根据合同条款实际含义，郭某忠与某资产管理公司之间构成借贷关系。《房地产抵押借款合同》是为办理抵押权登记而签订，并不能证明原、被告之间存在借贷关系。对于郭某忠的第一项诉讼请求，法院不予支持。

关于本案的争议焦点二，首先，某资产管理公司与郭某忠对相关集资参与人造成了巨大的经济损失，并对国家金融管理秩序造成破坏。《债权转让合同书》违反了金融安全秩序，违背了公序良俗，故而无效。郭某忠为了获得高额回报，仍向某资产管理公司进行非法集资活动提供借款，借贷合同无效。主合同无效，从合同亦无效，故涉案抵押合同亦无效。其次，永德路房屋实属某资产管理公司违法所得，一方面，某资产管理公司存在众多债权人，并约定了较高利率，其资产显然无法及时清偿所有债务，郭某忠对此更为清楚。另一方面，该房屋登记至某装潢公司名下次日，郭某忠即与某资产管理公司签订合同，某装潢公司法定代表人操办了登记手续。其表示对于相关情况不清楚，不符常理。为了优先保证自身投入款项的安全，郭某忠在设定抵押权过程中不免存在串通之嫌，对集资参与人的利益造成损害，构成权利滥用。再次，永德路房屋在刑事案件中依法被查封，待执行处理后发还被害人。虽然抵押物被生效的刑事判决查封甚至没收，并不影响债权人已经合法成立的优先受偿权，但该规定是为了保护善意抵押权人，而郭某忠难谓善意抵押权人，法院对其抵押权不予保护。

因此，法院认定郭某忠对永德路房屋的抵押权无效。经法院释明，郭某忠仍坚持原诉讼请求，故对于郭某忠要求行使该抵押权的主张，故法院不予支持。

上海市浦东新区人民法院依照《最高人民法院关于适用〈中华人民共和国民法典〉时间效力的若干规定》第一条第二款，《中华人民共和国担保法》第五条第一款，《最高人民法院关于审理民间借贷案件适用法律若干问题的规定》第十三条第一款、第十四条第三项、第四项的规定，判决如下：

驳回郭某忠的诉讼请求。

宣判后，原、被告均未上诉，本判决现已生效。

【法官后语】

非法集资案件中刑民交叉颇为常见。在司法实践中，非法吸收公众存款案件亦有被告人为了获取高额回报而自行投入钱款的现象，对此应如何评价？被告人借贷合同及相关抵押权效力如何认定？

一、担保关系的刑民交叉案件司法处理程序

刑民交叉案件的司法处理模式，应秉持“刑民并行”的原则立场。借款人涉嫌犯罪或者生效判决认定其有罪，出借人起诉请求担保人承担民事责任的，人民法院应予受理。判断适用何种模式，主要考虑如下因素：1. 刑事案件与民事案件的诉讼主体是否具有同一性；2. 涉及民事与刑事法律关系的原因是否基于同一法律事实；3. 一个诉讼是否需要以另一个诉讼的审理结果作为前提和依据。本案民事案件与刑事案件的主体不同，审理的法律事实也不同，民事诉讼无法被刑事诉讼所吸收。因此，对于本案担保纠纷应予受理。

对于集资参与人的民事权利，应通过刑事追赃、退赔的方式处理。然而对于担保责任，《中华人民共和国刑事诉讼法》及相关司法解释关于刑事诉讼追缴、退赔措施的规定，以及附带民事诉讼程序均无法予以解决，因此有必要通过民事诉讼予以处理。刑事案件中，郭某忠涉案款项从犯罪金额中予以扣除，其自投金额并未构成影响其量刑的因素。因此，郭某忠无法作为集资参与人参与刑事退赔程序，亦说明法院应对此类民事案件予以受理。

二、非法集资犯罪对抵押合同效力的影响

从牵连性的角度分析，根据《最高人民法院关于审理民间借贷案件适用法律若干问题的规定》第十三条第四项的规定，出借人事先知道或者应当知道借款人借款用于违法犯罪活动仍然提供借款的，民间借贷合同无效。郭某忠作为某资产管理公司的区域经理，对于某资产管理公司违法行为显然是明知的。其为了获得高额回报，仍向某资产管理公司提供借款，故借贷合同无效。同时，郭某忠与某资产管理公司对相关集资参与人造成了巨大的经济损失，并对国家金融管理秩序造成破坏，违背了公序良俗，故借贷合同应认定无效。主合同无效，抵押合同亦无效。

从独立性的角度分析，学理上存在“偏颇清偿”之概念，是指债务人在资不抵债的情况下，使个别债权人的债权优先获得满足或保障的行为。偏颇行为可成为破产撤销制度的适用对象，而对于未进入破产程序的案件，司法实践中对其相关效力评价存在争议。笔者认为，基于郭某忠的特殊身份，对于涉案抵押权设定行为之效力可借鉴该理念给予否定性评价。对于自投款项的安全性，郭某忠有获得保障的优势。该房屋实际系某资产管理公司所有，设定抵押权导致某资产管理公司消极资产增加，减损了履行其他债务的能力，排斥了其他债权人的平等受偿，抵押人某装潢公司对此明知。故可以认定郭某忠与某装潢公司恶意串通损害集资参与人利益，从而认定涉案抵押合同无效。

依据《全国法院民商事审判工作会议纪要》（法〔2019〕254 号）精神，为了避免浪费诉讼资源，并平衡当事人之间的利益，在合同无效的情况下，课予法院释明的义务。郭某忠诉请要求行使抵押权，法院在审理中依法向其释明，如抵押合同无效，是否需要变更诉讼请求。郭某忠坚持不予变更诉请，故法院对其诉请依法予以驳回。

三、对刑事裁判所涉财产设定抵押的审查

依据《最高人民法院关于刑事裁判涉财产部分执行的若干规定》第十三条规定，即便生效刑事裁判将抵押物查封或者没收，在债权人抵押权合法成立的情况下，债权人仍享有相应的优先受偿权。该规定保护的是善意债权人，抵押物被刑事查封或没收之事实，并不直接影响抵押权效力。本案永德路房屋在刑事案件中已被公安部门查封，抵押权人享有优先受偿权，须满足抵押权合法成立这一前提，故亦需对抵押物进行审查。

永德路房屋虽然登记在某装潢公司名下，但实际上是由柳某以非法集资所购，可见，该房屋属于某资产管理公司的违法所得，由某装潢公司代持。在刑事案件中，法院已裁定将永德路房屋等房产予以拍卖、变卖，所得钱款发放被害人。如前分析，郭某忠显然不构成善意债权人，抵押权无效，故对于郭某忠要求对永德路房屋行使优先受偿权的诉请，法院不予支持。

编写人：上海市浦东新区人民法院　俞硒　罗晓楠

59

抵押权人在诉讼程序中未主张抵押权，并不一定丧失抵押权

——某置业公司诉汤某兴抵押权案

【案件基本信息】

1. 裁判书字号

湖北省襄阳市中级人民法院（2021）鄂06民终4118号民事判决书

2. 案由：抵押权纠纷

3. 当事人

原告（上诉人）：某置业公司

被告（被上诉人）：汤某兴

【基本案情】

2014年1月20日，某置业公司向汤某兴、某投资公司出具《某置业公司股东会同意办理借款抵押决议书》一份，主要内容为：某置业公司全体股东一致同意，自愿为本公司向汤某兴、某投资公司借款1500万元提供全额担保，以6处房产和1块土地使用权作为抵押，如到期未偿还借款，汤某兴、某投资公司有权依法处置抵押物，并优先受偿。2014年1月24日，三方签订了借款合同一份，主要约定汤某兴、某投资公司向某置业公司出借1500万元，利息为银行贷款同期利率的4倍，借期2个月。同日，三方申请就6处抵押房屋办理他项权证。随后，汤某兴、某投资公司通过多种方式向某置业公司和其指定收款账户等转款共计1500万元。某置业公司向汤某兴或某投资公司出具相应的收条或借条。2014年1月28日，市房屋产权与市场管理处向汤某兴颁发了6份房屋他项权证，均载明房屋他项权利人为汤某兴，他项权利种类为抵押权。

2015年2月5日，某投资公司、汤某兴作为出借方与某置业公司签订一份《还款承诺书》，对双方3笔借款的还款时间、金额及违约责任等作出约定，其中包含前述1500万元借款。2016年年初，因某置业公司未能偿还借款，汤某兴、某投资公司将其诉至湖北省襄阳市襄城区人民法院。2016年9月20日，法院作出民事判决，对上述事实予以确认，并判决某置业公司还款。该判决生效后，某投资公司、汤某兴向法院申请了强制执行，该院于2017年1月18日立案执行。

2021年1月14日，某置业公司向湖北省襄阳市樊城区人民法院提起本案诉讼，称汤某兴在前述借款纠纷案中未就抵押权提出主张，依法已丧失抵押权，故请求判令汤某兴涂销前述6份抵押权登记。诉讼期间，法院裁定受理某置业公司破产清算案，并为其指定破产管理人。管理人参与诉讼后将事实与理由变更为：双方于2014年1月24日签订6份借款合同和抵押合同并办理抵押登记，借款金额共计1500万元。但上述合同签订后，汤某兴并未依约支付借款，即抵押房屋所担保的主债权并不存在，汤某兴理应涂销上述6份抵押权登记。

【案件焦点】

1. 汤某兴是否与某置业公司另行达成了1500万元借款协议；2. 汤某兴是否丧失抵押权。

【法院裁判要旨】

湖北省襄阳市樊城区人民法院经审理认为：关于汤某兴是否与某置业公司另行达成了1500万元借款协议的问题。汤某兴、某置业公司到不动产登记部门设立抵押权时所提交的数份借款合同、抵押合同载明的日期、借款金额均与汤某兴、某投资公司向某置业公司三方于2014年1月24日签订的借款合同一致。结合随后三方共同设立抵押权，汤某兴、某投资公司完成支付借款1500万元的实际情况以及证人证言，故对汤某兴关于不动产登记部门备案的合同与其三方借款合同不一致原因的解释予以采信。其备案的合同仅是为了设立抵押权而按要求填写，并非双方另行达成借款 1500 万元的意思表示。综上，某置业公司变更后的诉称理由缺乏事实基础，不予采信。

关于汤某兴是否丧失抵押权的问题。本案所涉 6 份他项权证是在借款发生之初，为担保 1500 万元借款债权的实现，经双方当事人协商一致依法设立，合法有效。《中华人民共和国物权法》第二百零二条规定“抵押权人应当在主债权诉讼时效期间行使抵押权；未行使的，人民法院不予保护”。本案中，汤某兴、某投资公司已于 2016 年年初将某置业公司诉至法院，法院经审理后作出了民事判决。该判决生效后，汤某兴亦随即申请了强制执行。在此期间，汤某兴一直在通过诉讼程序主张其主债权，其主债权的诉讼时效中断计算，至今其主债权仍未超过诉讼时效，其抵押权也未失效，故对某置业公司关于涂销抵押登记的诉讼请求，不予支持。本案系《中华人民共和国民法典》施行前的法律事实引起的民事纠纷案件，依法应当适用当时的法律。

湖北省襄阳市樊城区人民法院根据《中华人民共和国物权法》第一百八十七条、《最高人民法院关于适用〈中华人民共和国民事诉讼法〉的解释》第九十条之规定，判决如下：

驳回某置业公司的诉讼请求。

某置业公司不服一审判决，提起上诉。

湖北省襄阳市中级人民法院同意一审法院裁判意见，依照《中华人民共和国民事诉讼法》第一百七十条第一款第一项规定，判决如下：

驳回上诉，维持原判。

【法官后语】

一、关于本案中抵押登记的主债权与生效判决书认定的主债权不一致问题

本争议产生，实质上是不动产登记部门关于抵押权登记的操作规范与物权法关于抵押权登记的相关规定不一致产生的矛盾。实践中，为方便登记抵押权，不动产登记部门不允许使用抵押权人和抵押人自行签订的抵押合同、借款合同，而要求使用不动产登记部门的制式合同，导致登记备案的合同与实际履行的合同内容不一致。笔者认为，不能简单因这种不一致，而肯定登记备案的制式合

同效力，进而否认当事人实际履行合同的效力，并对抵押权作出否定性评价。这种抵押权内容的不一致，仅仅只是形式上的不一致，并不导致抵押权登记生效后与主债权的分离。虽然根据物权公示公信原则，抵押权登记簿是抵押权归属和内容的依据，但抵押权人与抵押人另行签订并实际履行的抵押合同才是双方真实意思表示，登记部门备案的抵押合同，仅仅是抵押权人和抵押人为了履行双方之间的借款合同而作的一种交易安排，属于虚伪的意思表示，而这样的交易安排体现了抵押权人与抵押人以涉案房屋为双方之间的借款提供抵押担保的真实意思表示，且不违反法律法规的强制性禁止性规定，故本案一审、二审法院均按照当事人实际履行的合同认定抵押权的内容。

二、关于债权人仅就主债权提起诉讼并获得胜诉判决后，在执行程序中能否主张抵押权的问题

此问题虽与本案查明事实没有直接联系，但深入分析当事人的诉讼目的，此问题其实是抵押权人和抵押人争议的本质。笔者认为，这是本案更值得深入讨论的法律问题。倘若本案的债权人即抵押权人在向债务人主张还本付息的主债权时，一并要求法院确认抵押权的优先效力，就不会再引起后续本案诉讼。本案便是因抵押权人未在主债权诉讼中一并提出确认抵押权优先受偿的主张，导致债务人为达到涂销抵押物上抵押权的目的而提起本案诉讼。在《最高人民法院关于适用〈中华人民共和国民法典〉有关担保制度的解释》施行之前，债权人和债务人对《中华人民共和国民法典》第四百一十九条（原《中华人民共和国物权法》第二百零二条）的规定适用一直存有争议，债权人仅就主债权提起诉讼并获得胜诉判决后，在执行程序中主张抵押权是否属于该规定中“行使抵押权”的方式，实践中争议颇大。

根据我国担保物权法律制度和规范，担保物权人在债务人不履行到期债务或者发生当事人约定的实现担保物权的情形，担保物权人可依法行使担保物权。而抵押权的实现主要有以下两种方式：一是单独主张，即向人民法院提起申请实现担保物权的特别程序；二是提起诉讼，抵押权人既可以在主债权诉讼中一并提出，也可以在法定期间内单独以担保人为被告提起诉讼。此两种方式在实

践中最为常用。另有一种途径是在执行程序中请求实现担保物权，而这种方式往往会引起诸多诉讼风险。而本案抵押权人就选择了这种方式。

笔者认为单独在执行程序中主张抵押权，也是属于实现抵押权的方式，应当得到法院保护。理由如下，其一，债权人（抵押权人）对债务人提起诉讼，且已对生效判决申请强制执行，执行程序尚在进行中，就发生主债权诉讼时效中断的法律效果。其二，主债权经生效判决支持后，是属于实现了胜诉权，而且取得了申请强制执行的依据，债权人可以实现主债权。需要注意的是，主债权经生效判决支持，并不等同于主债权诉讼时效届满、失效或不存在。实践中，有很多法院认为主债权经生效判决支持后，就不存在诉讼时效问题，此观点有悖于《最高人民法院关于审理民事案件适用诉讼时效制度若干问题的规定》第十一条第五项申请强制执行可以中断诉讼时效的法律规定。因为，申请强制执行中断诉讼时效，是建立在主债权经生效判决支持后诉讼时效依然存在的法律逻辑上，若判决生效后不存在诉讼时效，就不会产生中断一说。其三，抵押权的法律效力，来源于物权法规定。按照《中华人民共和国民法典》第二百零九条第一款（原《中华人民共和国物权法》第九条第一款）规定，抵押权经依法登记而设立，并产生法律效力，具有对世效力、排他效力和优先效力，这种效力并不依赖人民法院的生效判决支持或确认。通过上述分析，笔者认为抵押权人在取得主债权生效判决支持后直接申请强制执行并在执行程序中直接主张抵押权是属于行使抵押权的情形。

无论抵押权人是提起申请实现抵押权特别程序还是提起抵押权诉讼普通程序，抑或在执行程序中请求实现抵押权，均属于《中华人民共和国民法典》第四百一十九条规定的行使抵押权行为，只要其行使抵押权行为发生在主债权诉讼时效行使期间内，人民法院就不能再简单以行使抵押权超过法定期间为由而不予支持。

本案中，案涉借款合同系2014年1月24日签订，约定借期2个月。之后，某投资公司、汤某兴在诉讼时效期间内提起诉讼且申请强制执行案涉抵押房产，其行为导致诉讼时效中断，诉讼时效将在执行程序终结后重新计算，故主债权诉讼时效并未届满，某投资公司、汤某兴仍可根据《中华人民共和国民法典》第四百一十九条的规定在执行程序中请求实现抵押权。

需要说明的是，笔者此观点，已经得到了2021年1月1日开始施行的《最高人民法院关于适用〈中华人民共和国民法典〉有关担保制度的解释》第四十四条第一款的支持。根据该条规定，抵押权人在取得主债权生效判决支持后未在申请执行时效期间内对债务人申请强制执行，向抵押人直接主张抵押权的，人民法院不予支持；反之，在申请执行时效期间内申请强制执行，并主张行使抵押权的，人民法院应当支持。本案汤某兴即在申请执行时效期间内向某置业公司主张抵押权，符合上述法规定，其抵押权应当得到支持。但因受法不溯及既往原则限制，本案一审、二审的承办法官并未直接引用该条款作为裁判依据。

三、关于司法实践中抵押权纠纷案件其他争议问题

其一，关于抵押权是否适用诉讼时效制度的问题。有法院判决认为，抵押权适用诉讼时效制度，并以案涉抵押合同约定的担保期限为依据，计算所谓的"诉讼时效期间"。应当指出，抵押权是担保物权，并不适用诉讼时效制度，否则有违传统民法理论。抵押权只存在行使期间的问题，只是依据《中华人民共和国民法典》第四百一十九条的规定，该行使期间与主债权诉讼时效期间相同，随着主债权诉讼时效中断、中止而变化。也就是说，抵押权行使期间只是以主债权诉讼时效期间为参照来计算，并不等于抵押权也要适用诉讼时效制度。

其二，关于原《中华人民共和国物权法》与《最高人民法院关于适用〈中华人民共和国担保法〉若干问题的解释》规定的抵押权行使期间不一致的问题。2000年12月13日起施行的《最高人民法院关于适用〈中华人民共和国担保法〉若干问题的解释》第十二条第二款规定，担保权人应在诉讼时效结束后的二年内行使担保物权，而2007年10月1日起施行的原《中华人民共和国物权法》第二百零二条规定，抵押权人应当在主债权诉讼时效期间行使抵押权。显然，原《中华人民共和国物权法》与《最高人民法院关于适用〈中华人民共和国担保法〉若干问题的解释》关于抵押权行使期间的规定并不一

致。根据原《中华人民共和国物权法》第一百七十八条关于“担保法与本法的规定不一致的，适用本法”的规定以及《中华人民共和国立法法》规定的上位法优于下位法、新法优于旧法的法律适用原则，原《中华人民共和国物权法》作为上位法，且颁布实施时间在后，应当优先适用。现在施行的《最高人民法院关于适用〈中华人民共和国民法典〉有关担保制度的解释》关于抵押权行使期间规定更加细致、完善，且与《中华人民共和国民法典》和保持了一致，改变了上述旧有的司法解释规定，解决了抵押人和抵押权人关于抵押权行使期间的争议。

编写人：湖北省襄阳市樊城区人民法院　周鑫耀

60

基于无权占有的占有使用费不属于法定孳息

——陈某江诉沈某丰抵押权案

【案件基本信息】

1. 裁判书字号

江苏省苏州市吴江区人民法院（2020）苏 0509 民初 5116 号民事判决书

2. 案由：抵押权纠纷

3. 当事人

原告：陈某江

被告：沈某丰

第三人：某棉纺织公司

【基本案情】

2009 年 12 月，某喷织公司与沈某丰签订《资产转让合同》，约定将坐落于某村的闲置厂房、315KV专变作价50万元转让给沈某丰。2010年2月，沈某丰与某村村委会签订《土地租赁合同书》，约定上述土地由沈某丰续租3年。2010年4月，沈某丰将上述房屋、土地出租给某服饰公司（法定代表人和股东均为徐某凯），并签订《租赁协议》。2010年9月，前述315KV专变更名为某棉纺织公司（股东为徐某凯及李某梅），后于2011年9月增容至500KVA（电机功率）。2011年6月，经沈某丰同意，某村村委会与某棉纺织公司签订《土地出让出租意向书》，双方就出让案涉土地达成意向。2012年1月，国土资源局与某棉纺织公司签订《国有建设用地使用权出让合同》，约定某棉纺织公司受让位于某村的宗地。2012年8月，某棉纺织公司办理案涉土地使用权登记。2013年9月，案涉土地上建筑物办理产权登记，即权证号为××92、××93的所有权证。同月，上述土地和房屋分别办理抵押登记，抵押登记金额共计379万元，抵押权人均为某银行。

某银行于2014年1月起诉某棉纺织公司及其法定代表人李某梅、股东徐某凯要求偿还贷款，法院同月查封了案涉房产。2014年7月，法院判决确认某银行对案涉房产在379万元范围内有优先受偿权。后上述债权及其全部权利经过多次转让，现归属陈某江。

就权证号为××92的房屋所有权证，沈某丰认为权属存在争议，曾于2016年、2020年先后两次提起行政诉讼，要求撤销该证。2018年5月，沈某丰出资在某棉纺织公司××92号权证中1号房屋北侧土地上搭建彩钢板房。

2019年7月，法院裁定受理债权人对某棉纺织公司的破产清算申请。陈某江抵押债权数额经法院确认为379万元。案涉房地产于2019年11月以588.98万元的价格拍卖成交。经分配，陈某江受偿了抵押债权339.33万元。后沈某丰起诉某棉纺织公司，要求将部分拍卖款作为共益债务向沈某丰清偿，审理中其自述长期占有、使用某棉纺织公司案涉房产、土地，最终沈某丰获偿13.99万元。

陈某江获悉上述情况后，因抵押债权未获全部清偿，以抵押财产的孳息为由起诉沈某丰要求支付占有使用费。

【案件焦点】

1. 陈某江是否具有抵押权人的身份；2. 占有使用费是否属于法定孳息。

【法院裁判要旨】

江苏省苏州市吴江区人民法院经审理认为：案涉房产的原抵押权人为某银行，后经多次债权转让，相应权利已转让给陈某江，此事实已为民事裁定书确认，故陈某江具有原告主体资格。关于占有使用费是否为法定孳息。法院认为，法定孳息是民事权利主体参与某种特定的民事法律关系应该获得的报偿，是将原物提供给他人使用而产生的对价，体现的是用益法律关系。因此，在沈某丰与某棉纺织公司不存在租赁合同关系的情况下，陈某江基于无权占有所主张的占有使用费不属于法定孳息。综上，法院认为，陈某江向沈某丰主张法定孳息无事实依据，法院不予支持。

江苏省苏州市吴江区人民法院依照《中华人民共和国物权法》第一百九十七条、《最高人民法院关于适用〈中华人民共和国民法典〉时间效力的若干规定》第一条第二款之规定，作出如下判决：

驳回陈某江的诉讼请求。

判决作出后，当事人未上诉，判决已经发生法律效力。

【法官后语】

一般而言，抵押权的效力不及于抵押财产的孳息，这是因为抵押权系非占有性担保物权，抵押权设立后，抵押财产的占有、使用、收益以及处分权能仍由抵押人行使，所以因抵押财产的使用而产生的孳息应当归抵押人所有。但是，根据原《中华人民共和国物权法》第一百九十七条，即现《中华人民共和国民法典》第四百一十二条之规定，“债务人不履行到期债务或者发生当事人约定的实现抵押权的情形，致使抵押财产被人民法院依法扣押的，自扣押之日起，抵押权人有权收取该抵押财产的天然孳息或者法定孳息，但是抵押权人未通知应当清偿法定孳息义务人的除外”，此时抵押权的效力及于抵押财产的孳息。从立法目的来看，抵押权已经进入实现程序，如果仍由抵押人收取抵押财产的孳息，就会使抵押人为收取孳息而拖延处理抵押物，不利于保护抵押权人的利益。基于此，人民法院通过查封对抵押财产施加以公权力之后，抵押人收取孳息的权利即被剥夺，抵押人是否通知法定孳息的清偿义务人，并不影响该立法目的实现。从法律规定通知目的来看，法定孳息系由抵押关系当事人之外的第三人负责清偿，这与原《中华人民共和国合同法》第八十条、现《中华人民共和国民法典》第五百四十六条规定的债权让与时对债务人的通知一致，是为了防止发生债务人错误给付。由此可见，对法定孳息清偿义务人的通知，并非抵押权效力及于法定孳息的生效要件，而系对抗要件。因此，沈某丰提出的抵押权人也未向沈某丰发出履行债务通知这一抗辩，法院未予采纳。

孳息，称为母物所生之收益，包括天然孳息与法定孳息。法定孳息是民事权利主体参与某种特定的民事法律关系应该获得的报偿，如房屋出租所得的租金，贷款人依法所得的利息，依股本金所得的股息等。法定孳息是将原物提供给他人使用而产生的对价，体现的是用益法律关系。概言之，法定孳息是交易之物。① 本案中，陈某江起诉沈某丰支付占有使用费，沈某丰则主张其使用的是自己的房子（包括违章搭建部分）。案涉房子的产权虽登记在某棉纺织公司名下，但从沈某丰提供的案涉房子历史渊源的一系列合同及沈某丰曾提起过行政诉讼、取回权诉讼等情况来看，沈某丰与某棉纺织公司对于案涉房子的产权存在一定的争议，沈某丰是基于房子是其自有的认知才在一定时期内使用了部分案涉房屋。故陈某江主张的占有使用费，本质上是认为沈某丰无权占有，是基于侵权关系而非合同关系主张权利。某棉纺织公司并未将案涉房地产提供给沈某丰使用，陈某江基于无权占有主张的占有使用费不属于对价，自然也不属于法定孳息，所以陈某江的主张不属于行使抵押权效力范围，其诉讼请求不应得到支持。

假设沈某丰与某棉纺织公司之间原来存在合法有效的租赁合同，在租赁合同到期或者提前解除的情况下，沈某丰拒绝搬出并继续占有使用房屋，此时产

---

① 隋彭生：《法定孳息的本质——用益的对价》，载《社会科学论坛》2008 年第 6 期。

生的占有使用费是否为法定孳息？笔者认为，在这种情况下，也不属于法定孳息。如前所述，在合同已到期或提前解除的情况下，承租人的占有本质上也是一种无权占有，占有使用费也不是像租金一样，作为让渡租赁物使用权的对价，故其也不属于孳息。

编写人：江苏省苏州市吴江区人民法院　沈黎红　刘畅

61

预告登记在不动产抵押中的运用与审查

——某银行与罗某、贺某朋申请实现担保物权案

【案件基本信息】

1. 裁判书字号

湖北省武汉市洪山区人民法院（2021）鄂0111民特109号民事裁定书

2. 事由：申请实现担保物权纠纷

3. 当事人

申请人：某银行

被申请人：罗某、贺某朋

【基本案情】

2017年1月1日，罗某向某银行申请贷款用于购房。同日，双方签订《某银行个人一手住房贷款合同》，其中，约定借款人以本合同项下贷款所购房屋向贷款人提供抵押担保，借款人未按期归还贷款本息构成或视为借款人违约，贷款人有权宣布本合同项下贷款本息全部或部分提前到期，终止或解除本合同，对抵押房屋行使抵押权，要求保证人承担保证责任等内容。上述合同签订后，罗某于2017年4月27日对案涉抵押房屋办理了抵押权预告登记。后某银行依

约向罗某发放了贷款582000元。截至2021年6月10日，罗某已逾期8期，共欠申请人本息561591.04元。某银行就罗某拖欠的本息多次催要无果，故向法院提出实现担保物权的申请。

某投资置业公司于2018年11月12日为案涉房屋办理了建筑物所有权首次登记，后罗某一直未办理涉案抵押房产的产权登记。2021年3月，罗某与贺某朋于湖北省大悟县人民法院诉讼离婚，湖北省大悟县人民法院于2021年4月20日出具民事调解书，载明罗某与贺某朋离婚，其在婚姻关系存续期间购买的案涉房屋属于夫妻共同财产，双方一致同意共同处理该房产，并平均分配盈余款。

【案件焦点】

对于当事人在签订抵押合同后未办理抵押登记但已办理预告登记，预告登记权利人能否主张行使抵押权。

【法院裁判要旨】

湖北省武汉市洪山区人民法院经审理认为：某银行与罗某签订的《某银行个人一手住房贷款合同》不违反法律强制性规定，协议真实有效，对双方当事人均具有约束力，某银行按约已将582000元贷款发放给罗某，但罗某未能按时足额还款，违反了合同约定，应当承担违约责任。

本案案涉房屋已进行抵押预告登记，预告登记发生时的法律、司法解释没有规定对于抵押预告登记的房屋，其抵押权是否设立。根据《最高人民法院关于适用〈中华人民共和国民法典〉时间效力的若干规定》的第三条，本案可以适用《最高人民法院关于适用〈中华人民共和国民法典〉有关担保制度的解释》第五十二条的规定，案涉房屋的抵押权于预告登记之日即自2017年4月17日起设立。

故某银行依照《中华人民共和国民事诉讼法》申请实现担保物权符合法律规定，应予准许。依据双方合同约定和罗某还款的事实，本案某银行尚应实现的债权为本金545444.44元，某银行要求罗某、贺某朋按照约定支付利息16146.6元（以还款日当日本利计算为准），符合相关规定，法院予以支持。某银行对上述抵押房屋所有权拍卖、变卖所得的价款在上述认定的债权范围内优先受偿。

湖北省武汉市洪山区人民法院依照《中华人民共和国民事诉讼法》第一百九十七条、《最高人民法院关于适用〈中华人民共和国民法典〉时间效力的若干规定》第三条、《最高人民法院关于适用〈中华人民共和国民法典〉有关担保制度的解释》第五十二条、《最高人民法院关于适用〈中华人民共和国民事诉讼法〉的解释》第三百七十二条第一项，裁定如下：

准许拍卖、变卖罗某、贺某朋位于洪山区红霞村某小区12栋/单元6层1号的房产一套，偿还范围为截至2021年6月10日本息人民币561591.04元。

本裁定现已生效。

【法官后语】

预告登记是在本登记暂时无法办理时，当事人为确保将来取得物权而办理的一种特殊登记。由于抵押权本身无法阻止抵押人转让抵押物或者在抵押物上为他人再次设定抵押权，因此，债权人办理抵押预告登记后，亦无法阻止抵押人转让标的物或者再次以标的物设定担保物权。就此而言，当事人办理抵押预告登记的目的在于当能够办理抵押登记时，其能获得较之其他担保物权人更加优先的顺位，而不在于防止抵押人再次处分标的物。此外，为避免诉累，虽然当事人办理的只是抵押预告登记而非抵押登记，但在诉讼过程中经法院审查具备办理抵押登记的条件，预告登记权利人即可主张已经取得抵押权，而无须判决认定，预告登记权利人只有在办理抵押登记后才能主张抵押权。就本案而言，某银行在对案涉房屋办理不动产抵押预告登记后向法院提出实现担保物权的申请，根据《最高人民法院关于适用〈中华人民共和国民法典〉有关担保制度的解释》第五十二条的规定，应从是否已经办理建筑物首次登记、预告登记的财产与办理建筑物所有权首次登记时的财产是否一致、抵押预告登记是否已经失效等方面对预告登记权利人某银行是否具备办理抵押登记条件进行审查。

同时，预告登记的时效在实践中值得注意，根据《中华人民共和国民法典》第二百二十一条第二款的规定，如果债权消灭或者当事人自能够进行不动产登记之日起九十日内未申请登记，预告登记失效。所谓的能够进行不动产登记，即指具备办理本登记的条件。本案中，预告不动产抵押权利人某银行是否能够办理本登记，应当以房屋买受人实际办理不动产过户登记取得案涉房屋所有权之日进行认定，并起算预告登记的期限。罗某一直未办理涉案抵押房产的产权登记且债权也未消灭，预告登记仍有效。

尽管《中华人民共和国民法典》未就不动产抵押预告登记的顺位效力进行明确规定，因而存在制定法的漏洞，但从法解释学的角度看，承认抵押预告登记的顺位效力，则是必然的选择，因为根据《中华人民共和国民法典》第二百二十一条第一款的规定，预告登记的目的在于保障当事人将来实现物权。抵押预告登记显然不能阻止抵押人处分标的物，但如果不承认其顺位效力，又谈何保障当事人将来实现物权？就此而言，不能因为《中华人民共和国民法典》没有就预告登记的顺位效力作出明确规定，我们就不能得出上述结论。类似情形是，《中华人民共和国民法典》第二百二十一条也没有规定预告登记权利人能否排除他人对标的物的强制执行，但《最高人民法院关于人民法院办理执行异议和复议案件若干问题的规定》第三十条从预告登记旨在保障权利人将来取得物权的角度出发，明确规定："金钱债权执行中，对被查封的办理了受让物权预告登记的不动产，受让人提出停止处分异议的，人民法院应予支持；符合物权登记条件，受让人提出排除执行异议的，应予支持。"可见，在符合物权登记条件的情形下，预告登记被赋予排除强制执行的效力，承认其顺位效力，当属应有之义。

编写人：湖北省武汉市洪山区人民法院　曹云扬

62

所有人破产情况下，亦应赋予善意抵押预告登记权利人在特定条件下享有优先受偿权

——某银行诉某置业公司担保物权确认案

【案件基本信息】

1. 裁判书字号

湖南省株洲市中级人民法院（2021）湘02民终2606号民事判决书

2. 案由：担保物权确认纠纷

3. 当事人

原告（上诉人）：某银行

被告（被上诉人）：某置业公司

【基本案情】

2011年10月24日，某置业公司与张某、贺某伟签订了三份《株洲市商品房（预）销售合同》，约定由张某、贺某伟购买某置业公司开发的某大楼3001—3132号房屋，房屋总价款为127681280元。某置业公司向张某、贺某伟出具了首付款收据，双方并于2011年10月25日办理了商品房（预）销售合同备案手续，备案的购房人登记信息为张某、贺某伟。后张某、贺某伟向某银行申请贷款，某银行遂与某置业公司、张某、贺某伟等人签订了《个人购房借款及担保合同》，该合同约定，以某大楼3001—3132号房屋为借款提供抵押担保，并办理了案涉房屋的抵押预告登记手续。后因张某等人逾期还款，某银行起诉至株洲市中级人民法院，株洲市中级人民法院作出判决（2014年），内容如下：判令某置业公司应对某银行的债权本金54136451.41元及利息（自2014年7月

起按合同约定计算至借款清偿之日止)、律师代理费 350000 元承担连带清偿责任，某置业公司承担责任后，有权向张某、贺某伟追偿；张某、贺某伟、康某平、谢某蓉在抵押房屋具备抵押登记条件时，配合某银行办理抵押登记。在判决生效后，某银行已依据该判决向株洲市中级人民法院申请强制执行。2015 年，在另一案件审理过程中，某置业公司自认与张某、贺某伟串通，签订虚假的《商品房（预）销售合同》并办理备案，以张某、贺某伟的名义向某银行申请贷款，出具首付款收据，套取了银行贷款。且该判决认定张某、贺某伟与某置业公司签订的三份《商品房（预）销售合同》为无效合同。后该案经湖南省高级人民法院判决维持、最高人民法院再审程序裁定维持。另查明，2020 年 12 月 30 日，株洲市芦淞区人民法院民事裁定受理某置业公司破产的重整申请。现某银行起诉请求确认其对案涉房产享有优先受偿权。

【案件焦点】

1. 抵押预告登记设立在《中华人民共和国民法典》实施前是否应适用《最高人民法院关于适用〈中华人民共和国民法典〉有关担保制度的解释》第五十二条规定；2. 当某置业公司作为所有权人破产，某银行对案涉 132 套房屋是否享有优先受偿权。

【法院裁判要旨】

湖南省株洲市芦淞区人民法院经审理认为：本案中因某置业公司与张某、贺某伟之间的商品房买卖合同无效，本案争议的房屋客观上不能再登记到张某、贺某伟名下，也不可能按某银行与某置业公司、张某、贺某伟等人签订了的《个人购房借款及担保合同》的约定，将本案争议的房屋由抵押预告登记转变为抵押登记。某银行的请求没有事实和法律依据，法院不予支持。且本案中的抵押人是张某、贺某伟而不是某置业公司，现是某置业公司破产而不是抵押人张某、贺某伟破产，本案争议的房产不可能再登记到张某、贺某伟名下，更不可能再办理正式的抵押登记，故本案不适用《最高人民法院关于适用〈中华人民共和国民法典〉有关担保制度的解释》第五十二条的相关规定。

湖南省株洲市芦淞区人民法院依照《中华人民共和国物权法》第二十条、第一百八十条、第一百八十七条，《最高人民法院关于适用〈中华人民共和国民法典〉时间效力的若干规定》第一条之规定，经审判委员会讨论决定，判决如下：

驳回某银行其全部诉讼请求。

某银行不服一审判决，提起上诉。

湖南省株洲市中级人民法院经审理认为：1. 本案的商品房买卖合同、抵押预告登记均发生在《中华人民共和国民法典》施行前，本应适用当时的法律、司法解释的规定，但本案争议焦点即在于案涉抵押预告登记在破产的情况下是否具有抵押登记的效力，《中华人民共和国民法典》施行之前的法律、司法解释没有规定而施行后有规定，根据《最高人民法院关于适用〈中华人民共和国民法典〉时间效力的若干规定》第三条规定，本案可以适用民法典及相关司法解释的规定。2. 本案中，某置业公司与张某、贺某伟通过签订虚假的《商品房（预）销售合同》，以张某、贺某伟的名义向某银行申请贷款，套取银行资金。某银行基于对上述商品房买卖合同、房款收据的信任，与张某、贺某伟签订借款、抵押合同，并办理案涉房屋的抵押预告登记。本案并无证据证明某银行在接受抵押担保、发放贷款过程中有违法或者重大过失行为，某银行属于善意第三人。虽然某置业公司与张某、贺某伟签订的商品房买卖合同因双方通谋虚伪表示而被确认无效，但该无效并不影响某银行与张某、贺某伟之间借款、抵押合同及抵押预告登记的效力。现某置业公司破产，依据《中华人民共和国企业破产法》第四十六条规定，未到期的债权，在破产申请受理时视为到期。本案抵押预告登记无论在此之前是否具备办理抵押登记的条件，但于破产申请受理时即应视为办理抵押登记的条件已成就，且其恶意阻却抵押条件成就应视为破产财产属于抵押财产，故某银行作为抵押预告登记权利人自破产申请受理时即取得了正式抵押权，其依法对案涉 132 套房屋享有优先受偿权。

湖南省株洲市中级人民法院依照《中华人民共和国物权法》第一百零六条，《中华人民共和国企业破产法》第四十六条，《最高人民法院关于适用〈中华人民共和国民法典〉有关担保制度的解释》第五十二条，《最高人民法院关于适用〈中华人民共和国民法典〉时间效力的若干规定》第三条，《中华人民共和国民事诉讼法》第一百七十七条第一款第二项规定，判决如下：

一、撤销一审民事判决；

二、确认某银行对某大楼3001-3132号房屋的拍卖、变卖等处置价款在株洲市中级人民法院2014年民事判决书所判定的债权金额范围内享有优先受偿权；

三、驳回某银行的其他诉讼请求。

【法官后语】

首先，本案是关于《中华人民共和国民法典》施行前的抵押预告登记是否具有优先受偿权的问题。《中华人民共和国物权法》对于客观上无法办理正式抵押登记手续，抵押预告登记权利人享有何种权利并无明确规定；《中华人民共和国民法典》施行后，《最高人民法院关于适用〈中华人民共和国民法典〉有关担保制度的解释》第五十二条弥补了这部分的空白，赋予了抵押预告登记在特定条件下具有优先受偿权的效力。本案明确了《中华人民共和国民法典》施行前办理抵押预告登记的权利人，因客观上无法办理正式抵押登记手续的，在不明显减损当事人合法权益、增加当事人法定义务或者背离当事人合理预期的情形下，可以依据《最高人民法院关于适用〈中华人民共和国民法典〉时间效力的若干规定》第三条，适用《中华人民共和国民法典》施行之后的《最高人民法院关于适用〈中华人民共和国民法典〉有关担保制度的解释》第五十二条规定。

其次，《最高人民法院关于适用〈中华人民共和国民法典〉有关担保制度的解释》第五十二条第二款规定预告抵押登记权利人享有优先受偿权的前提是抵押人破产，抵押财产属于破产财产，该情况一般发生在商品房预售合同有效，购房人（抵押人）系企业且已支付全部价款，虽没办理过户登记但系房屋的实际所有权人的情形。但在实践中，购房人往往是自然人，在银行与购房人恶意串通签订虚假的预售合同，套取银行资金的情况下，法院应确认该商品房预售合同无效，此时虽所有权人（开发商）与抵押人（购房人）不一致，但开发商破产的，依据《中华人民共和国企业破产法》第四十六条应视为已符合办理建筑物首次登记的抵押条件，又依据《中华人民共和国民法典》第一百五十九条规定，开发商恶意阻却抵押条件成就的，应视为其愿意以其财产作为抵押财产抵押给银行，亦满足抵押财产属于破产财产的条件。此时我们应赋予善意的抵押预告登记权利人在该情况下才可享有优先受偿权，这符合《中华人民共和国民法典》《中华人民共和国企业破产法》及该司法解释的立法精神，又不违反物权法定的原则，为司法实践中出现的新问题提供了法律指引。

再者，随着我国商品房预售制度的发展，抵押预告登记已成为防范信贷风险的一种担保方式。银行在开展贷款业务时已尽到合理审查义务，并办理了抵押预告登记，却因他人恶意阻却而未办理正式的抵押登记手续，进而影响抵押权的实现，确有违社会主义核心价值观。在司法实践中，由于各级法院对法律规定存在不同理解，容易出现不同的裁判结果。本案的正确处理打击了套取银行贷款、逃避银行债务的行为，对引导商品房预售贷款业务良性有序发展具有重大作用，依法维护了金融债权安全，为优化营商环境提供了司法保障。

编写人：湖南省株洲市中级人民法院　齐志龙

63

房地产开发企业破产案件中购房者物权期待权优先于抵押权

——刘某臻、朱某燕诉某集团破产债权确认案

【案件基本信息】

1. 裁判书字号

江苏省江阴市人民法院（2021）苏0281民初1889号民事判决书

2. 案由：破产债权确认纠纷

3. 当事人

原告：刘某臻、朱某燕

被告：某集团

第三人：某银行

【基本案情】

2017 年 10 月 12 日，刘某臻、朱某燕与某集团签订了《二手房买卖合同》一份，约定某集团将某房产一套出售给刘某臻、朱某燕。合同签订后，刘某臻、朱某燕按约履行了付款义务。但某集团一直未履行过户手续，刘某臻、朱某燕遂诉至法院，法院于 2019 年 9 月 25 日判决支持了刘某臻、朱某燕要求某集团将房产过户的请求。但某集团于 2019 年 10 月 16 日又将该房屋恶意抵押给某银行。

【案件焦点】

刘某臻、朱某燕能否要求某银行注销抵押权。

【法院裁判要旨】

江苏省江阴市人民法院经审理认为：刘某臻、朱某燕与某集团之间的房屋买卖合同合法有效，且刘某臻、朱某燕已履行绝大部分付款义务的事实已被生效判决所确定，法院依法予以确认。而某集团在明知涉案房屋已经出售给他人的前提下仍抵押给某银行，其主观恶意较为明显。但某银行办理抵押登记时，涉案房屋未进行预告登记，现没有证据证明某银行未尽到注意义务和审查义务，故刘某臻、朱某燕主张某银行存在过错的主张法院不予采信，本案也不存在抵押权无效的情形。

综上，某银行对涉案房屋享有抵押权，刘某臻、朱某燕对涉案房屋享有债权及物权期待权。但一方面，抵押权人虽然享有登记的抵押权，因买受人权利获得优先保护，某银行已无权请求强制处分案涉房屋用于清偿债务。另一方面，买受人的权利虽然获得优先保护，在排除强制执行后，买受人对涉案房屋可以行使占有、使用和收益的权能，但永远无法取得所有权，不能享有处分的权能。如此既不能解决纠纷，亦会因永远存续的权利冲突妨碍物的充分利用。刘某臻、朱某燕与某银行之间的权利陷入对抗的僵局。

物权法的功能在于定分止争，促进物的最大化利用。为了定分止争、促进物的利用，实现物经济效益的最大化，本案有必要进行利益衡量和价值判断，择一权利进行保护，从而化解权利对抗的僵局。法院基于保护弱者理念支持买受人的诉讼请求。因为购房人优先权主要考虑到消费者购买商品房乃是其生存的权利，并关乎社会稳定，抵押权人的权利为经营权利，生存权利应当优先于经营权利受到保护。基于上述理由，尽管本案抵押权没有法定消灭的事由，为使抵押物发挥其价值，法院基于保护弱者理念对买受人要求注销抵押权的诉请予以支持。

江苏省江阴市人民法院依照《中华人民共和国物权法》第三十三条、《最高人民法院关于人民法院办理执行异议和复议案件若干问题的规定》第二十八条之规定，作出如下判决：

某银行应于本判决发生法律效力之日起十日内，涂销在某房屋设立的抵押权登记。

判决作出后，当事人未上诉，判决已经发生法律效力。

【法官后语】

在房地产开发企业破产案件中，经常出现商品房已销售但未过户的情况，对这些房屋的处理，往往是整个清算程序的难点。

根据《最高人民法院关于人民法院办理执行异议和复议案件若干问题的规定》第二十八条的规定，金钱债权执行中，买受人对登记在被执行人名下的不动产提出异议，符合下列情形且其权利能够排除执行的，人民法院应予支持：1. 在人民法院查封之前已签订合法有效的书面买卖合同；2. 在人民法院查封之前已合法占有该不动产；3. 已支付全部价款，或者已按照合同约定支付部分价款且将剩余价款按照人民法院的要求交付执行；4. 非因买受人自身原因未办理过户登记。上述条件不仅适用于商品房，也适用于所有不动产，只要满足上述四个条件，均被认可有权排除执行。理论认为，满足上述四个条件的购房者享有物权期待权，实质上是准物权，即因其已经完全履行购房合同，房屋所有权应归其所有，只因没有完成物权变动的公示要件，故其还未取得完整的物权，但未公示的原因也不能归责于该购房者，因此，应赋予其享有准物权的待遇。

但物权期待权在破产程序中能否适用，则缺乏直接的法律规定，只能从逻辑角度推导而出：企业破产与否，只会对普通债权的清偿顺序造成影响，对于享有物权的权利人则不会造成影响，如享有担保物权的债权人，仍然可就担保物的价值优先受偿；物权期待权是一种准物权，并非债权，故也不会受企业是否破产影响，企业未破产的，物权期待权可以排除执行，企业破产的，物权期待权自然也可以排除其他债权的优先受偿。

通过以上分析，我们知道，消费者一般生存权可以对抗抵押权的实现。抵押权是需要登记的，当房屋办理了抵押登记，而购房者情况又符合优先保护要件时，应如何处理购房者权利与抵押权的冲突？

如本案所涉纠纷，购房者符合物权期待权的构成要件，即在设定抵押前完成了签约、付款、交付等所有手续，且非因自身原因未办理过户。根据前文所述，对购房者的权利，都应该给予特别保护，排除抵押权人要求优先受偿的权利，这点自无疑义。但是，抵押权经过登记而生效，虽然管理人可以不同意银行的拍卖要求，但因为管理人没有权限自行涤除抵押权，也无法实现购房者的过户要求。这个冲突只能通过诉讼由法院来解决，事实上，不管是抵押权人还是购房者，都需要法院对该问题作出最终判决。

在解决程序上，又分抵押权人起诉和购房者起诉两种情况：

第一种情况是管理人认定购房者条件符合一般生存权或物权期待权保护要件，决定不拍卖标的房屋，抵押权人不服，可以向破产案件管辖法院提起诉讼，要求实现抵押权，法院判决支持诉讼请求的，则标的房屋予以拍卖；判决驳回诉讼请求的，在判决书的主文中，除驳回诉讼请求的内容外，还应增加一条涤除抵押权的判决主文，否则管理人仍然无法为购房者办理过户。

第二种情况是购房者起诉，又分两种不同的子情形。第一种子情形是，管理人决定不拍卖房屋，抵押权人不服但又不起诉的，购房者可以起诉，要求涤除抵押权和办理过户。第二种子情形是，管理人认定购房者条件不符合一般生存权或物权期待权保护要件，决定拍卖房屋，购房者不服，可以向破产案件管辖法院提起诉讼，要求涤除抵押权和办理过户，法院判决支持诉讼请求的，购房者可凭判决书涤除抵押权并办理过户；如判决驳回诉讼请求的，管理人应拍卖标的房屋并优先清偿抵押权人。

本案的意义是基于对法律进行体系解释的方法论，认为既然在普通的执行案件中，消费者一般生存权和购房者物权期待权可以获得特殊保护，而破产仅是对普通债权的清偿顺序进行了重排，不影响优先权的在先顺序，故在普通执行案件中优先于抵押权的购房者物权期待权，自然可以在破产程序中适用。

编写人：江苏省江阴市人民法院　李峰　黄静宇

64

基于所有权和担保物权实现程序而获得的债权，优先于金钱债权受偿

——某房地产公司诉刘某辰等执行分配方案异议之诉案

【案件基本信息】

1. 裁判书字号

广西壮族自治区桂林市中级人民法院（2021）桂03民终2347号民事判决书

2. 案由：执行分配方案异议之诉

3. 当事人

原告（申请执行人、上诉人）：某房地产公司

被告（被执行人、被上诉人）：刘某辰

被告（被上诉人）：某银行、陈某伶、陈某炎、林某英、陈某强、龙某金

【基本案情】

2012年11月5日，某房地产公司将××号房屋出售给刘某辰，房屋总价1028535元。刘某辰当日支付购房首付款318535元。2012年11月20日，该房办理了预告登记。2013年1月11日，某房地产公司作为保证人，刘某辰作为借款人、抵押人，甲银行桂林分行作为贷款人、抵押权人共同签订了《个人房产抵押贷款合同》，约定由刘某辰贷款71万元用于购买案涉房屋，将案涉房屋作为抵押担保，并办理了抵押权预告登记。某房地产公司作为保证人，为该合同项下贷款本息等费用向贷款人提供阶段连带责任保证担保。2014年3月30日，某房地产公司将上述房屋交付刘某辰。2016年1月12日，甲银行桂林分行向象山法院提起诉讼，要求刘某辰立即偿还全部剩余贷款本息、罚息，支付律师费损失；案外人黄某、某房地产公司对上述本息及费用承担连带偿还责任。法院对甲银行桂林分行诉请予以支持，此案生效并进入执行。法院从某房地产公司账户扣划共计633367.61元用于偿还刘某辰应偿还的上述贷款本息。

案涉房屋于2017年7月7日首次登记在某房地产公司名下。某房地产公司于2018年10月18日起诉刘某辰，经广西壮族自治区桂林市秀峰区人民法院一审、广西壮族自治区桂林市中级人民法院二审，判决：1. 刘某辰给付某房地产公司代偿的贷款633367.61元及利息；2. 刘某辰给付某房地产公司违约金1028535元；3. 驳回某房地产公司的其他诉讼请求。

上述判决生效后，刘某辰未履行判决确定的义务，某房地产公司向法院申请执行，广西壮族自治区桂林市秀峰区人民法院于2018年11月2日裁定查封××号房屋，于2020年9月1日裁定拍卖该房屋，拍卖获得拍卖款936200元。陈某伶、陈某炎、林某英、陈某强、某银行、龙某金作为债权人申请参与分配，广西壮族自治区桂林市秀峰区人民法院于2021年1月21日下达分配方案，某房地产公司对执行分配方案提出修改意见，认为应将房屋拍卖所得款扣除执行费用后，将余额分配给某房地产公司，其他债权人及被执行人均表示反对，故，某房地产公司提起本案之诉。

【案件焦点】

某房地产公司在执行分配中是否享有优先受偿权，原执行分配方案是否应撤销。

【法院裁判要旨】

广西壮族自治区桂林市秀峰区人民法院经审理认为：预告登记后，某房地产公司不再享有对房屋的物权处分权。某房地产公司依据担保法享有的是对刘某辰的代位追偿请求权，该项权利属于债权请求权，不优先于普通金钱债权。某房地产公司主张在执行分配中优先受偿，无法律依据。

广西壮族自治区桂林市秀峰区人民法院依照《中华人民共和国民法典》第二百二十一条，《最高人民法院关于人民法院执行工作若干问题的规定（试行）》第五十五条，《关于适用〈中华人民共和国民事诉讼法〉的解释》第五百零八条第一款、第五百一十条，《中华人民共和国民事诉讼法》第一百四十四条之规定，作出如下判决：

驳回某房地产公司的诉讼请求。

某房地产公司不服一审判决，提出上诉。

广西壮族自治区桂林市中级人民法院经审理认为：案涉房屋虽预告登记在刘某辰名下，但首次登记仍在某房地产公司名下。某房地产公司作为保证人承担了保证责任，可主张行使债权人甲银行桂林分行对债务人刘某辰享有的担保物权。基于上述两点，某房地产公司对案涉房屋拍卖价款具有优先受偿权，可在代偿刘某辰贷款本息部分优先受偿，某房地产公司主张的违约金，其性质属普通债权，不具有优先性。原执行分配方案未考虑某房地产公司优先受偿权情况，应予撤销。综上，某房地产公司的上诉请求部分成立。

广西壮族自治区桂林市中级人民法院依照《最高人民法院关于适用〈中华人民共和国民法典〉时间效力的若干规定》第二条、第三条，《中华人民共和国民法典》第二百零九条第一款、第六百四十二条，《最高人民法院关于适用〈中华人民共和国民法典〉有关担保制度的解释》第十八条第二款、第六十四条第一款，《中华人民共和国民事诉讼法》第一百四十四条、第一百七十条第一款第二项规定，作出如下判决：

一、撤销一审民事判决；

二、撤销一审法院分配方案；

三、由一审法院重新作出分配方案；

四、驳回某房地产公司的其他诉讼请求。

二审判决生效后，广西壮族自治区桂林市秀峰区人民法院重新作出分配方案，债权人某房地产公司分配得 778871.15 元，其他债权人分配得 0 元，各方对分配方案均未提异议。

【法官后语】

依照《最高人民法院关于人民法院执行工作若干问题的规定（试行）》第九项第五十五条第二款规定，“多个债权人的债权种类不同的，基于所有权和担保物权而享有的债权，优先于金钱债权受偿……”，在本案中主要考虑的问题是某房地产公司对案涉拍卖房屋是否享有基于所有权和担保物权而享有的债权？

一、预告登记在买受人名下房屋权属问题

从限制处分的角度来看，预告登记的主要功能为能够有效保障预告登记权利人未来物权的实现，基于预告登记，能够使普通债权产生一种对抗第三人的效力，但不能产生物权设立或变动的法律效果，预告登记在买受人名下，其房屋所有权非买受人。一审法院依照《最高人民法院关于人民法院办理执行异议和复议案件若干问题的规定》第二十九条、第三十条之规定，据以认为买受人刘某辰能排除执行，某房地产公司不享有案涉房屋占有、使用、收益的权利，但上述两条规定实则是为了保护买受人，在开发商资不抵债的情形下，遇开发商的债权人（包括抵押人）申请执行，如预售合同经过预告登记，买受人（预告登记权利人）有权主张停止处分异议或者排除执行异议，但并未赋予买受人享有该房屋所有权的权利。

二、某房地产公司是否享有担保物权

依照《最高人民法院关于适用〈中华人民共和国民法典〉有关担保制度的

解释》第十八条第一款规定，对于“承担了担保责任或者赔偿责任的担保人，在其承担责任的范围内向债务人追偿的，人民法院应予支持”的观点，司法实践并无争议，但具体到本案，主要争议焦点为担保制度的司法解释所新增加的内容——作为保证人承担了保证责任还得以行使债权人对债务人享有的担保物权。在本案中，该担保物权即为案涉房屋的抵押权，但不动产抵押登记的生效要件为当事人书面形式订立抵押合同、办理抵押登记。对照生效要件，刘某辰与某银行签订了《个人房产抵押贷款合同》，仅办理了抵押权预告登记，并非抵押权登记，但依据《最高人民法院关于适用〈中华人民共和国民法典〉有关担保制度的解释》第五十二条第一款规定，案涉房屋已完成所有权首次登记，且不存在预告登记失效等情形的，应当认定抵押权自预告登记之日起设立。某房地产公司得以行使甲银行桂林分行对刘某辰所享有的担保物权。

综上，经所有权和担保物权实现程序所获得的债权，在执行分配中，优先于金钱债权受偿。

编写人：广西壮族自治区桂林市秀峰区人民法院　魏友杨

五、占有保护纠纷

65

出租人有权向导致其无法占有房屋的相关主体主张占有使用费

——北京甲公司诉北京乙公司、北京丙公司占有保护案

【案件基本信息】

1. 裁判书字号

北京市第二中级人民法院（2021）京 02 民终 10378 号民事判决书

2. 案由：占有保护纠纷

3. 当事人

原告（被上诉人）：北京甲公司

被告（上诉人）：北京乙公司、北京丙公司

【基本案情】

2010 年 11 月 24 日，北京甲公司与北京丁公司签订《某大厦房屋租赁合同》，将房屋（坐落于北京市西城区××号，甲方将底商，1 号楼地下 1 层、1 层及 2 层；2 号楼地下 1 层；6 号楼地下 1 层、1 层、2 层、3 层）租赁给北京丁公司。

2013 年 9 月，北京丁公司与北京乙公司先后签订两份《房屋租赁合同》，将房屋（坐落于北京市西城区××号楼三层整层，地下一层整层；北京市西城区

××号楼 B1 层、1 层大堂公用，2 层东侧，2 号楼 B1 层，建筑面积约 4500 平方米）转租给北京乙公司，租期截至 2026 年 5 月 31 日。

2014 年，北京甲公司起诉北京丁公司，北京丁公司提出反诉。一审法院经审理于 2016 年 11 月 28 日判决：解除北京甲公司与北京丁公司于 2010 年 11 月 24 日签订的《某大厦房屋租赁合同》及 2011 年 2 月 25 日签订的《某大厦房屋租赁合同补充协议》；判决生效后七日内，北京丁公司立即将位于北京市西城区××号楼地下 1 层、1 层及 2 层、2 号楼地下 1 层、6 号楼地下 1 层、1 层、2 层、3 层房屋腾空交还给北京甲公司……北京丁公司不服，向北京市第二中级人民法院提出上诉。该院于 2017 年 12 月 27 日判决维持一审判决，驳回上诉。北京丁公司于 2018 年 1 月 3 日收到上述判决。

2015 年 7 月 27 日，北京乙公司与北京丙公司签订《房屋租赁合同》，将房屋（坐落于北京市西城区××号楼 103 室，104 室公用，B1 层，6 号楼 B1 层附体东侧，建筑面积约 4000 平方米）转租给北京丙公司，租期截至 2026 年 5 月 31 日止。

2018 年 4 月 20 日，法院执行部门张贴告知书，北京乙公司于 2018 年 4 月 21 日提出案外人执行异议。后法院再次于 2020 年 7 月 28 日张贴公告，北京丙公司于 2020 年 8 月 6 日提出案外人执行异议。

【案件焦点】

1. 两公司是否应承担责任；2. 两公司如何承担责任。

【法院裁判要旨】

北京市西城区人民法院经审理认为：关于本案焦点一，2018 年 1 月 11 日后，北京丁公司无权继续出租房屋，故此两公司未腾退房屋时应向北京甲公司支付房屋使用费。基于对《最高人民法院关于审理城镇房屋租赁合同纠纷案件具体应用法律若干问题的解释》的解释，次承租人包含两公司，故两公司应承担责任。关于本案焦点二，两公司向北京甲公司承担不同责任。首先，北京乙公司现有证据不足以证明其将北京丙公司承租房屋期限为 2018 年 1 月 11 日至 2021 年 5 月 13 日的租金已向北京丁公司完成了支付，故此，北京乙公司应向北京甲公司支付该段期间的房屋使用费。其次，北京丙公司未按照合同约定支付租金，其在 2018 年 1 月 26 日将租金支付给王某个人而非北京乙公司。2018 年 4 月 20 日，法院已在北京丙公司所在区域张贴告知书，北京乙公司于 2018 年 4 月 21 日提出案外人执行异议。基于公平原则，2018 年 7 月 21 日起，北京丙公司应将房屋使用费支付给北京甲公司。最后，2018 年 1 月 11 日至 2018 年 7 月 20 日，北京乙公司向北京甲公司支付 1300000 元。2018 年 7 月 21 日至 2021 年 5 月 13 日的费用 7000000 元，两公司均负有支付责任。为避免重复赔偿，再考虑行为同时侵权，所以北京乙公司承担责任而北京丙公司承担连带责任。

北京市西城区人民法院依照《中华人民共和国立法法》第九十三条，《中华人民共和国侵权责任法》第十一条，《中华人民共和国合同法》第五条，《最高人民法院关于审理城镇房屋租赁合同纠纷案件具体应用法律若干问题的解释》第十三条规定，作出如下判决：

一、判决生效后七日内，北京乙公司向北京甲公司支付房屋占有使用费 1300000 元；

二、判决生效后七日内，北京乙公司向北京甲公司支付房屋占有使用费 7000000 元，北京丙公司承担连带责任；

三、驳回北京甲公司的其他诉讼请求。

北京乙公司、北京丙公司不服一审判决，提出上诉。

北京市第二中级人民法院同意一审法院裁判结果，依照《中华人民共和国民事诉讼法》第一百七十条第一款第一项之规定，作出如下判决：

驳回上诉，维持原判。

【法官后语】

房屋租赁合同纠纷中存在多次转租时，当事人利益保障存在处理困境，该困境既包括出租人如何实现租金权利和房屋占有，也包括次承租人等已支付租金时如何行权。衡平出租人与次承租人等利益，应妥善解决。

一、出租人与次承租人的内涵应予以明确

《最高人民法院关于审理城镇房屋租赁合同纠纷案件具体应用法律若干问

题的解释》第十三条规定："房屋租赁合同无效、履行期限届满或者解除，出租人请求负有腾房义务的次承租人支付逾期腾房占有使用费的，人民法院应予支持。"该条文突破了合同性原则，确保了出租人在与承租人租赁合同解除等情形下可向次承租人主张权利。

第一，出租人并不限于房屋所有权人。本案中，北京甲公司并非案涉房屋的所有权人，但其对案涉房屋享有占有、收益的权利。北京甲公司将房屋出租北京丁公司，其基于占有的让渡获取租金利益。因与北京丁公司的租赁合同已被法院生效判决认定解除，其自然恢复实际占有房屋的权利。北京乙公司从北京丁公司承租后将房屋转租给北京丙公司，北京丙公司未腾退房屋前，其与北京乙公司共同影响了北京甲公司的占有权利，北京甲公司有权保护自己的占有权利。

第二，负有支付占有使用费的义务主体不限于次承租人。房屋租赁合同履行中转租现象并非不常见，如将上述第十三条的次承租人明确限制范围而排除次次承租人的话，客观上会影响出租人权利实现。同时因次次承租人占有房屋而不用承担责任，也非公平。从负有腾房义务的角度来认定次承租人的范围，对实际占有房屋的主体予以责任追究，更为合理。同时即使未实际占有房屋的主体，比如本案的北京乙公司，因其转租给北京丙公司，与北京丙公司拒不腾房的行为有因果关系，其应就未腾房期间的费用与北京丙公司承担连带责任。

二、出租人应在合同解除时或后向有关主体主张权利

在实践中，出租人何时方可向占有房屋的次次承租人等主张权利，并无明确的法律规定。同时，即使出租人有权主张，占有使用费用的标准如何确定，也并无明确规定。

第一，出租人应在与承租人合同解除或后主张权利。出租人与承租人就租赁合同产生争议时，可一并起诉实际占有房屋的次承租人等。如认定有权解除，解除后的占有费用，次承租人等应与承租人不重复赔偿即可。如次承租人等人数过多时，出租人可先行诉请解除与承租人的租赁合同，并及时将解除情况告知实际占有房屋的次承租人等。一方面，确保次承租人在第一手租赁合同解除

后将房屋使用费用支付给出租人；另一方面，在次承租人等对第一手合同解除不知晓时，避免次承租人等善意支付租金时出租人的利益受到影响。但出租人与承租人合同未合意解除或判决解除时，其自行与占有房屋的次承租人等解决使用费用问题，不受法律保护，若侵害使用人的利益，应承担赔偿责任。

第二，出租人可参考占有房屋的使用人向上一手支付标准主张权利。本案中，多次转租过程中，出租人与承租人约定的费用标准较此后的租赁合同标准低。但出租人与承租人合同解除后，其要求各方承担责任，不应参考低标准，而应参考实际履行标准。就本案而言，北京甲公司主张北京乙公司、北京丙公司支付占有使用费时可参考北京丙公司支付的房屋租金标准，如北京乙公司、北京丙公司对该标准有异议，应证明实际房屋使用费用。

综上，本案判决既有效地确保了出租人北京甲公司的占有权利，也适当考虑了北京丙公司的善意支付问题，同时也在论述中提醒注意了避免重复赔偿的问题。上述处理方式，对此后解决出租人与次承租人等的争端提供了参考标准，也期冀此后的司法解释能对该类问题进行规定。

编写人：北京市第二中级人民法院　高磊

北京市西城区人民法院　任卓

66

未占有的小产权房抵债协议无法排除强制执行

——黄某、刘某诉宋某占有物返还案

【案件基本信息】

1. 裁判书字号

江苏省南通市中级人民法院（2021）苏06民终2815号民事裁定书

2. 案由：占有物返还纠纷

3. 当事人

原告（上诉人）：黄某、刘某

被告（被上诉人）：宋某

第三人：黄某某

【基本案情】

2018年8月，袁某与宋某签订抵押合同，约定以袁某所有的702幢房屋作为抵押，宋某有权优先受偿。同年9月，黄某、刘某与袁某、黄某某（袁某之子）及黄某某妻子订立了协议书，约定由袁某将上述小产权房作价110万元出售给黄某、刘某，当日黄某、刘某与案外人王某就案涉房屋订立了租赁合同一份，约定由王某使用该房屋。

2018年11月，法院判令袁某给付宋某货款50万元及相应的利息损失。因袁某未履行生效法律文书确定的义务，宋某向法院申请执行。2019年1月，宋某与袁某在执行过程中达成执行和解协议，以案涉房屋抵偿袁某结欠宋某的相关费用。同年7月，宋某与王某订立房屋交接协议书，后该房由宋某占有使用。2020年5月18日，黄某向法院申请中止对702幢房屋的执行，解除对该房屋的查封，法院驳回了黄某的异议请求。黄某不服该裁定，以宋某、黄某某为被告，向法院提起执行异议之诉，法院驳回了黄某的起诉。

【案件焦点】

黄某、刘某是否可以直接要求宋某返还占有的房屋。

【法院裁判要旨】

江苏省南通市海门区人民法院经审理认为：行使占有返还请求权应具备下列条件：一是请求权的主体应为原占有人，请求权的相对人应为现占有人；二是须有侵占行为或事实，且侵占行为的结果致原占有人丧失占有；三是侵占行为具有违法性。本案中，宋某与袁某达成执行和解协议后占有案涉房屋。现黄某、刘某本次诉讼的第一项诉讼请求为判令宋某立即从702幢房屋搬离并将上述房屋返还。依据上述法律规定，法院认为黄某、刘某该项诉请的实质是否定相关执行和解协议或认为相关执行和解协议无效。对此，《最高人民法院关于执行和解若干问题的规定》第十六条第一款规定，当事人、利害关系人认为执行和解协议无效或者应予撤销的，可以向执行法院提起诉讼。执行和解协议被确认无效或者撤销后，申请执行人可以据此申请恢复执行。由此可见，黄某、刘某如认为相关执行和解协议因侵犯其合法权益而无效或者应予撤销的，应当向执行法院提起诉讼，而非向法院提起诉讼。故黄某、刘某提起的本次诉讼，不符合受理条件。

江苏省南通市海门区人民法院依照《中华人民共和国民事诉讼法》第一百一十九条之规定，裁定如下：

驳回黄某、刘某的起诉。

黄某、刘某不服一审裁定，提出上诉。

江苏省南通市中级人民法院经审理认为：黄某、刘某主张占有返还请求权的前提是宋某的侵占行为具有违法性，宋某与袁某买卖合同纠纷一案执行过程中，宋某与袁某达成执行和解协议，将案涉房屋估价 60 万元抵给宋某。在上述执行和解协议被撤销或认定无效前，尚不能确定宋某占有案涉房屋的行为具有违法性。根据《最高人民法院关于执行和解若干问题的规定》第十六条第一款规定，当事人、利害关系人认为执行和解协议无效或者应予撤销的，可以向执行法院提起诉讼。黄某、刘某若认为该和解协议无效或者应予撤销，应先行向执行法院提起诉讼。在执行和解协议未经司法机关撤销或认定为无效前，黄某、刘某要求宋某搬离、返还案涉房屋并赔偿其经济损失的起诉应不予受理。故一审法院裁定不予受理并无不当。

江苏省南通市中级人民法院依照《中华人民共和国民事诉讼法》第一百七十条第一款第一项、第一百七十一条规定，裁定如下：

驳回上诉，维持原裁定。

【法官后语】

本案主要涉及一方债权人与债务人签署以房抵债协议是否可以对抗执行程

序中债务人与其他债权人达成的执行和解协议。在实践中，债务人由于资金短缺，常与债权人达成以房抵债协议以偿还债务，小产权房在乡村升级改造的进程中诞生，小产权房问题也在时刻变化的社会情况中不断升级，小产权房抵债效力也越来越成为实践中不可回避的问题。对此，人民法院积极依法行使裁判权实现裁判的统一，对于化解此类纠纷与冲突具有重大现实意义。

若以房抵债协议签订于债务履行期限届满前，因期间较长、房价波动较大，往往协议缔约时与到期时房屋价值存在不小的差值，若认定该份协议有效，可能导致利益失衡，无法实现公平正义，所以在债务履行期限届满前所订立的以房抵债协议应属无效，同时根据《最高人民法院关于审理民间借贷案件适用法律若干问题的规定》第二十三条的规定，债权人请求债务人直接交付以房抵债协议标的物的，人民法院不予支持，仍按照民间借贷法律关系审理。因签订于债务履行期限届满后的以房抵债协议中房屋价格可即时确定，一般不会出现利益失衡问题，故如其未违反其他强制性规定，应认定其为有效合同。

小产权房的大致定义是由开发商与集体经济组织合作开发未被转化为建设用地的土地，在未缴纳土地出让金等费用的情况下，向本集体经济组织之内或之外的居民销售的，且相关政府部门并不颁发具有法律约束力产权证的居住性房屋。从司法实践的主流观点来看，对于小产权房买卖合同的效力的评价基本都是否定的。小产权房具有一定的经济利益，其在市场间私主体间的流转严格受限，但是公法不能对小产权房作为私主体个人财产的性质进行否定，房屋所有人可依据对小产权房屋具有事实上的处分权进行处分与收益。如果限制其作为以物抵债的标的或是强制执行的标的，就会导致债权人无法实现自己的债权，而债务人还可通过处分小产权房获得收益，这违背了法律公平正义原则，将严重侵害债权人利益导致利益失衡。认可小产权房买卖合同的效力，对于以物抵债协议的实现以及把小产权房作为强制执行的标的都具有现实意义。

对于小产权房是否可以排除强制执行的认定仍需回到《最高人民法院关

于人民法院办理执行异议和复议案件若干问题的规定》关于排除执行的三项审查标准。首先，案外人是否系权利人，这就涉及小产权房权利归属问题，也即小产权房买卖合同的效力。对于非本集体经济组织成员购买集体土地上符合建设规划的小产权房，可以对其使用权进行处理，但不对其权属进行处理，其占有、使用、居住该小产权房的权利依然应当得到保护，合同实际涉及标的为房屋使用权而非所有权。其次，是占有合法性的问题，案外人占有的基础是其与被执行人之间订立的以房抵债协议，该份协议的效力也就决定了占有是否具有合法性。订立与债务履行期限届满前的协议无效，订立与债务履行期限届满后的协议在未出现虚假意思表示、恶意串通损害他人利益、无法表现协议的订立是出于债权人与债务人合意、没有达成书面协议、无法确定债务人对房产享有明确所有权的情况时，应认为协议有效。最后，是上述权利能否达到排除执行的条件，即价款是否公平抵偿以及是否占有房屋。

本案审理的切入点在于，原告的诉讼请求实质上是否定相关执行和解协议或认为相关执行和解协议无效，那么原告就应当向执行法院提出诉讼，而非案涉房屋所在地法院，二审法院也认同该观点，支持了一审判决。

编写人：江苏省南通市海门区人民法院　陈东　王钰莹

67

无权占有人有权依据其占有状态合理请求司法保护

——某仓储公司诉甲实业公司等占有排除妨害案

【案件基本信息】

1. 裁判书字号

江苏省苏州市中级人民法院（2020）苏05民终5892号民事判决书

2. 案由：占有排除妨害纠纷

3. 当事人

原告（上诉人）：某仓储公司

被告（上诉人）：甲实业公司、某木材加工厂

被告（被上诉人）：林某凤、曾某才

【基本案情】

本案诉争土地系苏州市乙实业公司资产被拍卖前位于其厂区内、但并不享有合法的国有土地使用权的地块。因经营不善，乙实业公司将诉争土地抵偿给王某林等人使用。乙实业公司停止经营后，王某林等人于2017年1月20日与某社区居民委员会签订土地租赁合同，约定由王某林等人承租诉争土地，租赁期限自2017年1月20日起至2020年1月19日止。2015年7月10日，王某林等人与某仓储公司签订场地租赁合同，将诉争土地出租给某仓储公司使用，租期为2015年7月1日起至2025年8月15日止。

因案外人林某凤（系甲实业公司法定代表人）通过司法拍卖取得了原乙实业公司的土地及房屋，甲实业公司、某木材加工厂将原乙实业公司厂区作为生产经营场所，并对包括诉争土地在内的整个厂区进行封闭式统一管理和使用，甲实业公司、某木材加工厂的行为致使某仓储公司早已堆放在本案条形地块上的货物长期滞留在该地块上。

【案件焦点】

1. 诉争土地此前是否由某仓储公司占有；2. 若诉争土地系某仓储公司无权占有，某仓储公司是否有权主张排除妨害和损害赔偿；3. 损害赔偿金额如何合理确定。

【法院裁判要旨】

江苏省太仓市人民法院经审理认为：结合场地租赁合同和土地租赁合同所反映的占有土地的由来、关联案件所反映的某仓储公司对条形地块施加控制的客观条件和经营需求、某仓储公司所述2015年8月与王某林等人现场丈量土地

确定边界等行为，法院认定某仓储公司于2015年8月起实际占有了本案条形地块。

诉讼中某仓储公司已明确其行使的是占有人针对妨害占有行为要求排除妨害和损害赔偿的请求权。甲实业公司、某木材加工厂在利用原乙实业公司厂区开展生产经营时，应当充分注意到拍卖所取得的土地使用权的权利范围。甲实业公司、某木材加工厂在意识到本案条形地块并非林某凤有权使用地块的情形下，应当通过与相关权利人友好协商等方式合法使用本案条形地块；但甲实业公司、某木材加工厂却不顾某仓储公司的反对执意对原乙实业公司整个厂区实施封闭式管理，其实施的堆放货物、修筑西边围墙的行为构成对某仓储公司占有的重大妨害。对行为人肆意破坏原有秩序行为的否定恰是占有保护制度的价值所在。鉴于甲实业公司、某木材加工厂实施的妨害占有的行为，某仓储公司提出的要求甲实业公司、某木材加工将所堆放的货物从本案条形地块上搬走并拆除本案条形地块西边围墙从而达成排除妨害之目的，并无不当，法院予以支持。

关于某仓储公司提出的妨害占有之损害赔偿，因土地租赁合同的期限已满、某仓储公司自述已暂停向王某林等人支付租金，故原告将来对该条形地块的占有存在较大的不确定性，因此，本案妨害占有的损失仅在2017年10月至2020年4月时间跨度内予以适当考虑。鉴于上述时间跨度内妨害占有的程度存在由弱至强的动态变化而某仓储公司并未通过证据加以具体证明，某仓储公司也未举证证明其租金的实际支付状况，同时充分考虑到本案条形地块位置的特殊性，法院酌情认定：至2020年4月，甲实业公司、某木材加工厂妨害占有给某仓储公司造成的损失为100000元。

江苏省太仓市人民法院依照《中华人民共和国物权法》第二百四十五条第一款、《中华人民共和国民事诉讼法》第六十四条、《最高人民法院关于适用〈中华人民共和国民事诉讼法〉的解释》第九十条规定，判决如下：

一、甲实业公司、某木材加工厂将堆放在原乙实业公司6号库北侧条形地块的货物搬离；

二、甲实业公司、某木材加工厂拆除原乙实业公司6号库北侧条形地块西侧边界位置处的围墙；

三、甲实业公司、某木材加工厂共同赔偿某仓储公司100000元；

四、驳回某仓储公司的其他诉讼请求。

某仓储公司及甲实业公司、某木材加工厂均不服一审判决，提起上诉。

江苏省苏州市中级人民法院同意一审法院裁判意见，依照《中华人民共和国民事诉讼法》第一百七十条第一款第一项规定，判决如下：

驳回上诉，维持原判。

【法官后语】

本案重大争议焦点是在诉争土地权属不明、原告或为无权占有人的情况下，原告是否还能依据现存占有状态请求占有保护。占有保护请求权的立法功能在于维护现存之财产占有秩序的稳定性，以维护社会和平，即对于已经成立的事实状态，不应受私力而为的扰乱，而只能通过合法的方式排除。根据占有保护制度的立法目的，其物上请求权的行使并不涉及本权；无权占有或占有权属不明之占有，均可受物上请求权性质的占有保护。在支持排除妨害的基础上，针对损害赔偿请求权，虽本案诉争土地权属存在争议，但考虑到原告因承租行为对诉争土地的占有、使用和收益享有信赖利益，故其有权在权利遭受侵害时请求赔偿。具体到本案中，由于甲实业公司、某木材加工厂明知某仓储公司曾经占有条形地块的事实，其对于某仓储公司占有的妨害行为先后出现了堆放物品、筑墙封闭的情形，故承办人在综合考量妨害占有强度的动态变化过程、条形地块特殊位置所决定的有限价值等因素后合理确定了损失赔偿额。

本案审理过程中另一隐含的争议点在于占有保护请求权是否受除斥期间限制。根据《中华人民共和国物权法》（现《中华人民共和国民法典》物权编）规定，占有返还原物请求权应受一年除斥期间的限制，但未对占有排除妨害、消除危险及损害赔偿请求权作出除斥期间的规定。除斥期间系权利的存续期间，根本目的是排除权利行使所导致的法律关系的不稳定性；结合占有保护制度关于保护现存之财产占有秩序的立法目的，占有返还适用除斥期间的意义在于，原先的占有状态被长期持续侵害后应保护新的占有状态以维护占有秩序之稳定。占有排除妨害请求权与妨害的持续状态紧密相连，在妨害长期持续的状态下，其造成的后果仅是有碍现存占有的稳定性，不可能形成新的占有状态，无须通过除斥期间来限制权利行使；若占有妨害状态已经消失，则也不存在排除妨害请求权的权利基础。综上，占有排除妨害不应受一年除斥期间的限制。

本案以占有保护制度的立法目的为指导，妥善处理了本案出现的占有本权不明、占有保护请求权行使期间和占有损害赔偿适用的一系列问题，对占有保护制度进行了深入理解和全面解读，通过个案维护了占有秩序和社会稳定，也为占有保护的类案提供了司法指引。

编写人：江苏省太仓市人民法院　王翊颖

68

小区游泳池、网球场的所有权归属认定

——某投资管理公司诉某小区第一届业主委员会占有排除妨害案

【案件基本信息】

1. 裁判书字号

广东省深圳市中级人民法院（2020）粤03民终22533号民事判决书

2. 案由：占有排除妨害纠纷

3. 当事人

原告（上诉人）：某投资管理公司

被告（被上诉人）：某小区第一届业主委员会（以下简称某小区业委会）

第三人：某房地产公司

【基本案情】

2005年8月9日，某房地产公司出具《某小区湾区会所经营管理证明书》，将某小区配套会所“湾区会所”交由某投资管理公司独家经营管理。

2016年5月19日，某投资管理公司取得位于某小区（二期）内游泳池的《卫生许可证》，2017年6月6日，某投资管理公司取得位于某小区内游泳项目的《高危险性体育项目经营许可证》。2018年9月10日，某小区业委会向小区业主出具《关于对小区部分物业维权上锁的通告》，对网球场、南区游泳池、19栋下沉广场进行上锁封场处理。2018年9月30日，某小区业委会向小区业主出具《关于某小区南区网球场营业时间通告》，载明某小区业委会已对小区南区网球场确认权属，应为全体业主所有。

法院向规划和自然资源局调取关于某小区项目有关情况，得到回复：某小区项目于2006年11月取得《建设工程规划验收合格证》，验收合格证面积为153781.9平方米，功能为住宅，该小区内游泳池及网球场属于不计建筑面积的部分。

某小区业委会表示，案涉小区的网球场、游泳场在2018年9月10日之前由某投资管理公司经营，但因某房地产公司不具有游泳池和网球场的合法产权，无权将游泳池和网球场的经营权授予某投资管理公司；现由管理处委托第三方在经营北区的游泳池，南区的游泳池即案涉游泳池至今未完成整改，尚未开放。

某房地产公司确认游泳池、网球场属于小区配套设施，但认为自己保留了所有权，并在与业主签订的买卖合同中进行了约定。

某投资管理公司认为，某房地产公司将网球场、游泳池交由其经营符合法律规定，故要求法院判令某小区业委会返还网球场和游泳池，并赔偿其损失。

【案件焦点】

建筑区域内没有明确归属的相关区域，如何根据实际情况认定该区块或设施的权属。

【法院裁判要旨】

广东省深圳市南山区人民法院经审理认为：《中华人民共和国物权法》第七十三条规定："建筑区划内的道路，属于业主共有，但属于城镇公共道路的除外。建筑区划内的绿地，属于业主共有，但属于城镇公共绿地或者明示属于个人的除外。建筑区划内的其他公共场所、公用设施和物业服务用房，属于业主共有。"《最高人民法院关于审理建筑物区分所有权纠纷案件具体应用法律若干问题的解释》第三条规定，除法律、行政法规规定的共有部分外，建筑区划内，其他不属于业主专有部分，也不属于市政公用部分或者其他权利人所有的场所及设施等，应当认定为《物权法》第六章所称的共有部分。根据前述规定，除一些在小区规划时依法必须列为公共部分的场所及设施外，还有一些不必然列入建筑规划的场所及设施，也应属于业主共有部分。案涉小区的网球场、游泳池，均为室外露天的运动场和游泳池，在涉案小区建设时，已规划作为小区配套设施，列入小区的建筑规划范围，系开发商为了提高小区吸引力而建设的，游泳池及网球场列入建筑规划内，但并未计入建筑面积，即未列入小区公共建筑面积、也未列入专有面积，开发商并未负担游泳池、网球场部分的土地出让金等，故案涉小区的游泳池及网球场，应归全体业主共有。在某小区业委会成立前，某房地产公司作为开发商将游泳池、网球场委托给某投资管理公司经营，以弥补其建设成本的投入，具有合理性；但在某小区业委会成立后，业委会代表小区业主的利益而采取的规范游泳池、网球场经营的相关行为，不存在侵犯经营者权益的情况。故某投资管理公司要求某小区业委会将游泳池、网球场返还给其经营并赔偿损失的诉讼请求，于法无据，不予支持。

广东省深圳市南山区人民法院依据《中华人民共和国物权法》第七十三条，《中华人民共和国民事诉讼法》第六十四条第一款规定，判决如下：

驳回某投资管理公司的全部诉讼请求。

某投资管理公司不服一审判决，提起上诉。

广东省深圳市中级人民法院同意一审法院的裁判意见，依照《中华人民共和国民事诉讼法》第一百七十条第一款第一项规定，判决如下：

驳回上诉，维持原判。

【法官后语】

对于本案，法院援引《中华人民共和国物权法》第六章第七十三条、《最高人民法院关于审理建筑物区分所有权纠纷案件具体应用法律若干问题的解释》第三条等作为裁判依据，明确了建筑区域内其他公共场所归属主体的认定规则，即在小区建设时，诉争运动场所已规划作为小区配套设施，列入小区的建筑规划范围，系开发商为了提升小区吸引力而建设的，因未计入建筑面积，即未列入小区公共建筑面积、也未列入专有面积，开发商并未负担该运动场所部分的土地出让金等，故诉争运动场所应归全体业主共有。

本案旨在讨论建筑物区分所有权中共有部分如何界定，但共有部分的界定是通过专有部分的内容确定为依据，通过排除法的模式来加以确定的。共有部分系为供业主共同使用的建筑物部分，业主相互间的共同体关系因共有部分之存在而得以成立。共有部分既有由全体业主共同使用的部分，如地基、屋顶、梁、柱、承重墙、外墙、地下室等基本构造，楼梯走廊、电梯、给排水系统等公用部分，道路；也有仅为部分业主共有部分，如相邻专有部分之间的楼板、隔墙，部分业主共同使用的楼梯、走廊等。《中华人民共和国民法典》第二百七十四条除个别文字修改外，内容上沿袭了原《中华人民共和国物权法》第七十三条的规定，该条规定，一般情形下，建筑区划内的道路和绿地通常归业主共有，特殊情况下，某部分道路和绿地不属于业主共有；同时以概括性条款明确了“建筑区划内的其他公共场所、公用设施和物业服务用房，属于业主共有”，对实际中存在但是该条前段规范未囊括的情形进行了原则性规定，一是明确了该段条款调整的范围，即建筑区划内能够认定为共有或专有的道路、绿地以外的其他公共场所、公用设施和物业服务用房，二是作为原则性规定，为司法审判留出了裁量空间。根据《最高人民法院关于审理建筑物区分所有权纠纷案件适用法律若干问题的解释》（2020修订）第三条第一款第二项规定，“其他不属于业主专有部分，也不属于市政公用部分或者其他权利人所有的场所及设施等”，应当认定为共有部分，亦即对法定共有与天然共有部分外的共有设定了认定标准。因共有部分很难通过列举的方法予以穷尽，该条按照“非特定权利人所有即为业主共有”的思路，以第一款第二项作出了兜底性的规定。按照该项规定，同时满足下列三个条件的应当认定为共有部分：1. 不属于业主专有部分。这个条件容易理解，如对于窗前绿地或者与建筑物毗邻的特定区域内绿地，符合专有部分组成条件的，就应当认定为属于业主的专有部分，而不属于共有部分。2. 不属于市政公用部分。主要指的是城镇公共道路和城镇公共绿地，其法律属性为市政公用场地，所有权属于国家，当然就不归小区业主共有。[①] 3. 不属于其他权利人所有。指的是如果小区内的建筑物或者设施有明确的权利人，如小区内装的公用电话设施，其所有权属于电信公司，当然就不属于共有部分。以上三个条件，适用时应当采取依次排除的思路。

本案中，某小区游泳池和网球场的场地面积虽然未计入建筑面积内，即未列入小区公共建筑面积、也未列入专有面积，但从事实上来看，该游泳池和网球场作为配套设施建设和管理，是开发商对外售楼时提供的附加吸引力之一，在该小区建设时，也已规划作为小区配套设施，列入小区的建筑规划范围，依据《中华人民共和国民法典》第二百七十四条规定，从法律意义上来说即属于建筑区划内的其他公共场所、公用设施；另外游泳池和网球场的构造和使用上具有非独立性且功能用途上满足公共性以及非排他使用性，从客体和主体来看，某小区的游泳池和网球场应为业主共有的设施，在涉案小区的业主委员会成立后，其对游泳池和网球场的规范管理具有正当性。

本案对于探讨建筑区域内业主共有部分的划分和认定，特别是对法律未明确规定的建筑区域部分如何确定归属权，可供参考和借鉴。

编写人：广东省深圳市南山区人民法院　庞海婷

---

① 参见最高人民法院民法典贯彻实施工作领导小组主编：《中华人民共和国民法典物权编理解与适用（上）》，人民法院出版社 2020 年版，第 355 页。

六、其他纠纷

69

父母对其出资购买并登记在子女名下的不动产不享有足以排除强制执行的民事权益

——覃某芳、黄某秋诉苏某富案外人执行异议之诉案

【案件基本信息】

1. 裁判书字号

广西壮族自治区南宁市西乡塘区人民法院（2020）桂0107民初8307号民事判决书

2. 案由：案外人执行异议之诉

3. 当事人

原告：覃某芳、黄某秋

被告：苏某富

第三人：黄某沙

【基本案情】

2013年11月30日，黄某沙与某置业开发公司签订《商品房买卖合同》，约定由黄某沙向某置业开发公司购买案涉房屋，房屋价款为601602元。案涉房屋首付款为201602元，剩余40万元房款以黄某沙的名义进行住房公积金贷款。

2014年8月1日，黄某沙与某银行签订住房公积金借款合同，贷款金额为40万元，贷款期限为2014年6月24日至2039年6月24日，并将案涉房屋抵押给某银行。

2013年2月8日至2013年8月23日期间，覃某芳向黄某沙转账203700元，覃某芳、黄某秋与黄某沙均主张该款项系支付案涉房屋的首付款。2013年8月至9月，覃某芳向某置业开发公司转账117554元。2016年8月12日至2018年6月19日，覃某芳、黄某秋多次向黄某沙的账户进行转账，附加信息及用途标注为还房贷、买家具等。因黄某沙银行账户被法院查封，2018年9月19日起至今，覃某芳多次向住房公积金的对公账户转账，附加信息及用途标注为还黄某沙房贷。覃某芳、黄某秋主张2014年至2016年8月房贷均由覃某芳、黄某秋递交现金给黄某沙转交。覃某芳、黄某秋提交了2015年7月至2020年7月案涉房屋物业费缴费凭证，并拍摄了房屋居住照片。案涉房屋的物业公司出具《居住证明》载明覃某芳是黄某沙的母亲，于2016年9月入住。

法院依据2016年作出的民事判决书，执行苏某富与周某钰、某物资集团公司、黄某沙民间借贷纠纷一案，并裁定查封黄某沙名下的案涉房屋。2020年4月27日，覃某芳、黄某秋以案涉房屋实际系他们出资购买，只是登记在黄某沙名下为由，向法院提出书面异议，法院于2020年6月2日作出执行裁定书，裁定驳回案外人覃某芳、黄某秋的异议请求。覃某芳、黄某秋对该裁定不服，向法院提出要求确认其为案涉房屋的实际产权人，并停止对该房屋的查封和执行的诉讼请求。

【案件焦点】

覃某芳、黄某秋对案涉房产是否享有足以排除强制执行的民事权益。

【法院裁判要旨】

广西壮族自治区南宁市西乡塘区人民法院经审理认为：覃某芳、黄某秋主张其与黄某沙之间是借名买房，覃某芳、黄某秋为案涉房屋的实际产权人。但双方并未签订借名买房协议，覃某芳、黄某秋作为黄某沙的父母，存在全额为黄某沙出资买房的可能性，且案涉房屋是用黄某沙的名义进行住房公积金贷款，住房公积金贷款相较于普通商业贷款而言是与借款人即黄某沙本人较为密切相关的贷款形式。另外，即使案涉房屋的首付款、银行贷款、物业费等均为覃某芳、黄某秋支付，也只能在覃某芳、黄某秋与黄某沙之间成立内部的债权债务关系，而不必然发生物权变动的效果。因此，覃某芳、黄某秋主张其与黄某沙之间是借名买房关系，覃某芳、黄某秋为案涉房屋的实际产权人证据不足，法院不予支持。

原则上不动产物权登记是不动产物权的法定公示手段，是不动产物权设立、变更、转让和消灭的生效要件，也是不动产物权依法获得承认和保护的依据。案涉房屋登记在黄某沙名下，其对外公示的所有权属于黄某沙。法院基于生效法律文书查封了黄某沙名下的案涉房产，符合法律规定。基于物权变动登记生效和公示公信原则，设立、变更或转让不动产物权，必须采用法律规定的公示方式，才能取得对抗第三人的效果。因此，覃某芳、黄某秋与黄某沙未办理不动产所有权变更登记，不得对抗善意的申请执行人，不能阻却执行。且覃某芳、黄某秋自身也存在过错，根据覃某芳、黄某秋的陈述，其将案涉房屋登记在黄某沙名下是为了规避年纪过大者不得进行贷款的国家法律与政策，对此产生的风险应由其自行承担。因此，覃某芳、黄某秋要求停止对案涉房屋的查封和执行的诉讼请求没有依据，法院不予支持。

广西壮族自治区南宁市西乡塘区人民法院依照《中华人民共和国物权法》第九条第一款、第十四条，《中华人民共和国民事诉讼法》第六十四条第一款，《最高人民法院关于人民法院办理执行异议和复议案件若干问题的规定》第二十四条，《最高人民法院关于适用〈中华人民共和国民事诉讼法〉的解释》第三百一十一条、第三百一十二条、第四百六十五条的规定，判决如下：

驳回覃某芳、黄某秋的诉讼请求。

判决作出后，当事人未上诉，判决已经发生法律效力。

【法官后语】

《最高人民法院关于人民法院办理执行异议和复议案件若干问题的规定》

第二十四条规定：“对案外人提出的排除执行异议，人民法院应当审查下列内容：（一）案外人是否系权利人；（二）该权利的合法性与真实性；（三）该权利能否排除执行。”综合本案证据，笔者认为本案中覃某芳、黄某秋对案涉房产不享有足以排除强制执行的民事权益。主要理由如下：

1. 现有证据无法证明覃某芳、黄某秋与黄某沙之间存在借名买房关系。借名买房是指实际购房人因不具备购房、房屋贷款资格等原因借用他人名义购房，借名人实际支付购房款，出名人对外签署房屋买卖合同并将房屋所有权登记在其名下的行为。要认定当事人之间存在借名买房关系，需结合借名买房协议、借名原因、当事人关系、购房款及贷款偿还情况、房屋实际占用使用及房屋权属证书保管情况等因素进行综合审查。本案中，覃某芳、黄某秋系黄某沙的父母，对于亲属之间主张借名买房关系的，应当采用更严格的审查标准。覃某芳、黄某秋未能提供书面借名买房协议及商品房购房合同原件，案涉房屋是用黄某沙的名义进行住房公积金贷款，且父母出资为子女买房并与子女一并居住颇为常见，存在赠与或借贷的可能性，故笔者认为覃某芳、黄某秋与黄某沙之间成立借名买房关系证据不足。

2. 即使成立借名买房关系，覃某芳、黄某秋也仅享有债权而非物权。关于借名人对出名人享有的权利性质问题，现存在“物权说”和“债权说”两种观点。“物权说”认为在借名买房的情况下，借名人履行了出资义务，应对购买的房屋享有事实上的所有权；“债权说”则认为由于房屋属于不动产，基于物权法定原则及物权公示公信原则，借名人不能仅凭借名买房协议享有所购房屋的所有权，其仅享有要求出名人协助其办理更名手续的债权请求权。笔者同意“债权说”的观点，《中华人民共和国民法典》规定了不动产物权登记生效主义，不动产物权变动效力需通过法定变更登记才能完成，借名人与出名人之间的债权合意并不能直接产生物权变动的法律效果。本案中，案涉房屋并未办理变更登记至覃某芳、黄某秋名下，其无法要求法院直接作出确权判决。

3. 未办理不动产所有权变更登记的案外人不能阻却法院的强制执行。如前文所述，借名人仅享有债权请求权，债权请求权不具有物权的排他性、对世性和绝对性效力，无法对抗第三人对不动产的强制执行。地方高级人民法院发布的与执行异议之诉案件有关的审理指南或指导意见中也规定了对案外人基于借名买房关系提出的执行异议予以驳回，由此引发的执行异议之诉案件，应驳回案外人的诉讼请求。基于物权变动登记生效和公示公信原则，设立、变更或转让不动产物权，必须采用法律规定的公示方式，才能取得对抗第三人的效果。未办理不动产所有权变更登记的案外人，不得对抗善意的申请执行人，不能阻却法院强制执行。且为了规避限购或限贷政策而用他人名义买房的行为本身具有一定的过错，造成的风险应自行承担。综上，本案覃某芳、黄某秋对案涉房产不享有足以排除强制执行的民事权益。

编写人：广西壮族自治区南宁市西乡塘区人民法院　许晓彤　黄钟初

70

离婚调解书对不动产权属约定能产生物权变动的法律效力

——覃某春诉易某、罗某全案外人执行异议之诉案

【案件基本信息】

1. 裁判书字号

重庆市第二中级人民法院（2022）渝02民终218号民事判决书

2. 案由：案外人执行异议之诉

3. 当事人

原告（被上诉人）：覃某春

被告（被上诉人）：罗某全

被告（上诉人）：易某

【基本案情】

覃某春与罗某全原系夫妻关系，夫妻关系存续期间，按揭购买了坐落于云阳县房屋一套，并办理了不动产权证书，权利人为覃某春、罗某全，为共同共有。2019年2月16日，覃某春、罗某全因涉嫌开设赌场罪，被云阳县公安局刑事拘留。同年12月26日，法院作出刑事判决，判决覃某春犯开设赌场罪、犯诈骗罪，决定执行有期徒刑二年；罗某全犯开设赌场罪，判处拘役六个月，缓刑八个月。

2021年2月18日，出狱后的覃某春将罗某全诉至重庆市云阳县人民法院要求离婚。次日，经一审法院调解，双方自愿达成调解协议，该院遂作出民事调解书，主要内容为："一、覃某春与罗某全自愿离婚……三、双方的夫妻共同财产位于重庆市云阳县的房屋归覃某春所有，该房屋剩余所有按揭贷款由覃某春负责偿还……"调解书于调解当日送达生效，此后案涉房屋一直由覃某春居住使用，其未能办理过户登记手续的原因系案涉房屋为按揭贷款，办理了抵押登记，无法过户，按揭贷款亦由其负责偿还。

2021年5月7日，易某以民间借贷纠纷将覃某春、罗某全诉至重庆市云阳县人民法院，要求两人共同偿还借款本息。次日，易某向法院申请财产保全，该院作出执行裁定，查封了覃某春、罗某全共同所有的案涉房屋一套。2021年5月18日，覃某春以该债务为罗某全个人债务为由，向该院提出执行异议，要求解除对案涉房屋的查封。2021年5月24日，该院作出执行裁定，驳回异议人覃某春的异议请求。2021年6月7日，该院作出民事判决，判决由罗某全偿还借款本金及利息。判决生效后，易某申请强制执行。同年8月17日，覃某春对执行标的即案涉房屋提出书面异议。8月30日，该院作出执行裁定，裁定驳回了覃某春的异议请求。覃某春收到执行裁定书后，在法定期间内提起了案外人执行异议之诉，要求撤销该执行裁定。

【案件焦点】

覃某春依据案涉房屋被查封前作出的另案生效调解书提出排除执行异议，是否能够排除对案涉房屋的强制执行。

【法院裁判要旨】

重庆市云阳县人民法院经审理认为：根据《中华人民共和国民法典》第二百二十九条及《最高人民法院关于适用〈中华人民共和国民法典〉物权编的解释（一）》第七条规定，在人民法院作出的法律文书生效后，虽未进行不动产登记，仍应认定所有权已经发生转移。离婚调解书中对夫妻共同财产的分割，其性质属于共有物分割的法律文书，属于能够直接导致物权变动的法律文书。本案中，覃某春与罗某全按揭贷款购买了案涉房屋，登记在覃某春与罗某全名下，共同共有，原属于夫妻共同财产。后双方经法院主持调解自愿离婚，并对案涉房屋进行了分割，即生效民事调解书确认案涉房屋归覃某春所有，该调解书内容对不动产的处分能够直接导致物权变动。根据《最高人民法院关于人民法院办理执行异议和复议案件若干问题的规定》第二十六条第一款规定，作为案外人提起执行异议之诉依据的裁判将执行标的物确权给案外人，可以排除执行。本案中，首先，民事调解书于2021年2月19日生效，而易某诉覃某春、罗某全民间借贷纠纷的起诉时间为2021年5月7日，法院查封案涉房屋的时间为2021年5月8日。可见，法院作出的上述生效民事调解书在案涉房屋被查封之前。其次，在该院作出的民事判决中，认定罗某全欠易某的借款属于个人债务，不属于夫妻共同债务，覃某春亦不是该案执行依据的被执行人。最后，民事调解书生效后，案涉房屋一直由覃某春居住使用，并负责偿还按揭贷款，此时案涉房屋已经不属于被执行人罗某全的财产，虽然覃某春未办理过户登记手续，但因案涉房屋之上有银行按揭贷款未清偿完毕，在未办理解押手续的情形下，办理所有权转移登记存在障碍，在此种情形下，覃某春不具有过错。故在申请执行人易某无证据证明覃某春与罗某全存在借调解离婚逃避债务和规避法院执行措施的情况下，覃某春对案涉房屋享有足以排除强制执行的民事权益，其请求对案涉房屋排除执行，予以支持。同时对案外人执行异议之诉，法院判决不得对执行标的执行的，执行异议裁定自动失效。

重庆市云阳县人民法院依照《中华人民共和国民法典》第二百二十九条，《最高人民法院关于适用〈中华人民共和国民法典〉物权编的解释（一）》第七条，《最高人民法院关于人民法院办理执行异议和复议案件若干问题的规定》第二十六条的规定，作出如下判决：

不得执行覃某春所有的位于重庆市云阳县的房屋。

易某不服一审判决，提起上诉。

重庆市第二中级人民法院同意一审法院裁判意见，依照《中华人民共和国民事诉讼法》第一百七十七条第一款第一项之规定，判决如下：

驳回上诉，维持原判。

【法官后语】

本案的争议焦点在于离婚调解书对不动产权属的约定，能否产生物权变动的效力。在司法实践中，对于《中华人民共和国民法典》第二百二十九条所规定的导致物权变动的法律文书，是否包括人民法院的离婚调解书，存在较大争议。

第一种观点认为，离婚调解书虽然与确定判决具有同一效力，但夫妻双方就物权变动事项所作的调解，公权力特质很弱，带有浓厚的私权处分性质，尚无与形成判决同一的形成力，不能直接引起物权变动。

第二种观点认为，离婚调解书亦为法定法律文书，夫妻双方在法院的主持下达成离婚调解协议，法院制作的调解书生效就意味着当事人原有的夫妻关系消灭，产生的法律效力就是典型的形成力，其中对不动产权属的约定，当然能够直接引起物权变动。

笔者同意第二种观点，具体分析如下：

1. 对《中华人民共和国民法典》第二百二十九条规定“法律文书”的理解。从法律文书的形式看，法律文书既包括法院的判决、裁定、调解、决定等；从法律文书的性质看，可分为确认性判决、给付性判决、形成性判决。那么，是否人民法院作出的所有判决都能产生物权变动的法律效力？对此，《最高人民法院关于适用〈中华人民共和国民法典〉物权编的解释（一）》第七条，明确了能够导致物权变动的法律文书指的是形成性文书，给付性文书和确认性文书不能导致物权变动。即是说，与物权变动直接相关的形成性文书可以导致物权变动，该法律文书包括人民法院作出的生效判决书、调解书以及裁定书。

2. 离婚调解书对不动产权属约定的物权变动效力。离婚纠纷属于复合之诉，既包括解除婚姻关系的形成行为，也包括对夫妻财产分割及子女抚养的附随行为。所谓形成行为是指直接以一定亲属身份的发生、变更或消灭为目的的法律行为，如结婚、离婚、收养等行为；所谓附随行为是指以形成的行为为前提，附随此等行为而为的法律行为，如有关夫妻财产制的约定、离婚时有关子女抚养和财产分割等。婚姻法作为身份法，旨在调整规制夫妻之间的人身关系和财产关系，其中财产关系依附于人身关系而产生，故离婚纠纷中对于财产分割不能脱离于婚姻身份关系而独立存在，具有特殊性。在这种情况下，夫妻双方在法院主持下达成就不动产权属的约定的离婚调解协议并制作的调解书同身份关系解除一样，具有形成力。同时对不动产权属的约定，也属于《最高人民法院关于适用〈中华人民共和国民法典〉物权编的解释（一）》第七条关于分割共有不动产案件中作出的改变原有物权关系的生效法律文书。因此，离婚调解书对不动产权属约定，能产生物权变动的法律效力。

具体到本案中，覃某春与罗某全在法院主持下自愿达成调解离婚协议，其中就双方名下的共有房屋权属约定归覃某春所有，法院亦制作了调解书予以确认，现该调解书已经生效，调解书内容对不动产的处分能够直接导致物权变动。因此，在申请执行人易某无证据证明覃某春与罗某全存在借调解离婚逃避债务和规避法院执行措施的情况下，覃某春对案涉房屋享有足以排除强制执行的民事权益。

编写人：重庆市云阳县人民法院　王久江

ISBN 978-7-5216-3272-9

图书在版编目（CIP）数据

中国法院2023年度案例．物权纠纷／国家法官学院，最高人民法院司法案例研究院编．—北京：中国法制出版社，2023.5

ISBN 978-7-5216-3272-9

Ⅰ．①中… Ⅱ．①国…②最… Ⅲ．①物权-经济纠纷-案例-汇编-中国 Ⅳ．①D920.5

中国国家版本馆CIP数据核字（2023）第026352号

策划编辑：李小草　韩璐玮（hanluwei666@163.com）
责任编辑：韩璐玮　　封面设计：李宁

中国法院2023年度案例．物权纠纷

ZHONGGUO FAYUAN 2023 NIANDU ANLI. WUQUAN JIUFEN

编者/国家法官学院，最高人民法院司法案例研究院
经销/新华书店
印刷/三河市紫恒印装有限公司
开本/730毫米×1030毫米　16开　　印张/20　字数/233千
版次/2023年5月第1版　　2023年5月第1次印刷

中国法制出版社出版
书号 ISBN 978-7-5216-3272-9　　定价：79.00元

北京市西城区西便门西里甲16号西便门办公区
邮政编码 100053　　传真：010-63141600
网址：http：//www.zgfzs.com　　**编辑部电话：010-63141784**
市场营销部电话：010-63141612　　**印务部电话：010-63141606**